# Neue Rundschau

Begründet von S. Fischer
im Jahre 1890
S. Fischer Verlag

Herausgeber und Redaktion:
Martin Bauer

Die Neue Rundschau erscheint viermal jährlich
Preis des Einzelheftes: 16 DM
Bezugspreis jährlich: 56 DM (inkl. Porto)
Berechnung jährlich bei Auslieferung des ersten Heftes
Das Abonnement verlängert sich automatisch,
wenn die Kündigung nicht bis zum 15.11. erfolgt.

Alle Zusendungen an die Redaktion erbeten an:
S. Fischer Verlag Berlin
Neue Rundschau
Neue Grünstraße 17
10179 Berlin
Telefax 030/30 86 39 10
eMail: NeueRundschau@s-fischer.de

Anzeigenverwaltung:
Runze & Casper Verlagsservice OHG
Linienstraße 214 · 10119 Berlin
Telefon 030/28 01 81 40, Telefax 030/28 01 84 00

Unverlangt eingesandte Manuskripte können nicht kommentiert werden.
Eine Rücksendung der Texte ist nur möglich, wenn Porto beiliegt.
Für unverlangt eingesandte Manuskripte kann keine Haftung übernommen werden.



Heft 4/2001   112. Jahrgang
Veröffentlicht im S. Fischer Verlag GmbH, Frankfurt am Main

Umschlagentwurf: Manfred Walch, Frankfurt am Main
Druck und Bindung: Clausen & Bosse, Leck
Printed in Germany 2001
ISSN 0028-3347   ISBN 3-10-809047-X

Postvertriebsnummer D 21222 F

# Inhalt

## Einsprüche und Nachreden

# Editorial

Der wahre Kontinent des Radios ist gegenwärtig Afrika. Dort nimmt das Interesse am Medium der Stimme und des Klanges sprunghaft zu, wobei – um nur einige Beispiele anzuführen – Angola, Burundi, Eritrea, Gabun, Gambia und Ghana zu einer Gruppe vergleichsweise junger Staaten zählen, in der sich die Zahl der Radiobesitzer seit 1995 mehr als verdoppelt hat. Sicherlich liefern stattliche Entwicklungssprünge wie diese keinen Beweis dafür, dass sich radiophone Öffentlichkeiten, mithin zivilgesellschaftliche Institutionen sozialer Aufklärung, auf der südlichen Halbkugel in beschleunigter Geschwindigkeit herausbilden. Eher handelt es sich wohl um ein Indiz für konsolidierte Staatsfinanzen, für einen sich langsam mehrenden Wohlstand, der auch den privaten Medienkonsum beflügelt. So wird es niemanden überraschen, wenn sich derart exorbitante Zuwächse in unseren, saturierten Breitengraden nicht verzeichnen lassen. Trotz der Szenarien, die im digitalisierten Radio der Zukunft, das Wort, Bild und Musik verbinden soll, ein »Vollinformationsmedium« anpreisen, kommen auf hundert Einwohner Kontinentaleuropas nach wie vor nur zwischen fünfzig und hundert Radios. Allein in Großbritannien und Dänemark erfreut sich das Radio einer ähnlich dichten Verbreitung wie etwa in Australien, Kanada, den Vereinigten Staaten und – last but not least – Finnland, allesamt Länder, für die penible Medienstatistiker berechnet haben, dass jedem ihrer Einwohner mehr als nur ein Radio gehört.

Nun verrät der Besitz eines Radiogerätes freilich noch nichts über dessen faktische Nutzung. Und da mag denn doch verblüffen, dass die Bundesbürger im statistischen Mittel 206 Minuten pro Tag Radio hören, was bedeutet, dass sie ihm immerhin zehn tägliche Minuten mehr als dem Fernsehen widmen. Insofern ist die verbreitete Ansicht, das Radio führe ein eher kümmerliches Schattendasein im Zeitalter von Fernsehen und Internet jedenfalls nicht die ganze Wahrheit. Vielmehr darf es mit treuen Zuhörerschaften rechnen, die in diesem Heft sowohl mit mediengeschichtlichen Analysen, wie mit veritablen Liebeserklärungen an ein vermeintlich antiquiertes Medium zu Wort kommen. Wer wollte angesichts solcher Auskünfte noch kategorisch ausschließen, dass es zu den Paradoxien des medialen Überflusses gehören könnte, wenn ein ganz dem Ohr verschriebenes Medium aus dem evolutionären Nachteil, stets nur einen unserer Sinne anzusprechen, *in the long run* seinen Nutzen ziehen wird? Tatsächlich wissen wir ja spätestens seit Marshall McLuhan, dass neue Medien die alten gewöhnlich nicht ersetzen. Vielmehr lehrt die Zivilisationsgeschichte, dass sich nach der Einführung neuer Medien häufig unerwartete Koexistenzen zwischen Vergangenheit und Zukunft eingespielt haben. Die Geburt des Fernsehens hat jedenfalls weder das Buch noch das Kino verdrängt, und heute ist schon absehbar, dass sich das Radio selbst außerhalb digitaler Netzwerke dank neuer Programmformen auch neue Hörer erschließen kann. Davon profitiert nicht zuletzt eine der Stimme und Akustik so eng verwandte Ausdrucksform wie die Literatur. Vielleicht beginnt in Afrika ja doch die Zukunft?

*Martin Bauer*

# Radiophonie

ULRICH RAULFF

# Ich höre Radio

*Eine Liebeserklärung*

Es ist Morgen, wieder einmal ist Morgen, und der Wecker hat getan, was Weckers Pflicht ist. Ich bin auf dem Weg zur Küche.

Vor einigen Jahren hörte ich einen Vortrag über »Gesellschaft und Traum« oder »Traum und Gesellschaft«. Die Dame, die den Vortrag hielt, ergab sich einem gewissen Lamento, das seinen Höhepunkt erreichte, als sie auf das Ritual des Morgens zu sprechen kam. Wie schrecklich es sei, allmorgendlich aus Traumgefilden in die Wirklichkeit zurückzukehren, Wasser aufzusetzen, Kaffee zu kochen. Da wurde es mir zu viel, und ich verließ ihren Vortrag.

An diesem Morgen wie jeder andere bin ich wieder auf dem Weg zur Küche. Alles geht seinen geregelten Gang. Ich werde den Wasserkessel suchen und nach kurzer Zeit finden, den Kran öffnen und Wasser einlaufen lassen, bis mir der Kessel schwer genug erscheint. Dann werde ich ihn zum Herd tragen, absetzen und nach dem Gasanzünder fischen. Alles wie immer, keine besonderen Vorkommnisse, kein Vergleich mit der Traumwelt; die Dame hatte Recht. Hatte sie nicht. Denn obwohl ich ein Morgenmuffel bin wie wenige andere, gibt es etwas, was mich morgens aus dem Bett und in die Küche holt. Es ist schon da, wenn ich komme, es scheint dort auf mich zu warten. Ein Knopfdruck genügt, der Sender ist noch eingestellt. Ick bün all da, sagt mein Radio, und jetzt ist mir wie dem Hasen, der sich freut, den Igel bereits anzutreffen. Mein Morgen ist gerettet.

Jetzt ist es Mittag, sagen wir Sonntagmittag; das bloße Wort klingt schon nach Schläfrigkeit. Ich steuere die Couch an, bin so angenehm müde. Schon bin ich halb eingesäuselt. Da geht beim Nachbarn der Apparat an, und fatalerweise gibt es gerade Nachrichten. Das heißt: verstehen kann ich nichts, ich *weiß* nur, dass es Nachrichten sind, weil ich den Tonfall und den Duktus kenne, in dem sie vorgetragen werden. Ab und zu meine ich sogar, einzelne Wörter zu verstehen wie Washington oder Bundesaußenminister, aber das ist Unsinn; es ist nur das Klappern der Mühle am rauschenden

Bach. Alle Nachrichten, die ich in meinem Leben gehört habe, klappern jetzt eben los. An Abstellen ist gar nicht zu denken, ich bin hellwach, die Siesta ist zum Teufel, und wenn ich jetzt an die Wand hämmere, ist obendrein der Nachbar sauer, weil es ja nicht seine Schuld ist, dass ich ein Nachrichtenstudio mit circa dreißig Sprechern im Kopf habe. Plapperkasten, Papageimaschine, Radio kann enorm störend sein.

Radio kann auch enorm schön sein. Es ist Nacht, ich sitze im Auto auf dem Weg nach Dortmund, ich höre Radio. Mag sein, dass es ein bisschen regnet und ich eine Zigarette rauche, das ist auch schon alles. Ich höre Radio, vielleicht das Nachtkonzert der ARD oder Alan Bangs auf BFBS (ach, selige Zeiten!). Ich mag seine Sprechweise, vielleicht weil sie ein wenig monoton ist; das passt zu dieser Nachtfahrt. Das ruhige Motorengeräusch, darüber Musik, die Stimme von Alan Bangs, und zu allem noch die Autobahn. Die Geräusche fließen ineinander über ihrem grauen Band. In dieser Monotonie werden die Gedanken lang wie die Bahn. Und ich bemerke entzückt, dass der kleine Apparat in mir, aus dem die Gedanken kommen, mit einer Art Euphorisierungsmaschinchen gekoppelt läuft. Den Strom für beide liefert das Radio.

Das Bild vom Hasen und vom Igel ist nicht schlecht; Radio ist tatsächlich immer schon da. Immer schon fertig, immer präsent. Wenn ich die Kaffeemaschine einschalte, muss ich erst noch eine Weile warten, bis sie heizt und brüht und speit und röchelt. Wie anders beim Radio: Dort läuft, kaum dass ich am Schalter drehe, gleich alles brühwarm heraus. Radio ist immer präsent und immer da. Aber Radio ist auch immer *dabei.* So könnte eine erste Definition des Radios lauten: es ist das Dabei-Medium. Das liegt an seiner außerordentlichen Fähigkeit, mitzugehen und sich anzuschmiegen; Radio ist zum ständigen Begleiter geboren. Kaum war es erfunden, gab es auch schon die Variante »Kofferradio«: sodass es überallhin mitgehen konnte, in die Wälder, an den Strand.

Wie sommerlich es anmutet, dieses Kofferradio! Nicht vorzustellen, dass es mit dem greisenhaften, winterlichen Gerät tief im Wohnzimmer verwandt sein soll ... Radio geht mit mir, es begleitet mich wie ein Schatten, wie ein treuer Hund. Radio ist *beiläufig*. Und das nicht nur, weil seine leichte Bauweise und Tragbarkeit den Apparat dazu prädestinieren, überall dabei zu sein, sondern weil es sich mit den meisten anderen Tätigkeiten verträgt – außer mit intellektueller Schreibtischarbeit, aber daran ist nicht das Radio, sondern allein der Intellektuelle schuld, der ja auch, im Gegensatz zu Bäckern und Malern, nicht bei der Arbeit pfeift, dieser trübsinnige Vogel!

Radio also verträgt sich mit vielen anderen Tätigkeiten, namentlich denen im Haushalt. Es gibt Leute, die können nicht kochen ohne Deutschlandfunk, nicht abwaschen ohne Bayern Drei. Ich, für mein Teil, kann nicht Auto Fahren ohne Radio; kaum dass ich ein paar Meter gefahren bin, schalte ich es ein. Radio ist immer dabei.

Und Radio war immer dabei. War immer schon da, stand in der Ecke und erzählte sich was oder dudelte fleißig vor sich hin. In einer dunklen Ecke des Zimmers kauerte ein merkwürdiger Bauchredner und grinste mich aus seinem einen Auge und mit gefletschten Zähnen an. Eine von innen her beleuchtete Maske, ein geschwätziger Götze; ich misstraute ihm. Wirklich beherrschen ließ er sich nur von meinem Großvater; ihm gehorchte er krächzend, gurrend und fiepend. Da der Großvater Bauer war und mit derselben leichten Hand Kühe, Schweine und Hühner regierte, schloss ich, dass es sich bei dem unbeweglich dahockenden Wesen nur um eine andere Sorte Viech handeln könne, vermutlich eine Vogelart; mein Großvater erzählte etwas von einem australischen Schnabeltier, das ein Vogel war, aber Zähne hatte wie ein Pferd.

Mein Großvater hatte immer Radios gehabt und immer das jeweils letzte Modell, lange bevor andere auf den Trichter kamen. Bei seinem Vater waren es die Uhren gewesen, das ganze Haus hing voll davon, und wenn es so weit war, ließ er alles stehen und liegen und lief vom Feld nach Hause, um seine Uhren aufzuziehen. Mein Großvater übernahm die Uhren und verwaltete das Erbe, wie es sich gehörte, aber er hätte ohne sie leben können. Ihn interessierte nur das Radio. Von ihm erbte ich ein großes Gerät und eine lebenslange Leidenschaft.

Das erste eigene Radio, einen Transistor der ersten oder zweiten Generation, bekam ich, als ich mit zehn Jahren eine Zeit lang im Krankenhaus lag. Seitdem ist meine Leidenschaft fürs Radio auch an den Gerätetyp fixiert: ein kleines, tragbares Gerät mit möglichst gutem Klang, nicht größer als ein Buch, immer das jeweils letzte Modell, kein Kabel, kein Netzteil, nur Batterien. So ist es überall dabei, so geht es mit ins Bad, ins Bett und auf die Reise.

Es gibt typische Situationen des Radiohörens; der kleine Schwarze, der auf einer Londoner Seitenstraße ein gewaltiges Kofferradio im Kinderwagen vor sich herschiebt, führt nur eine besonders prägnante vor. Meine früheste und vielleicht die liebste sieht anders auf: Ich liege im Bett, allein in einem großen Zimmer, und höre Radio. Es ist das besagte australische Schnabeltier, einer jener Holzkästen, die mir damals zoomorph und heute eher wie Bühnenmodelle erscheinen; aus der beleuchteten Stationentafel fällt Licht auf eine Reihe von gelben Zähnen, und aus dem Dunkel darüber schimmert grün das *Magische Auge*, das sich katzenhaft zu einem Spalt verengt, wenn der Sender richtig eingestellt ist. Ich liege im Bett, und ein paar Meter weiter spielt das Radio, irgendwas, ich weiß nicht mehr. Ich liege im Bett, lausche und träume.

Heute höre ich nur noch selten Radio im Bett. Aber immer noch, auch bei Tage, ist es mir am liebsten, wenn der Apparat ein paar Meter weit entfernt steht.

Ich werde mir nie einen Walkman oder einen tragbaren CD-Player kaufen. Ich habe es probiert, aber es war nicht das Richtige. Auf einmal war alles zu dicht, zu klar, zu pur, zu scharf. Auf einmal war der Zauber weg. Am liebsten höre ich Radio aus ein paar Metern Entfernung, ja, wenn es der nachbarliche Friede verträgt, aus einem anderen Raum.

Am Comer See habe ich einmal an einem Abend, schon in der Dunkelheit, von drei verschiedenen Seiten des Ufers Glocken läuten hören. Sie klangen anders als die Glocken in Deutschland, nicht so singend-romantisch, sondern trockener, metallischer, und fast konnte man sagen, dass sie spielten; tatsächlich schien es Ansätze zu kleinen Melodien zu geben. Hörte man nicht allzu genau hin, klang es schließlich wie ein besoffener Klavierspieler, der sich in einem Manuskript von Satie verirrt hatte.

In gewisser Weise ist das für mich die ideale Hörsituation, auch und vor allem für Radiomusik. Radiomusik kommt aus der Ferne, über eine Distanz hinweg, einen Raum, einen See, eine Zeit, und diese Ferne muss irgendwie noch hörbar sein, in Gestalt von Nebengeräuschen, kleinen Störungen, dem Motor meines Autos. Radiomusik kommt aus der Ferne, und ich höre noch die überwundene Distanz. Sie kann von dem Rauschen ausgehen, das der Stimme Carusos unterliegt, und in dem ich den Ozean von Zeit zu hören meine, der seine Zeit von meiner trennt. Es können kleine, zufällige Störungen sein, die ehedem in die Aufnahme gerieten oder die jetzt die Wiedergabe begleiten. Solche Störungen im reinen Klangbild sind wie die Fliegen in einem weißen Raum, sie geben dem Bild erst Tiefe. Wenn es eine akustische Aura gibt, dann kommt sie nur so zustande, umschwirrt von den Fliegen des kleinen Störgeräuschs. Der reine, absolut störungsfreie Hörgenuss ist eine technizistische Fiktion. Mein Radio, das aus dem anderen Zimmer herüberschallt, mein Radio, dem es im Bad manchmal zu heiß wird, dem hie und da der Sender abhanden kommt und das sich räuspert oder kratzt, erinnert mich auf bescheidenen Weise daran, wie prekär die Existenz jedes organisierten Lauts und jedes reinen Tons ist – ständig davon bedroht, im allgemeinen Rauschen der Welt unterzugehen.

Dies allgemeine Rauschen zu erhöhen, trägt der Rundfunk sein Teil bei. Gaston Bachelard hat einmal bemerkt, mit der Erfindung von drahtloser Übertragung und Radio habe sich eine neue Sphäre um die Erde gelegt, die Logosphäre – eine Wortkugel, eine Redeschicht. Will man erfahren, wie dick und dicht sie werden kann, muss man nur nach Italien oder Frankreich fahren, wo sich die privaten Anbieter von Musik und Werbung auf den Wellen drängen, zwängen, pressen, schlimmer noch als hierzulande – akustische Ameisenhaufen, in denen sich kein Mensch mehr auskennt. Oder, wenn man ein anderes Bild will, nicht länger der romantische Teich, über den zitternd die Wellen laufen, sondern ein siedender Pool, ein »Maelstrom« von Geräusch. Die Wellen verschlingen am Ende Schiffer und Kahn...

Die Anfänge waren, wie meistens, heroisch. Es waren die Piraten in der Nordsee, die den Krieg begannen, der mit dem Sieg der Privaten endete. In Frankreich und Italien nannte man sie anfangs noch »radios libres«, die freien Sender; hört man heute ihre Programm, bleibt einem das Wort von der Freiheit im Halse stecken. Wie anders war das damals, in den sechziger Jahren, in den Anfängen von Radio London, Radio Caroline und Radio Veronika; wie haben wir die kühnen Wellenreiter bewundert, wie habe ich Radio Caroline geliebt! Caroline, das war wichtiger als Beatles, Diskotheken, »Twen« und Rudi Dutschke zusammen; Caroline, würde der Soziologe heute sagen, war der Durchbruch der Jugendkultur auf dem Lande. War es vielleicht auch nur für mich mit meinem Radiotick; mein Vater jedenfalls suchte dem Übel zu wehren und bekämpfte mein Caroline-Fieber mit aller Energie.

Von den Zikaden lese ich, sie seien eigentlich Trommler, ihr Gesang reiche vom schrillen Pfeifen über ein Geknatter, wie wenn die Deckel leerer Blechdosen bearbeitet würden, bis zum ohrenbetäubenden Geräusch einer Motorsäge; von einem melodiösen Pianissimo könne der Gesang zu einem infernalischen Crescendo anschwellen, um plötzlich wieder in sich zusammenzufallen. Es seien die Männchen, die derart für die Weibchen musizierten, ihre Musikinstrumente seien Trommeln und nicht Streichinstrumente wie bei den Grillen und Heuschrecken, deren Musik wir alle kennen und mit dem Bild des Sommers verbinden.

In manchen Ländern des Südens und des Ostens, im alten Griechenland, in Japan und in China hat man den Trommlern und Streichern kleine Gefängnisse gebaut, um sie darin halten und ständig ihrer Musik lauschen zu können. Auf Fotos, die Mitte der dreißiger Jahre in Japan gemacht wurden, sieht man noch die Stände der Grillenhändler am Straßenrand, hochbepackt mit Käfigen und – wie die Legende sagt – hörbar lange bevor sie in Sicht gerieten. Die Käfige waren kunstvoll aus Bambussplittern gefertigt, die meisten in Form eines Häuschens, daneben aber baute man auch kleine Schiffe, Archen für die Sänger, Gondeln oder schwimmende Radios. In China gab es – und gibt es vielleicht noch – die Taschenversion davon, gewissermaßen den Walkman unter den Grillenradios, zierliche Behälter von der Größe einer Zigarettenschachtel, die es den Liebhabern der Streichmusik erlaubten, ihren orphischen Lüsten überall und jederzeit zu frönen.

Auf der Jagd nach verborgenen Ursprüngen des Radios und der Radiomusik könnte man noch andere Naturradios nennen, die in gleicher Weise – vom Standpunkt des Rezipienten und Genießers aus – beständig und quasi automatisch senden; die Äolsharfe, in die allein der Wind greift, hat auch etwas vom Zauber einer nicht von Menschen gemachten Musik.

Sehen wir davon ab, dass das Radio angeblich von Menschen gemacht wird – einige behaupten das ja, aber mich, den reinen Liebhaber, täuscht man nicht – so bleibt ihm noch eine weitere Differenz zu seinen natürlichen Konkurrenten. Sie allesamt haben keine Ein- und Ausschalttaste. Die aber ist ein wichtiges Teil am Radio. Einschalten und wieder ausschalten; einschalten, suchen und wieder ausschalten – auch das ist Radio, dieses Abrupte, Interrupte gehört zu ihm dazu.

Ich schalte mich ein, aber die Sendung läuft schon, dann schalte ich mich wieder aus. Weil Radio (und Fernsehen natürlich auch) parallel zum Zeitstrom läuft, wird dieser Einbruch so deutlich spürbar. Ein Buch, eine Zeitung fädeln und verschlingen sich anders mit der fließenden Zeit. Radio aber hat diesen Schalter, mit dem man einen Stoff zerschneidet, der uns ständig ungesehen umfließt.

Ich bin ein Freund des Autofahrens, ich bin ein Liebhaber des Radios. Was soll ich erst über die Verbindung meiner beiden Lüste sagen? Der Himmel auf Erden. Nun gut, Radiohören im Auto ist eine der billigsten Sachen von der Welt, ist das Auto erst bezahlt. Aber Radiohören im Auto ist auch der Inbegriff des Geschenks. Eigentlich empfinde ich Radio immer als eine Art Geschenk: weil es – ganz banal – *von außen* kommt, als kleine Überraschung. Wie ein Brief von jemand, den ich nicht kenne. Mag sein, dass mich der Inhalt des Briefes stört oder die Handschrift mir nicht gefällt. Mein Pech, was kann man machen. Mag sein, dass die Schrift schön ist und der Inhalt mich erfreut. Mein Glück, mein reines, unverdientes Glück. Da ist es, das reine Geschenk. Natürlich muss ich in der Lage sein, beschenkt zu werden; ich muss in Laune sein. Der beste Empfang nützt mir nichts, wenn ich nicht auf Empfang bin. Der Rest kommt von außen. Von jemand anderem. Nur jemand anderes kann mich stören, nur jemand anderes mich beschenken. Ich kann nur empfangen und reagieren: gereizt, beglückt. Deshalb lege ich keine Kassetten ein, sondern schalte das Radio an. Ich will beschenkt werden.

Ich höre selten Kassetten, noch seltener Platten oder Band. Ich höre Radio. Und ich höre nicht nach Programm; ich suche mir nicht die Sendung vorher aus. Ich höre unsystematisch und manchmal auch nach dem Duschprinzip: ich setze mich sozusagen unter Radiomusik. Jedenfalls habe ich keine Ahnung, was kommt, wenn ich den Knopf drücke; ich höre, alles in allem, nach dem Gesetz des Zufalls. Deswegen drücke ich ja den Knopf, und zwar den Knopf am Radio und nicht den am Recorder oder am Band. Ich höre Radio, weil ich nicht weiß, was kommt. Das Radio liefert mir Zufälle.

Wie jedes ordnungsliebende Wesen scheue ich naturgemäß den großen alarmierenden Zufall, der alles über den Haufen wirft. Ich bin ein Liebhaber des kleinen, inoffensiven Zufalls. Nun ist es aber äußerst schwierig, wirkliche Zufälle praktisch herzustellen. Willentlich fabrizierte Zufälle sind keine mehr. Man kann den Zufall nicht machen, vielleicht kann man ihn nicht einmal wollen. Alles, was man tun kann, ist, ihm ein Stück weit entgegengehen. Man kann sich in eine Position begeben, die einen dem Zufall aussetzt. Man braucht dazu nur das Radio einzuschalten.

Das Radio kann, was ich aus eigener Kraft nicht zuwege bringe, mich mit kleinen Zufällen beliefern. Es ist eine Art bescheidener und ziviler Zufallsgenerator. Ein Druck auf den Knopf, und etwas Unbekanntes rauscht mir um die Ohren. Wie bitte? Na ja. Ich weiß selbst, dass es jeden Sonntag um eins Beethovens 4. Klavierkonzert gibt: aus der Reihe »Klassik zum Mitpfeifen«. Und natürlich kommt mir das meiste an Pop auch irgendwie bekannt vor. Trotzdem: streng genommen weiß ich nicht, was kommt, wenn ich jetzt den Knopf drücke. Und darauf kommt es an.

Insofern das Radio ein Zufallsgenerator ist, hilft es mir, meine Stimmungen zu erkennen. Das Radio hilft mir, herauszufinden, nicht ob ich guter oder schlechter Laune bin, das wüsste ich zur Not noch selbst, das Radio zeigt mir, *welcher* guten oder *welcher* schlechten Laune ich gerade bin. Das Radioprogramm trifft meine Stimmung – oder es trifft sie nicht. Meistens trifft es sie nicht. Aber gerade im Danebentreffen kann das Wunder passieren: eine Stimmung oder Erinnerung, die vorher nur als Ahnung, dunkel formlos in mir lag, wird angetippt und kristallisiert. Und plötzlich weiß ich, was mit mir war. Das Radio hat einen Zufallstreffer gelandet.

Anders als mit Zufallstreffern ist Leuten meines Schlages ohnehin nicht beizukommen. Ich gehöre zu den Augenmenschen und bin im Grunde stocktaub. Ich tröste mich damit, dass es anderen auch so ging, Nabokov zum Beispiel. Natürlich höre ich etwas, aber ich arbeite nicht damit, ich baue nichts darauf auf, meine Rezeption bleibt folgenlos. Ich denke nicht mit den Ohren, in diesem Sinne bin ich taub; mein Gehör ist gänzlich unkultiviert. Vielleicht – aber das ist eine reaktionäre Hypothese, für die ich mich sofort schämen werde – kann ich mich ihm gerade deshalb, wegen seiner Unkultiviertheit, so hemmungslos hingeben. Es hilft nichts, ich höre schamlos. Ich lebe mit dem Radio – als mit dem Medium, das es meinen rohen, unverschämten Ohren am besten besorgt – in unsittlicher Gemeinschaft. Mit meinen Ohren bin ich rettungslos promiskuos und lasse mich nach Herzenslust verführen. Meine Ohren *denken* nicht wie meine Augen, die ich mühsam dazu erzogen habe; sie sind darin geübt, tagtäglich ihr gutes Kulturwerk zu vollbringen. Meinen Ohren ist die Kultur ziemlich egal, sie sind dumm, faul und verfressen. Es sind Lustorgane. Nie weiß man, wann sie aktiv sein werden. Sie picken sich hier etwas raus, schnappen da etwas auf, über ihre sprunghaften Appetite ist schwer etwas in Erfahrung zu ringen. Manchmal erscheinen sie mir fast ein wenig monströs: Sind sie nicht zwei große klebrige Fliegenfänger, in denen weißgott welch arme Geräuschfliege als Nächstes hängenbleiben wird?

So ganz stimmt das allerdings auch nicht. Man muss differenzieren. Es stimmt, dass meine gefräßigen Ohren unkultiviert sind, es stimmt, dass die Geräuschfliegen, die an ihnen hängenbleiben, nicht zu Höherem verarbeitet werden. Dennoch passiert etwas mit ihnen; es stimmt also nicht, dass meine Rezeption folgenlos bleibt. Nur sind die Folgen nicht erhaben, es wird daraus kein kulturelles Tagewerk. Die Fliegen, kleine Hörmomente, die aus verschiedensten Gründen »hängenbleiben«, ergänzen sich nicht zu einer kontrollierten, »vernünftigen« Ordnung. Akustische Sprengsel, halbe Liedzeilen, leiernde Refrains, ein scheppernder Reim, dazwischen Zeitansagen, die Bundesversicherungsanstalt, auflockernde Bewölkung – einen Augenblick lang bleibt das hängen und legt sich aneinander, dann ist es fort, weggeblasen von neuen Wörtern und Geräuschen. Ein akustischer Staub wischt den anderen weg.

Chaos? Nicht unbedingt. Bewegliche Ordnung? Das wäre schon zu viel gesagt. Eher eine regellose, gemusterte Klangtapete. Durchwirkt von Zeitpunkten, Informationen und allen möglichen Splittern von Aktualität, wickelt sie mich in genau diese ein. Sie bindet mich ein in *Aktualität*.

Ich bin daran gewöhnt, derart auf unsichtbare und zwanglose Weise in die Aktualität eingeschaltet zu sein, so sehr, dass sie zu einem Teil meines natürlichen Milieus geworden ist. Ich brauche diese Einschaltung ins ständige Rauschen, auch wenn die Aktualität Desaster heißt. Diese unaufmerksame Aufnahme, dieses zerstreute Einfangen von Geräuschfliegen bewirkt – zu einem Teil zumindest – meine Orientierung in der Welt. Das gilt nicht minder von der Musik, die ich zerstreut aufnehme, gleichsam überhörend höre. Auch sie bietet mir Orientierung, gibt Welt und legt sie aus. Eine flüchtige, spielerische und banale Ordnung entsteht, die aus dem Nichts kommt, einen Augenblick lang hält und wieder zugunsten einer anderen zerfällt. Goldener Staub, der sich über die grobe, stumme oder krächzende Welt legt.

Es muß um 1960 herum gewesen sein, vielleicht ein Jahr später oder früher – eben schwappte die erste große Welle von Fernsehern durch die deutschen Wohnstuben und setzte ihr kantiges Treibgut ab – da nistete sich in der Zimmerecke, in der bislang das singende und krächzende Schnabeltier allein gehaust hatte, ein Konkurrent ein. Der verfügte nicht nur über die Fähigkeiten von Sprache und Gesang, sondern ließ obendrein verschneite und verstaubte Bilder über sein gedunsenes Trinkergesicht ziehen. Das verschaffte ihm eine gewisse Überlegenheit gegenüber dem Schnabeltier, das in seiner Beschränktheit jetzt plötzlich altmodisch aber auch ein bisschen vornehm wirkte.

Wie weit es mit der Überlegenheit des Neuen wirklich her war, zeigte sich an jedem Samstagnachmittag, manchmal auch an anderen Tagen, wenn Fußballspiele übertragen wurden. Dann ging mein Vater her und türmte das Radio auf den Fernseher, drehte dem den Ton ab und ließ ihn einzig für die Bilder sorgen. Den Kommentar nämlich, den viel besseren Kommentar lieferte das Radio, dessen Sprecher die Spielabläufe sprachlich zu reproduzieren, ja fast abzubilden suchten. Der dumme Fernseher musste den Mund halten und sich aufs Flimmern und Zwinkern beschränken. Das eigentliche, große, atmosphärisch dichte Spiel lief im Radio.

Bekanntlich gibt es eine Menge Medien, und jedes von ihnen kann etwas, was die anderen nicht können. Am liebsten sind mir diejenigen, deren Können darin besteht, dass sie etwas weglassen können. Am Anfang sieht es aus, als gäben sie mir weniger, und am Ende stelle ich fest, dass sie mir mehr gegeben haben. Lieber als den Film mag ich die Fotografie, weil sie die Bewegung weglasst; lieber als die in Color ist mir die Schwarzweißfotografie, weil sie die Farbe weglässt; lieber als das Fernsehen habe ich das Radio, weil es die Bilder weglässt. Nichts ist banaler als das Farbfernsehen, weil es so tut, als griffe es mit beiden Händen in die Wirklichkeit. Das Radio kann senden, was immer es will – nie kann es derart banal werden. Jedenfalls nicht für mich.

Radio ist sparsam, denn – simpler lässt es sich nicht sagen – es spart sich und mir die Bilder. Radio verschont mein ohnehin überstrapaziertes Gesicht. Es behandelt mich als Blinden. Auf BFBS gab es einen Ansager, der ab und zu ankündigte, er werde jetzt wieder einen seiner verblüffenden Tricks zeigen, es folgten zwei, drei Sekunden Stille, dann fragte er, ob man's gesehen und den Trick durchschaut hätte. Ein Medienkalauer. Einfach fabelhaft. Das Medium nimmt sich selbst auf den Arm.

Als Radiohörer bin ich virtuell blind. Und umso besser, umso lieber höre ich Radio, je mehr es mich in diesen Zustand partieller Anästhesie versetzt, je mehr es mich aus der verbissenen Konzentration, mit der ich sonst hinter meinem Sichtfeld hocke – wie ein Posten hinter seiner Schießscharte – löst und mich sanft nach hinten, in meine Ohren hinein zieht. Manchmal gelingt es dem Radio sogar, mich ganz vom Sehen abzuziehen, dann sitze ich nur noch in meinen Ohren, bewohne mein Gehör. Das sind Augenblicke, in denen ich, ein Blinder auf Widerruf, das Hören als solches erlebe, vielleicht sogar darüber staune, dass ich etwas höre und nicht nichts: Metaphysik des Gehörs.

Anders als das Sehen und insofern anders als diejenigen Künste und Medien, die sich an das Gesicht wenden, beginnt das Radio damit, dass die Dinge *nicht* da sind. Im Film sind, auch ohne dass es Handlung gibt, gewisse Dinge immer schon da: Landschaft, Kulisse. Beim Radio schafft erst die akustische Aktion, also das Sprechen oder die Musik, hörbare Dinge und hörbare Welt. Radio, sagt Rudolf Arnheim, nachdenkend über das Hörspiel, »beginnt damit, dass alles fehlt… Der Rundfunk beginnt auf der Folie des schweigenden Nichts.« Film, gleichgültig wie abstrakt, setzt immer Dinge und Welt, setzt immer Etwas voraus. Visuelle Stille kann es streng genommen nicht geben. Radio dagegen kommt aus dem Nichts der Stille und geht in sie zurück, gleichgültig wie viel Krach es zwischendurch erzeugt. Darum dieser unabweisbare Hang zur Metaphysik.

Damit soll nicht gesagt sein, dass ich etwas gegen Bilder hätte. Im Gegenteil, ich liebe Bilder über alles, und vermutlich verstehe ich auch mehr von ihnen als von den Tönen und der Musik. Mein Musikverständnis – aber muss das nochmal sein? Mein Musikverständnis entspricht in etwas dem einer durchschnittlich begabten Gartenamsel, die, im Hinterhof eines Jazzamateurs ansässig, sich plötzlich bei Bebop-Rhythmen ertappt. Ich bin, das erwähnte ich bereits, ein wenig aufgeklärter Rezipient. Daran also liegt es nicht; ich habe überhaupt nichts gegen Bilder. Was für mich den unerhörten Zauber des Radios ausmacht, ist tatsächlich seine Sparsamkeit im Umgang mit den Sinnen, seine Konzentration auf das Gehör, seine spielerische Unterstellung, ich sei blind.

Das gilt für das Hören von Musik, aber stärker noch für das von Stimmen. Freilich liefern auch das Fernsehen und der Tonfilm mir Stimmen – aber nur das Radio gibt mir die Stimme ohne Gesicht. Ich will gar nicht von frühkindlicher Sinneserfahrung anfangen oder vom Klang der mütterlichen Stimme, ich erinnere mich zu schlecht an diese Zeit. Ich brauche keine Kinderpsychologie, um zu wissen, was das ist, die Stimme ohne Gesicht. Es ist das Medium, es ist die Form der Intimität.

Damit aber das Gefühl von Intimität sich einstelle, bedarf es von neuem der geringen Störung oder Irritation. Es bedarf dessen, was Roland Barthes die »Rauhheit« der Stimme nannte, kleiner Unreinheiten, Phrasierungs- oder Intonationseigentümlichkeiten. Die perfekt trainierte und perfekt glatte Stimme – es gibt sie Gottseidank kaum – ist nicht in der Lage, mir dieses Gefühl von Intimität zu geben, das ich brauche, um meine ach so intelligenten Augen zu verlassen. Die »Rauheit«, die dies vermag, ist der in der singenden oder sprechenden Stimme anklingende Körper. Auf einmal meine ich zu wissen, was das für mich ist. Radio. Dies Gemenge von Stimmen und Musik, das da, gleich ob aus einer großen oder kleinen Kiste, statisch oder mobil, zu mir kommt. Radio ist für mich diese eigentümliche Verbindung von Intimität *und* Distanz; Radio ist das beides gleichzeitig. Denn in der Stimme ohne Gesicht, in ihrem Klang, vernehme ich ja den ganzen Körper – aber eben ohne Gesicht und ohne Namen, einen gewissermaßen reinen Körper ohne den Lack des sozialen. Radio gibt mir die Intimität dieses Körpers, aber ohne meine allzeit bereiten neurotischen oder paranoischen Ängste auszulösen. Radio liefert mir diesen Körper aus und erlaubt mir, mich dieser Stimme, diesem Körper auszuliefern, ohne dass ich um meine Freiheit fürchten müsste. Denn Radio heißt eben auch: Distanz. Und darum gibt Radio mir die Höhle, vielleicht die Höhle der mütterlichen Stimme, aber diese Höhle ist unendlich weit, es ist eine Welthöhle.

Einsamkeiten gibt es viele. Manche sind schrecklich, und andere wieder sind köstlich. Radio, das mir Intimität gewährt ohne meine Distanz zu zerstören, ist das Medium meiner glücklichen Einsamkeit. Es sagt mir, die anderen sind da, und du bist für dich, so ist es für den Augenblick, und so ist es gut. Man vertreibt, das weiß jeder, der lange in einer Großstadt gelebt hat, ja eigentlich jeder, der eine Zeit lang unter Menschen gelebt hat, man vertreibt Einsamkeit nicht dadurch, dass man sich Hals über Kopf in Gesellschaft stürzt. Man vertreibt Einsamkeit überhaupt nicht dadurch, dass man sie vertreibt. Sondern dadurch, dass man die triste, depressive, die grässliche Einsamkeit durch eine andere, glückliche Einsamkeit ersetzt. Radio ist ein großartiges Mittel dazu. Ich weiß kein besseres.

WOLFGANG HAGEN

# »Was mit Marconi begann...«

*Radio und Psychoanalyse*

Spott erfuhr sie immer schon. Die Psychoanalyse, notierte Karl Kraus bereits 1913, sei »jene Geisteskrankheit, für deren Therapie sie sich hält«,[1] – ein in seiner psychoanalytischen Selbstbezüglichkeit prägnantes Wort. Nicht weniger deutlich (aber versteckter selbstbezüglich) ist, was Karl Kraus am Radio, zwei Jahre nach seiner Einführung, missfiel:

> »Hat Menschengeist Natur so aufgestört, / daß er sie zwingt, von allem, was da tönt, / ins taube Ohr der Menschheit zu ergießen? / Welch mißgestimmtes Maß im Allgenießen, / wie sie Musik aus allen Sphären hört / und nichts von jedem Jammer, der da stöhnt.«[2]

Psychoanalyse und Radio: Um welche Störungen selbstbezüglicher Art handelt es sich?

Ungeachtet zahlreicher Radiosendungen, mit denen auch Karl Kraus sich »ins taube Ohr der Menschheit« ergoss, bleibt seine Diagnose richtig. Ein Menschheitstraum ging dem Radio nicht voraus, eher in der Tat eine Art von ›Störung‹. Ganz anders die optischen Medien, von der Fotografie bis zum Fernsehen: Ihre Ahnherrin, die laterna magica, datiert man gern weit ins Mittelalter, wenn nicht gar in die Frühzeit der chinesischen Kultur zurück. Radio dagegen, seit gut achtzig Jahren auf der Welt, hatte niemand vorhergesehen, vorhergeahnt, erträumt, vorbeschrieben, erhofft oder ersehnt. Im Höhlengleichnis *sehen* wir etwas, wenn es auch nur Schatten sind; über das Hören aber schweigt Plato. Das Radio, so scheint es, ist eine technische Gerätschaft, die einfach irgendwann da war, oder, wie jüngst sublimer getitelt wurde: sie »erschien«;[3] nämlich 1895 in England, 1897 in Deutschland, 1901 in Kanada – zunächst als bloßes Knacken in Telefonhörern; 1906 dann erstmals als Musik- und Sprachgekrächze von hoher See; ab 1916 als seltsame Violin- und Klaviermusik in einigen Schützengräben des Ersten Weltkriegs; kriegsentlassene Gerätschaften, die schließlich 1920 in den USA und ab 1923 in Deutschland in den so genannten »Unterhaltungsrundfunk« expandierten, oder eben, nach Kraus, in das »mißgestimmte Maß im Allgenießen«.

## I.

Die Anfänge des Radios und die der Psychoanalyse fallen in die gleiche Zeit. Vom 21. September 1897 datiert der berühmte Brief, in dem Sigmund Freud dem »teuren Freund« Wilhelm Fließ von seiner neu gewonnenen ›Einsicht‹ in eine psychisch selbständige Existenz des Unbewussten berichtet. Freud hielt bis dahin in der Psyche Prozesse der Heilbarkeit für möglich, die am Organischen orientiert waren. Jetzt aber schreibt er:

> [Ich habe] die sichere Einsicht, daß es im Unbewußten ein Realitätszeichen nicht gibt, so daß man die Wahrheit und ... die Fiktion nicht unterscheiden kann. (...) Wenn man so sieht, daß das Unbewußte niemals den Widerstand des Bewussten überwindet, so sinkt auch die Erwartung, daß es in der Kur umgekehrt gehen müßte bis zur völligen Bändigung des Unbewußten durch das Bewußte.[4]

So weit Freud. Das ist, nebenbei bemerkt, genau das Gegenteil dessen, was (nicht nur) Karl Kraus der Psychoanalyse unterschob. Freud begründet seine Wissenschaft 1897 eben nicht mit der Behauptung, dass Psychoanalyse heilen könne. Die Wissenschaft Psychoanalyse beginnt vielmehr mit der Einsicht in die prinzipielle Unvollständigkeit einer seelischen Kur. Freud beginnt von diesem Tage an mit der Niederschrift seines ersten berühmten Werkes, der »Traumdeutung«.

Wenige Monate zuvor, im Mai des Jahres, war ein bis dahin eher unbedeutender Professor an der Technischen Hochschule Berlin, Adolf Slaby mit Namen, auf Einladung des britischen Seekabelingenieurs William Preece nach Lavernock Point am Bristol-Kanal gereist, um einem ganz jungen Mann aus Bologna, kaum 23 Jahre alt, bei einem kühnen technischen Experiment über die Schulter zu sehen. Guglielmo Marconi, ein Nobody in der wissenschaftlichen Welt, wollte die vierzehneinhalb Meilen über die offene See telegraphisch ohne Draht überbrücken. Was Slaby am Ort des Experiments vorfand, war eine ziemlich abenteuerlich aussehende Konstruktion aus Batterien, faustgroßen Konduktoren aus schwerem Metall, verbunden mit hoch aufragenden Stangen und tief vergrabenen Zinkplatten. Slaby verstand sofort und wurde Zeuge, wie die Sache funktionierte. Auf der anderen Seite der Bristol Bay kamen im Mai 1897 verabredete Signale an, und zwar indem, man verzeihe die Genauigkeit, Klingelchen zu läuten begannen, deren Stromkreis von so genannten »Kohärern« eingeschaltet wurden, die ihrerseits von elektromagnetischen Wellen kurzgeschlossen worden waren, welche Marconi mit laut knallenden Funkeninduktoren auf der anderen Seite der Bucht produziert hatte. Dieses knatternde und klingelnde Experiment im Süden Englands leitete die europäische und so auch die deutsche Radiogeschichte ein. Slaby, der am Ende eifrig mitgeholfen hatte beim Vergraben und Verlöten der Kupferleitungen, reproduzierte das Ganze schon wenige Wochen später, Juli 1897, eins zu eins am Wannsee, nämlich von der Heilandskirche zur Pfaueninsel, und legte damit die ersten Fundamente in Richtung auf die später zu gründende Telefunken Gesellschaft buchstäblich in die Berliner Erde.[5]

Guglielmo Marconi, geboren 1874, war Sohn eines reichen Bolognesers und einer Erbin der irischen Whiskydynastie Jameson. 1897 wusste er von der Physik der Sache, die er erfolgreich betrieb, nicht sehr viel. Mit achtzehn war Marconi durch die Aufnahmeprüfung der Physikfakultät in Bologna gerasselt, sagte auch später selbst, »niemals Physik oder Elektrotechnik in der üblichen Weise studiert«[6] zu haben, und veröffentlichte auf eigene Rechnung keine einzige akademisch ernst zu nehmende Arbeit. Was hatte Guglielmo Marconi zwischen 1895 und 97 erfunden, das die ganze wissenschaftliche Welt, der er definitiv nicht angehörte, bis dahin nicht hatte finden können?

## II.

Hinweise auf den Grund für diesen seltsamen Auseinanderfall von Technik und Wissen kann man schon bei Heinrich Hertz finden. So tief und anfänglich liegt er in der Sache selbst. Im Oktober 1886, elf Jahre vor Slaby, hatte Hertz in seinen Karlsruher Universitätsräumen seine ersten Experimente gemacht. Der Zufall spielte hier eine nicht geringe Rolle, denn Hertz hatte keineswegs nach diesen Wellen gesucht, und verstand, wie wir heute wissen, seine Experimente über ein ganzes Jahr lang nicht.[7] Erst die abschließende mathematische und theoretische Rekonstruktion seiner wenigen, mühsam erzielten Ergebnisse machte ihm klar, dass er, mutterseelenallein in seinem großen Vorlesungsraum, offenbar als erster Mensch auf dieser Erde unsichtbare elektromagnetische Wellen produzieren konnte, die sich wie Licht verhielten, aber, anders als Licht, zum Beispiel Stein, Holz und Mauerwerk durchdringen. Hertz beschrieb diese Eigenschaften der Radiowellen, ohne die wir zu Hause nichts hören würden, minutiös. Die wissenschaftliche Welt, in der Hertz als Helmholtzschüler fest verankert war, hat seine Experimente und ihre theoretische Deutung sofort anerkannt.

Auch die Techniker, zumal die Telegraphentechniker, die sich mit den vielen Fehlern in ihren Telefon- und Telegraphen-Leitungen herumzuschlagen hatten, wollten nun wissen, ob der neue Fund für sie etwas bringen würde. Also fragte ein gewisser Zivilingenieur Heinrich Huber aus München beim großen Wissenschaftler im Dezember 1889 an. Heinrich Hertz antwortete postwendend.

> Sehr geehrter Herr! Auf ihre freundlichen Zeilen vom 1. des Monats antworte ich ganz ergebends das Folgende: Magnetische Kraftlinien lassen sich ebenso gut wie die elektrischen als Strahlen fortpflanzen, wenn ihre Bewegungen nur schnell genug sind; denn in diesem Falle gehen sie überhaupt mit den elektrischen zusammen, und die Strahlen und Wellen, um welche es sich in meinen Versuchen handelt, könnte man ebenso gut magnetische wie elektrische nennen. Aber die Schwingungen eines Transformators, oder eines Telephons sind viel zu langsam. Nehmen sie tausend Schwingungen in der Sekunde, so würde dem doch im Äther schon eine Wellenlänge von 300 Kilometern entsprechen, und von der gleichen Größe müßten auch die Brennweiten der benutzen Spiegel sein. Könnten sie also Hohlspiegel von der Größe eines Kontinents bauen, so könnten sie damit die beabsichtigten Versuche gut anstellen, aber praktisch nichts machen, mit gewöhnlichen Hohlspiegeln würden sie nicht die geringste Wirkung verspüren. So vermute ich wenigstens. Mit vorzüglicher Hochachtung bin ich ihr ganz ergebener Heinrich Hertz.[8]

Der Telegraphen-Techniker Huber hatte es nun aus berufenem Munde. Heinrich Hertz bekennt nach zwei Jahren intensivster Forschungsarbeit, dass mit seiner Entdeckung aus technischer Sicht nichts anzufangen ist. Hertz wusste ja, wie ein Telefon funktioniert, auch wenn es erst seit zwölf Jahren auf dem Markt war. Und weil er es wusste, konnte der selbst so hoch begabte Ingenieur, mit dessen Namen wir angeben, wie schnell eine Schwingung pro Sekunde schwingt, sagen, dass zum Beispiel 3000 ›Hertz‹ elektromagnetisch einer Wellenlänge von 100 Kilometern entspräche, also einer Entfernung von Bremen bis Hannover. Wer, wie oder was soll eine so lange Welle empfangen? Und noch schlimmer: Heinrich Hertz wusste auch, dass erst ab einer bestimmten Schwingungszahl elektromagnetische Wellen sich überhaupt von einem leitenden Träger lösen. Die Grenze lag bei etwa dreißigtausend Hertz, was (via Telefon) in Schallschwingungen übersetzt, nur in einem für Hunde und Delphine hörbaren Bereich läge. Dass Schallschwingungen, also niedrige Frequenzereignisse, in hoch schwingende elektrische Schwingkreise übersetzt werden können und später wieder rückübersetzt werden in hörbare Ereignisse, ist eine Entdeckung diesseits des Jahres 1897, also nach Marconi und nicht vor ihm.

## III.

Brauchbar war Heinrich Hertz' Entdeckung gleichwohl, wenn auch nicht für Telegrapheningenieure, so doch für die Physik seiner Zeit. Die europäische Physik ist zwischen 1850 und 1900 zu einer zuvor nie erreichten theoretischen und wissenschaftsleitenden Dominanz aufgestiegen, wofür die Frage: Was ist Elektrizität? eine der entscheidenden war. Jahrzehntelang herrschten kontroverse und unvereinbare Ansichten vor.

Zwar halfen den Telegraphisten und Praktikern kontroverse Wissenschaftsmeinungen über die wahre Natur der Elektrizität wenig, doch machte diese wahre Natur Probleme, denn englische Seekabel, auf denen seit den sechziger Jahren die Kommandogewalt des viktorianischen Empire beruhte, funktionierten nur eingeschränkt. In diesen abertausend Kilometer langen, mit Guttapercha isolierten, armdicken Untersee-Kabeln rings um die Insel, quer durch den Atlantik, liefen die elektrischen Signale teilweise so extrem verzögert und verzerrt, dass sie von den Technikern nur mit den abenteuerlichsten Tricks zu handhaben waren. Für solche Tricks war Telegraphenchefingenieur William Preece der Experte, ein Haudegen, der mit der gesamten viktorianischen Physik seiner Zeit auf Kriegsfuß stand, weil die englischen Physiker ihm nicht erklären konnten, was die eigentlichen Ursachen dieser erratischen Ausfälle und fortdauernden Verzögerungs- und Verzerrungserscheinungen waren, die er da in seinen Hunderttausenden von Kabelmeilen festzustellen hatte.

Die für die Ohren der Techniker abstruseste Theorie hatte der schottische Physiker James Clerk Maxwell aufgestellt. Er behauptete und bewies in einer für seine Zeitgenossen kaum verständlichen Mathematik, dass Strom, also elektrische Ladung, sich überhaupt nicht inmitten der Kabel, sondern gleichsam ganz knapp an ihrer Oberfläche verbreite, ja, dass es, genau genommen, elektrische Ladungen eigentlich gar nicht gäbe, sondern die Kraft des Stroms in Verschiebungen des Äthers läge, der sich um diese Kabel herum lagere und dass, noch abstruser, elektrischer Strom in ein Wechselverhältnis von elektrischen und magnetischen Kraftlinien aufzulösen sei und also, welch ein Gipfel der Absurdität, es nicht einmal solcher schwerfälligen Kabel bedürfe, um sie zu verbreiten. Das Ganze hatte er so nicht gesagt, wie ich es hier vereinfache, sondern ausschließlich in mathematischen Formeln ausgedrückt, die bereits 1863 veröffentlicht worden waren.[9] Anhänger dieses legendären und fur die heutige Physikgeschichte im Rang eines Newton stehenden Mathematikers Maxwell nannten sich Maxwellianer; insbesondere für sie hatte der Herr aller Seekabel, Chefingenieur William Preece, nichts übrig.

Einsam in seinem Karlsruher Vorlesungsraum bestätigte Heinrich Hertz genau diese abstruse Theorie James Clerk Maxwells. Er hatte Empfangskreise aus Draht gebaut, die an den Enden weniger als einen Millimeter auseinander standen, und er hatte mit einem Mikroskop Fünkchen beobachtet, die zwischen diesen Enden übersprangen, wenn zehn und mehr Meter davon entfernt ein Funkeninduktor mit großen Funken laut und knallend Funken sprühte. Das bewies, elektrische Energien bestehen aus Wechselfeldern von elektrischen und magnetischen Erscheinungen, pflanzen sich ab einer gewissen Frequenz frei im Raume fort, und zwar in messbaren Wellengrößen. Außerdem bewies Hertz damit Maxwells zweite revolutionäre theoretische Vorhersage, nämlich dass das sichtbare Licht aus nichts anderem als solch frei flottierenden elektrischen Energien bestehe, nur eben als Licht in einer sehr hohen Frequenz. Hertz konnte in seinen Karlsruher Labors mit seinen unsichtbaren, nur qua Empfangsfünkchen registrierbaren Wellen genauso umgehen wie andere Physiker mit den Wellen des sichtbaren Lichts. Hertz konnte sie reflektieren, brechen, polarisieren, bündeln, beugen usw. Sofort wurden seine Versuche in den Labors von London, Luzern, Petersburg, Bologna und Paris wiederholt und bestätigt. Dass Licht aus Wellen bestehen musste, war im 19. Jahrhundert sowieso unbestritten und wurde erst sehr viel später durch die Entdeckung des Photoeffekts erschüttert, dessen Erklärung dann ziemlich direkt in die Quantenphysik münden sollte.

Dieser physikalische Exkurs sollte nur den wissenschaftshistorisch unbestrittenen Tatbestand deutlich machen, dass das für Techniker so unbrauchbare Experiment von Heinrich Hertz das Schlüsselexperiment der Physik des 19. Jahrhunderts gewesen ist. Es bewies die Richtigkeit der Maxwell'schen Gleichungen, und diese Gleichungen waren es, die die Elektrizität und Atomphysik des zwanzigsten Jahrhunderts fundierten und überdies für die theoretische Physik den Königsweg in die Relativitätstheorie eröffneten, wie Albert Einstein immer wieder betont hat. Der experimentelle Beweis, dass es energetische Wellen auch unterhalb der Lichtfrequenz gab, war erbracht. Aber nicht nur das. Zeitgenössische Wissenschaftler lasen aus Hertz' Beweis noch einige andere Botschaften heraus, die weniger mit Physik als vielmehr mit Psychophysik und Okkultismus zu tun hatten. Diese Botschaften, und nicht die im engeren Sinn physikalischen, sollten schließlich folgenreich werden für die Konstruktion der Marconischen Apparate, sprich das Radio, das Hertz ja, wie erwähnt, für einigermaßen unmöglich hielt.

In die Nähe dieser ›anderen‹ Botschaften geriet schon Heinrich Hertz selbst. 1891 erklärte er, als Resümee seiner Arbeiten, dass es fortan kein wichtigeres Wissenschaftsprojekt gäbe als die Exploration jenes Stoffes, der als Träger aller dieser elektrischen Erscheinungen anzusehen war. Man nannte ihn, der heute völlig aus der physikalischen Diskussion verschwunden ist, seit den ältesten Zeiten der Physik – den »Äther«. Explizit seit Descartes durchgeisterte die angenommene Existenz eines solchen alles durchdringenden, hypermikrofeinen Stoffes die wissenschaftlichen Debatten. Newton hatte in seinen veröffentlichten Schriften alle Spekulationen abgelehnt, ihnen dafür aber in Briefen und Nebenbemerkungen umso mehr Raum gegeben. Kant hielt die Realität des Äthers zunächst für philosophisch völlig unmöglich, seine Nachlassschriften aber handeln von ihr. Die romantische Philosophie, Schelling und Hegel zumal, philosophierten leidenschaftlich über den Äther. Der Papst der viktorianischen Physik, Lord Kelvin, bestimmte gar dessen spezifisches Gewicht. Aber was sollte das sein, dieser Ätherstoff? Feiner als alle Atome, alle Materie durchdringend, die Erde umhüllend und bis in ihren Mittelpunkt reichend, zugleich das ganze Universum erfüllend, feiner als fein und dabei hart, härter als Stahl und Diamant, aber vollkommen unsichtbar und transparent. Was für Widersprüche! Die achtziger und neunziger Jahre des vorigen Jahrhunderts, also die Zeit, in der das Radio entstand, waren zugleich die Jahrzehnte der weitreichendsten Ätherspekulation der Physikgeschichte, ein Umstand, der heute gerne vergessen wird.

Durch die Experimente von Heinrich Hertz ergab sich eine weitere Frage: Wie und womit sollte diese elektrische Wellenart eines unsichtbaren Lichts zu empfangen sein? Hermann von Helmholtz, der Doyen der wilhelminischen Physik, hatte in den sechziger Jahren, als er noch in Bonn als Physiologe tätig war, gezeigt, dass die Zapfen und Stäbchen auf unserer Augennetzhaut für das sichtbare Licht sehr genau auf die Frequenzen der Farben Blau, Rot und Grün abgestimmt sind. Das war eine Revolution in der physiologischen Optik, die bis heute gültig ist. Die Nervenzellen in den so genannten Zapfen auf unserer Netzhaut operieren als Resonatoren für die drei Grundfarben und geben, so Helmholtz, ihre Grundinformationen ans Gehirn weiter, wo der Farbeindruck entsteht. Diese damals auch in populären Zeitschriften weit verbreitete Entdeckung gab beispielsweise für den französischen Impressionismus einen wichtigen Anstoß. Die Farbtheorien Seurats und Signacs und damit die Malerei des Pointillismus gründen auf Lektüren dieser Helmholtz'schen Theorie der Optik.

Da nun sein Schüler Heinrich Hertz bewies, dass das elektromagnetische Spektrum sehr viel umfangreicher war und dass das Licht nur einen kleinen

Ausschnitt aus diesem Spektrum darstellt, so lag die Frage nahe, ob es im menschlichen Körper noch andere Wahrnehmungsorgane für Strahlen gäbe, die, wenn auch länger und langsamer als das Licht, so doch physikalisch dasselbe wären. Also baute man Modelle, wie es der französische Physiologe Edouard Branly tat, die die Funktion der Nervenzellen nachahmen sollten und die Aufgabe hatten, auf jegliche Art elektromagnetischer Strahlung zu reagieren, besonders aber auf die Hertz'schen Wellen. Dies gelang, und ein englischer ›Maxwellianer‹, Oliver Lodge mit Namen, verfeinerte einen solchen künstlichen Wahrnehmungsapparat, »Kohärer« mit Namen. Dahinter verbarg sich ein kleines Fläschchen, das die Eigenschaft hatte, nach Empfang elektrischer Wellen leitend zu werden, während es im Ausgangszustand nichtleitend war. Oliver Lodge machte ein Experiment mit diesem neuen Empfangswerkzeug 1894, in einer Gedenkvorlesung anlässlich des Todes von Heinrich Hertz. Sein Experiment sollte beweisen, dass Gedankenstrahlen Hertz'sche Strahlen seien, die von Nerven direkt aufgenommen würden.

Damit war das erste und für mehr als ein Jahrzehnt einzige Empfangsgerät des Radios konstruiert. Ein Nervenschaltungsgerät. Oliver Lodge, der die Erfindung für sich reklamierte, war aktives Mitglied der so genannten »Society for Psychical Research«. 1882 gegründet, war es das Ziel der Gesellschaft, den okkultistischen Phänomenen wissenschaftlich zu Leibe zu rücken, den zahllosen Medien der Séancen, den Tischeverrückerinnen und In-Trance-Sprechern, den Kommunikatoren mit Geistern und Toten aus dem Jenseits. Oliver Lodge hielt die meisten dieser Phänomene für wissenschaftlich verifizierbar und glaubte, unter anderem durch das beschriebene Experiment, physikalisch beweisen zu können, dass die elektromagnetische Strahlung, also die Radiowellen von Heinrich Hertz, tatsächlich dasjenige Element sei, aus dem unsere Gedanken bestehen. Warum auch nicht? Die Vorgänge in unserem Gehirn, so Lodge ganz korrekt, sind elektrophysiologischer Natur; es sind Ströme im Hirn, die seine Tätigkeit hervorrufen. Warum also sollten, mutmaßte Lodge, Gedanken zwischen anwesenden Menschen nicht auch dadurch übertragen werden, dass der eine, im Denken, gleichsam Radiowellen überträgt und der andere sie auf direktem Wege empfängt und als die seinen identifiziert?

Womit wir, mitten in den Anfängen des Radios, wieder bei zentralen Begriffen der Psychoanalyse sind. Auch die Technik der Psychoanalyse basiert, wie Freud sagt, wesentlich auf einem Mechanismus der Übertragung und Gegenübertragung, den Psychoanalytiker und der Analysand wechselseitig miteinander, und zwar auf unbewusste Weise, praktizieren.

Freud hatte freilich nie behauptet, dass das Unbewusste sich physikalisch überträgt. Von Anfang an, datiert mit dem Brief an Fließ, schließt Freud jeden physikalischen Mechanismus aus, weil im Unbewussten, wie Freud sich ja ausdrückt, »kein Realitätszeichen« existiert. Das Unbewusste nach Maßgabe der Psychoanalyse ist, und darin liegt die Stärke dieser Wissenschaft, nichts Reales im physikalischen Sinn. Genau das aber behaupteten die Pioniere des Radios, zumindest Oliver Lodge, der Mit-Erfinder jenes technischen Empfangsgeräts, das die Entwicklung des Radios jetzt wirklich in Gang setzen sollte.

Bleibt nur noch zu klären, wie das alles zu Marconi kam, dem Möchtegern-Studenten und Spross einer schwerreichen Familie. Sie bewohnte die inzwischen legendäre Villa Griffone nahe Bologna, und Sohn Guglielmo, ein besessener Bastelfuchs, fand sich wohlwollend gefördert durch Professor Augusto Righi, einem Physiker, den die Nachbarvilla beheimatete. Righi war einer der wenigen europäischen Physiker, der herausfinden wollte, wie man die Lücke zwischen den relativ langsamen Wellen der Hertz'schen Versuche und den enorm schnellen Wellen des sichtbaren Lichts Frequenz für Frequenz schließen könnte. Er verfügte demgemäß über die gesamten Apparaturen und die Literatur, die die Wissenschaftler Europas zu diesem Thema seit 1888 produziert hatten. Hier fand der junge Marconi den Stoff für seine erstaunlich wirksamen Basteleien. Die Nachbarschaft zweier Häuser ist der Zufall, der den Namen Marconi trägt. So wurden ihm auch die populären Aufsätze eines russischen Marineingenieurs namens Alexander Popov bekannt, der seine Kompanien vor herannahenden Gewittern schützen wollte, indem er riesige Empfangsantennen aufbaute, um die elektromagnetischen Wirkungen von Blitzen, noch bevor man sie sehen konnte, zu registrieren. Was zwar nur mäßig gelang, aber umgekehrt, wenn Popov die Hertz'schen Funkensender an solche Antennen anschloss, doch interessante Wirkungen tat. Kurz: die Popov'schen Antennen, die Righi'schen Apparate zur Funkenerzeugung und den Kohärer, dieses seltsame metallspangefüllte Empfangsfläschchen, das Nervenzellen simulieren sollte, im Gepäck, tauchte der 21-jährige Guglielmo Marconi auf Drängen und Vermittlung seiner reichen irischen Mutter 1895 in London auf und wurde zum Seekabelchef William Preece vorgelassen, der, wie erwähnt, in Fehde mit den englischen Physikern seiner Zeit lag, die immer nur schöne Theorien, aber keine Verbesserung seiner so störanfälligen Seekabelsysteme vorzuschlagen hatten. Da kam ihm dieser junge, verrückte italienische Bastelgenius zupass. Der baute auf, was der Landsmann Oliver Lodge, Physikprofessor in Liverpool, dem Seekabelchef auch hätte aufbauen können, wäre Lodge nicht bei Preece seiner absurden Theorien wegen in Verruf geraten.

Der junge Fast-Student Marconi hatte ja nur zusammengebracht, was sowieso schon da war: Antennen aus Petersburg, Funkenerzeuger aus Bologna und Lodges Kohärer aus Liverpool, geheimnisvoll verpackt in einem schwarzen Kasten. In nüchterner Klarheit verschaffte er den erstaunten Militärs das, was sie haben wollten, nämlich keine telepathischen Phantasmen, sondern eine neue, verbesserte Nachrichtentechnik. Der Anfang des Radios als Mediensystem ist ein militärischer, darüber besteht kein Zweifel. In Europa wie in Amerika waren es zuerst die Militärs, die Interesse an drahtlosen Übertragungen von Befehlen hatten. Innerhalb weniger Jahre hatte die Marconi-Company, zu deren Gründung Marconi von Preece selbst gedrängt worden war, alle wichtigen Patente in der Hand. Geschickte Nutzungsverträge wurden geschlossen. Mit Marconigerät organisierte England 1914 die erfolgreiche Seeblockade, die den Krieg damit auf das europäische Festland zurückdrängte.

Marconi selbst hatte am Unterhaltungsradio, also an der Übertragung von Stimmen und Musik durch die nach ihm benannten Systeme nicht das geringste Interesse. In England, Holland, Italien und Deutschland, hier vertreten durch Hans Bredow, entstand der Unterhaltungsrundfunk als Konzept erst nach dem Ersten Weltkrieg, um die im Krieg erstmals erprobten Röhren als Sende- und Empfangsbausteine produzieren zu können, die nur in industriellen Serien gebaut werden konnten. Weder daran noch an dem so genannten »Kulturauftrag« des Rundfunks, mit dem Bredow seine Ziele stilisierte, hatte Marconi irgendeinen Anteil. Auch nach dem Ersten Weltkrieg interessierte er sich ausschließlich für die militärische Verwendung »seiner Wellen«. Ihm gelang es, 1926, tatsächlich als einem der Ersten, ultrakurze elektromagnetische Wellen in einem feinen Strahl zu bündeln. Dieser Erfolg wurde von Italiens Diktator Mussolini als »sustema onde corte a fascio«, also als System der kurzen gebündelten Wellen, begrüßt.[10] Marconi war ergriffen von dieser Doppeldeutigkeit des »a fascio« und rühmte sich fortan, der wahre erste italienische Faschist gewesen zu sein, was er als frühes Mitglied der Partita Nazionale Fascista von 1923 an in gewisser Weise auch tatsächlich war. Unter Mussolini wurde Marconi kurzzeitig Senator und starb 1937.

## III.

Der von Branly und Lodge erfundene und später von Marconi requirierte Radiowellen-Empfänger namens Kohärer war ein okkulter Nachbau menschlicher Nervenzellen. Lodge wollte zeigen, wie ein Mensch mittels elektromagnetischer Strahlung Gedankenübertragung zu anderen bewerkstelligen könne, also schlicht das, was man Telepathie nennt. Daran, also an der ursprünglich okkulten Seite der Radioerfindung waren die Militärs nicht interessiert. Erst in der späteren Radioentwicklung ereignete sich insbesondere in Deutschland, um es psychoanalytisch zu formulieren, eine Wiederkehr des Verdrängten. Deutliche Spuren der telepathischen, von den militärischen nur überlagerten Anfänge des Radios finden wir in der deutschen Literatur der späten zwanziger Jahre. Zum Beispiel in den euphorisierten Radio-Gedichten von Johannes Ernst Becher:

> Setz dich nieder. Vor dir steht ein Trichter. / Nur ein Knopf. Wenn du ohn' Zaudern drehst, / spricht zu dir aus ferner Stadt ein Dichter, / Worte, wie du sie sonst nie verstehst. / Dreh den Knopf! Wer wird sich melden? / Wen wird jetzt dein Zauberruf erreichen? / Senden Antwort dir die toten Helden? / Vogelzwitschern in ein Pausenzeichen. / (…) Drehe wieder, und die Stimme schwindet, / Und der ganze Äther jubiliert. / Wer nichts Wunderbares dabei findet, / hört nicht, wie sein Herz dort jubiliert. / (…) Und du hörst des Mannes Stimme nah, / Und er steht in deines Zimmers Mitte: / Lenin spricht, der Mann, der kam und sah, / Und die Völker folgten seinem Schritte. / Ja, im Winter sind die Nächte lang, / Unser Blockhaus liegt weit von der Stadt. / Manchmal fällt noch von der Wand ein Klang, / Wenn der Schlaf uns längst umfangen hat. / Dreh den Knopf! Wer wird sich morgen melden?! / Senden Antwort uns die toten Helden?![11]

Diesen Zeilen aus dem Jahre 1929 kann man die Wiederkehr des Verdrängten in einem mehrfachen Sinne abhören. Zunächst die Frage »Senden Antwort uns die toten Helden?«: Das grausame, menschenschlachtende Maschinenkriegswerk des Ersten Weltkriegs war keine zehn Jahre vorbei und hatte in Deutschland fast jede Familie getroffen. Die allermeisten Soldaten des Ersten Weltkriegs waren von Maschinen getötet worden, von Maschinengewehren, von einer Maschinerie also, die nichts mehr mit Kampf, sondern nur noch mit Material- und Abschlachten zu tun hatte. Das aber hindert Becher nicht, die kalte Sachlichkeit der Maschinen in ihrer Achse umzukehren und eine neue Maschine zu heroisieren. Das tut Becher sozusagen durch Drehen des Radioknopfes im Namen Lenins. So erreicht das physikalische Konzept, der Äther, obwohl es aus der theoretischen Physik durch die Relativitätstheorie längst verbannt war, durch das Medium Radio eine neue Aktualität.

Der Äther als das Element der neuen Maschine namens Radio wird jetzt zum Verbindenden, zum alles Vereinigenden, zu dem gar, was uns mit den Toten zusammenführt. Ein gewisser Richard Kolb schreibt 1929:

> Die Funkwellen sind wie der geistige Strom, der die Welt durchflutet. Jeder von uns ist an ihn angeschlossen, jeder kann sich ihm öffnen, um von ihm die Gedanken zu empfangen, die die Welt bewegen. ... Der unsichtbare geistige Strom aber, der vom Ursprung kommt und die Welt in Bewegung brachte, ist seinerseits in Schwingung versetzt, gerichtet und geleitet vom schöpferischen Wort, das am Anfang war und das den Erkenntniswillen seines Erzeugers in sich trägt.[12]

Richard Kolb war bis in die sechziger Jahre hinein für viele Radio- und Hörspielmacher in deutschen Funkhäusern eine Autorität. Die Hörspieltheoretiker im Nachkriegsdeutschland, Schwitzke, Fischer, Knilli und viele andere, zitierten ihn wie eine Bibel. Denn Kolb hatte für den Praktiker wie für den Theoretiker etwas zu sagen. Er artikuliert ein Verständnismuster, das über Jahrzehnte als ein untergründiger Konsens erhalten blieb: Wir hören Stimmen aus dem Radio nicht von außen, sondern wie entkörperlichte Stimmen, wie Seelen in uns.

> Der Funk kann uns das Überpersönliche, das Seelische im Menschen in Gestalt körperloser Wesenheiten näherbringen.[13]

Kolbs berühmte Formel von »der Stimme als körperloser Wesenheit«. Kolb – Gefolgsgänger Hitlers seit 1923, Strasser-Verehrer, Nazi-Intendant, unter Goebbels in Ungnade gefallen, Freitod 1945 – sagt, dass eine Handlung, die wir im Hörspiel hören, nicht neben uns, dort wo der Lautsprecher oder das Radio steht, stattfindet, und nicht vor uns, wie auf Bühne oder Leinwand, sondern »einzig und allein in uns«. Er sagt, wir hören nicht Menschen sich bewegen und sprechen, sondern wir spüren die Bewegung dieser Menschen unmittelbar in uns. »Das Mikrophon wird zum Ohr des Hörers« und »Hörspieler und Hörer treffen sich gleichsam im gemeinsamen Brennpunkt seelischer Akustik«. Schließlich: »Die Stimme des Hörspielers wirkt ... bei der Darstellung einer ... Person als Stimme an sich und damit als Stimme des eigenen Ich«.[14]

Erst seit 1968 Helmut Heißenbüttel, Rundfunkredakteur, Lyriker, Essayist und Hörspielautor, noch einmal – wie Richard Kolb 1929 – ein »Horoskop des Hörspiels« vorlegte, gelten Richard Kolbs Thesen als ideologisch, als weltanschaulich bedenklich, reaktionär und restaurativ. Und weil dieses weltanschauliche Verdikt anerkannt ist, gibt es heute, in den gegenwärtigen radiotheoretischen Diskursversuchen, kaum noch Rückgriffe auf Kolb. »Die Rückführung der Hörspielphänomenologie auf ein

Urerlebnis«, sagt Heißenbüttel auf den Hörspieltagen 1968, »erweist sich nicht als theoretische Begründung einer Analyse, sie hat weltanschaulichen Charakter«[15]. Bis dahin aber, fast ein halbes Jahrhundert lang, hatten Kolbs Innerlichkeitspathos und seine Thesen von der »zeugenden Kraft des gesprochenen Wortes«, der »Stimme als körperloser Wesenheit« im deutschen Radio unwidersprochen gegolten. Sie entsprachen dem Selbstverständnis der Radioredakteure, sie waren das Kriterium für jeden gesprochenen Programmbeitrag, oft auch für die Beurteilung von Stoffen und Stücken wie von Sprechern und Sprecherinnen, Maßstab einer Sprech- und Regiekultur, die bis ins Äußerste hinein diese wohlklingenden Kunststimmen pflegte, diese Stimmen des chargierenden Lauts, der voluminösen Klangräume der Vokale, der rollenden »R«'s, gezogenen »I«'s und der pathetischen Artikulationen, der elaboriertesten Sprecherziehung volltönender Timbres. Künstliche Stimmlichkeit, früh vom neoromantischen und expressionistischen Theater, von Max Reinhardt her, ins Radio verpflanzt, Stimmen, die einen Ton förmlich sangen, den kein normaler Mensch auf der Straße sprach oder spricht. Kunstsprechstimmen eben, deren Radiopraxis weit ins letzte Jahrhundertdrittel maßstäblich war. Erst die O-Ton-Bewegung der 70er Jahre, erst die Alltagssprache der journalistischen Redakteure am Mikrophon, haben diese Stimmen der körperlosen Wesenheit konterkariert.

Im Radio haben wir es nur mit Stimmen zu tun, die unsichtbar bleiben. Dieser technische Umstand ermöglichte, wie zu zeigen war, ein folgenreiches Missverständnis, das in einer Wiederkehr des Verdrängten mündete. In ihrer Aufdeckung beweist die Psychoanalyse des Radios, wissenschaftshistorisch reflektiert, einen aufklärerischen Sinn. Der Nazi-Ideologe Richard Kolb wollte beweisen, dass wir Stimmen, die wir im Radio hören, in uns noch einmal aufbauen und reproduzieren. Dieser Diskurs ist ein offensichtlich gestörter. Denn Kolb verbirgt, dass sich in seinem Diskurs ein okkultistisches Muster von behaupteter Gedankenübertragung verbirgt, nämlich eine ihrerseits schon gestörte Diskursfigur aus den Anfängen des Radios. Mit einem Gedankenübertragungs-Gerät, also mit einem Missverständnis, begann die Radioentwicklung tatsächlich, nämlich mit dem Lodge'schen Kohärer. Zehn Jahre nach Programmstart in Deutschland verdichtete sich diese gestörte Diskursfigur noch einmal auf eine erschreckende Weise, nämlich in der faschistischen Verschaltung von Führerstimme und dem am Radio lauschenden Volk im Jahr 1933. Kolbs Theorien lieferten dafür den Prätext.

In dieser Verkettung gestörter Diskurse verbirgt sich, was gleichwohl nicht völlig verworfen werden kann. Dass nämlich im Sprechen-Hören einer unsichtbaren Stimme etwas schließt und öffnet zugleich; dass etwas »zu uns« spricht, aus dem Radio, und uns irgendwie gut tut. Walter Benjamins Satz: »Es gibt Sprecher, denen man sogar bei den Wettermeldungen zuhört«,[16] trifft einen Punkt, den man nicht außer Acht lassen kann. Nicht so sehr was, sondern vielmehr dass und wie im Radio gesprochen wird, macht uns hören. Dieser seltsame Umstand wird immer noch am besten durch einen Satz ausgedrückt, der von einem kleinen, durch die Psychoanalyse sehr berühmt gewordenen Jungen überliefert ist: Wenn etwas spricht, »wird es hell«. Wir finden diesen kleinen Jungen in einer Fußnote von Freuds »Drei Abhandlungen zur Sexualtheorie« von 1905:

> Die Aufklärung über die Herkunft der kindlichen Angst verdanke ich einem dreijährigen Knaben, den ich einmal aus einem dunklen Zimmer bitten hörte: ›Tante, sprich mit mir; ich fürchte mich, weil es so dunkel ist.‹ Die Tante rief ihn an: ›Was hast du denn davon? Du siehst mich ja nicht.‹ ›Das macht nichts‹, antwortete das Kind, ›wenn jemand spricht, wird es hell.‹[17]

Für Freud schlummert in dieser kleinen Szene ein zentrales Argument. In den »Drei Abhandlungen« von 1905 wird das erste Mal explizit das sexualtheoretische Modell der Libido entwickelt. Freud zentriert dabei alles um einen Begriff der kindlichen Libido, den kindlichen Geschlechtstrieb, der eben nicht nur »durch Erregung der Genitalzone geweckt wird«,[18] sondern ein sehr umfassendes, mächtiges Begehren repräsentiert, das sich in einem ursächlichen Verlust bildet, nämlich, wie Freud sagt, in der »Abtrennung der Sexualtätigkeit von der Nahrungsaufnahme«.[19] Das Kind löst sich, so Freud, sehr früh von der Allheit der Mutterbrust, und in dieser abtrennenden Loslösung kommt eine Achse des Begehrens zustande und zugleich damit ein mächtiger Affekt von Angst. »Die Angst der Kinder«, sagt Freud, »ist ursprünglich nichts anderes als der Ausdruck dafür, daß sie die geliebte Person vermissen«.[20]

Auch bei dem Jungen, der im Dunkeln noch wach liegt und nicht schlafen kann, geht es nicht um das, was inhaltlich gesprochen wird. Es ist Schlafenszeit. Es geht dem kleinen Knaben nicht um die Tante, die er nicht einmal sehen will, sondern um eine Substitution, um ihr An-Sprechen, um das Sprechen eines Vertrauten; es geht um das Hören des bekannten Sprechens, um das Hören von etwas, das auch, wenn man es nicht sieht, selbstähnlich bleibt, nämlich eine unsichtbar anwesende Stimme, die spricht, wie das Eigene spricht, und also, sit venia verbo, um eine bestimmte Art von Radio. Die psychoanalytische Theorie sagt uns damit, dass es so etwas gibt wie eine Nähe des Radios zu einer sehr früh auftretenden, frühkindlichen Angst. Die Pointe dieser Theorie aber liegt in der Prognose ihrer Überwindung. Im Prozess des Erwachsenwerdens nämlich, so Freud, unterfällt die Angst, wie alles, was zu den frühkindlichen Phasen des Lebens gehört, der Verdrängung; bei dem einen stärker, bei dem anderen schwächer. Mag sein, dass hier (und nicht so sehr in formalen Bildungsfragen) der Grund dafür liegt, dass seit den Anfängen des Radios alle Umfrageforscher bekunden, dass die Menschen am Radio mehr Musik bevorzugen als zum Beispiel lange Radioessays, dass sie lieber dieselben bekannten Stücke hören wollen als lange Passagen von Gesprochenem, lieber einen selbstähnlichen Sound als die stets mögliche Unvorhersehbarkeit eines Worts.

Mehrheiten entscheiden damit nicht über Qualität, aber in einem Radiomarkt (dem inzwischen auch der Gebührenrundfunk unterliegt) über den Inhalt und die Formate bezahlbarer Programme. Bleibt also nur die Einsicht in die unauflösliche dreifache Paradoxie des Massenmediums Radio. Die erste Paradoxie ist eine radiogeschichtliche. Es zeigt sich, dass je älter das Medium Radio wird, es sich umso mehr von seinen sprachlichen Möglichkeiten abkehrt. So will es, sagt die Demoskopie ganz unmissverständlich, die große Mehrheit der Hörer: kaum Hörspiel und gesprochenes Wort, mehr Musik bis zu der Perversion einer rotierenden Endlosschleife des immergleichen, weil selbstähnlichen Sounds. Die zweite Paradoxie ist gegenläufig und besagt, dass durch diese Vervielfältigung des Immergleichen die problematische Erbschaft des Mediums – nennen wir sie die radioästhetische und propagandistische Ausbeutung von kindlichen Ängsten, in Form einer Verschaltung der Massen mit einer Stimme – keine Basis mehr hat. Bleibt die dritte Paradoxie, die immer noch die erstaunlichste ist. Es ist das Paradox, dass das Radio, als das erste und am weitesten verbreitete Massenmedium, in wie viele Kanäle es sich auch vervielfältigen mag, zugleich die allerprivateste Rezeption ermöglicht. Es erlaubt den allerprivatesten Akt, zu dem ein einzelner Mensch überhaupt fähig ist, nämlich das stille Zuhören. Aber weil nun niemand mehr zuhören muss, der es nicht will, verliert sich mit seinen problematischen Erbschaften auch die Wirksamkeit dieses Mediums, die Wirksamkeit eines Mediums, das mit Marconi begann.

1 Karl Kraus: Aphorismen. Frankfurt: Suhrkamp 1986, S. 351.

2 Zit. nach: Irmela Schneider (Hg.): Radio-Kultur in der Weimarer Republik. Eine Dokumentation, Tübingen: Narr 1984, S. 37.

3 Lenk, Carsten: Die Erscheinung des Rundfunks. Einführung und Nutzung eines neuen Mediums 1923–1932. Opladen: Westdt. Verl. 1997.

4 Sigmund Freud: Briefe an Wilhelm Fliess 1887–1904. Frankfurt am Main: Fischer, 1986, S. 284.

5 Das alles berichtet Adolf Slaby in: Entdeckungsfahrten in den elektrischen Ozean. Gemeinverständliche Vorträge. 5. Auflage, Simion: Berlin, 1911.

6 Zit. nach: Friedrich Kurylo: Ferdinand Braun. München: Moos, 1965, S. 153f.

7 Vgl. Albrecht Fölsing: Heinrich Hertz. Eine Biographie. Hamburg: Hoffmann & Campe, 1997; und Wolfgang Hagen: Fotofunken und Radiowellen. Über Feddersens Bilder und die Hertzschen Versuche, in: Christoph Hoffmann u. a. (Hg.): Über Schall. Göttingen: Wallstein 2001, S. 225–258.

8 Zit. nach August Weilenmann: Die elektrischen Wellen und ihre Anwendung zur drahtlosen Strahlentelegraphie nach Marconi. Zürich: Furrer, (1903), S. 15.

9 Einzelheiten in: Bruce J. Hunt: Michael Faraday, Cable Telegraphy and the Rise of Field Theory. In: History of Technology, 13, London/New York, 1991, S. 1–19.

10 Vgl. W. P. Jolly: Marconi. London: Constable, 1972, S. 251 f.

11 Zit. nach Schneider, Radio-Kultur, S. 58 ff.

12 Richard Kolb: Das Horoskop des Hörspiels, Berlin, 1932, S. 52.

13 Ebd.

14 A. a. O., S. 53 f.

15 Helmut Heißenbüttel: Horoskop des Hörspiels. In: Klaus Schöning (Hg.): Neues Hörspiel: Essays, Analysen, Gespräche. Frankfurt/Main: Suhrkamp, 1970, S. 18–36, hier S. 26.

16 Benjamin, Walter: Reflexionen zum Rundfunk [1931], in: Ders.: Schriften, Band II, S. 1507.

17 Sigmund Freud: Drei Abhandlungen zur Sexualtheorie. In: Ders.: Gesammelte Werke V, London: Imago, 1942, S. 126.

18 A.a.O., S. 124.

19 Ebd.

20 Ebd.

BURKHARD SPINNEN

# Auf der Luft

*Sehr persönliche Anmerkungen zum Radio*

*Was man durchs Radio erfährt: das Gefühl des Universellen*

Ich darf einmal radikal vereinfachen: Es gibt jetzt in der Menschheitsgeschichte knapp drei Generationen, die mit einer Art Permanentwissen von der empirischen Existenz der »großen weiten Welt« umhergehen. Also nicht mit der Vorstellung vom göttlichen Kosmos, sondern von der Summe all dessen, was geschieht oder was der Fall ist. Noch mein Großvater konnte mir schildern, dass er zum ersten Mal sein Heimatdorf verließ, um in den Krieg zu ziehen. Bei dieser Gelegenheit erfuhr er, was hinter den Feldern lag. Vorher hatte er sich nicht einmal für Überregionales interessiert und keine Nachricht davon erhalten, dann begegnete ihm das Internationale: sogleich und ausschließlich als tödliche Bedrohung.

Zwei Generationen später wissen, ja empfinden wir alle dauernd, dass es das Universelle, dass es das Globale gibt und wie es darin zugeht. Man steigt etwa, um sich zeitgemäß zu bewegen, ins Auto, und gleich mit der Zündung schaltet sich das Radio ein. Umgehend befindet man sich in einem Nachrichtenkosmos und erfährt im Minutentakt, was gleich um die Ecke sowie an allen vier Enden der Welt in den letzten Stunden geschehen ist, Schreckliches zumal. Das bedeutet: auch ohne eigene Erfahrung von der Ausdehnung der Welt leben wir mit einem permanenten Bewusstsein von ihrer exakten Größe, ihrer verstörenden Vielfalt sowie ihrer real existierenden Schlechtigkeit. Und mit diesem Bewusstsein hat uns ganz wesentlich das Radio ausgestattet.

Dabei hat, wer sagt, dieses Bewusstsein sei eines aus zweiter, medialer Hand, nur zur Hälfte Recht. Es heißt einmal mehr: die Unnatur unserer Natur zumindest wahrnehmen! Die Nachrichten sind nun einmal die Nachrichten, wahr oder falsch bestimmen sie unsere innere Welt. Mehr noch, das permanente Bewusstsein vom Globalen kann sich im nachreligiösen Zeitalter gar nicht anders als auf Nachrichtenbasis herstellen. Jede persönlich absolvierte Weltreise verschafft bestenfalls ein paar kleine, zufällige Evidenzen; einen Überblick, ein Gefühl gar vom Großen Ganzen vermittelt sie nicht. Das tut das Radio.

*Warum das Radio dazu so gut geeignet ist*

Der Mensch ist wesentlich und eigentlich sprachbegabt und dennoch weitgehend optisch fixiert. Ein Paradox, über das sich zu wundern immer wieder lohnt. Dauernd wollen wir zwar etwas sehen, bekommen dabei aber meist nur rohes, ungedeutetes Material. Dagegen hören wir tendenziell immer Bedeutung: Krach, Musik, Sprache. Und noch ein Unterschied: während wir beim Sehen Obacht geben müssen, dass wir nicht versehentlich über eine Bordsteinkante stolpern, kann man beim Hören noch so dies und das tun – und tut es auch: Auto fahren, saubermachen, lieben. Und schließlich: die Augen kann man wirklich schließen, die Ohren nur in der Metapher. Daher ist das Radio das ideale und eigentliche Medium des Globalbewusstseins. Bedeutungsschwer einerseits in dem was es mitteilt, erteilt es andererseits seinen Hörern Lizenz, während des Zuhörens ihr Leben weiterzuleben.

Das ist beim Zeitunglesen unmöglich. Lesen ist die unsozialste von allen Wahrnehmungsarten. Zudem vermittelt die den Ereignissen nachgetragene Schrift immer ein Air von Chronik, Roman oder Märchen, also von einer literarischen Souveränität, die mehr auf den Autor des Berichts als auf das Ereignis verweist. Wer Zeitung liest, bildet sich, in Rivalität zum dortigen Text, eine Meinung; die Empfindung des Globalen erblättert er sich nicht. Eher verschanzt er sich hinter Papier.

Auch das Fernsehen richtet seine Zuschauer anders ein und zu. Außer Essen und Trinken ist vor dem Bildschirm so gut wie gar nichts möglich. Man schaut hin, und das mit dem Fachausdruck: gebannt. Fixiert auf die Bilder und das Programm als komplizierte Liturgie; stillgestellt und Augen geradeaus; jeder selbst ein Teil der hierarchischen Ordnung, aus der auch das Zappen keinen Ausweg schafft. Im Gegenteil, wer zappt, mauert sich seine Zelle selbst. Das Fernsehen ist ein katholisches Medium.

Das Radio dagegen dominiert viel weniger und will wenig eigenen Ritus; als Ausdruck dieser Bescheidenheit kommen die Nachrichten immer mit dem Stundenschlag. Außerdem: das Fernsehen steht. Wer es mit sich herumträgt, macht sich zumindest heute noch lächerlich. Das Radio aber war, kaum erfunden, schon wesentlich unterwegs; schnell wurde es kleiner, bis man es endlich ins Ohr stecken konnte, zudem ist es eingebaut in Fahrzeuge aller Art. Es ist, ein Stimmenhören, immer dabei; das Radio ist ein protestantisches Medium.

Und vergessen wir nicht: das Stimmenhören ist keine so ganz und gar neue Praxis! Im Gegenteil, das uns heute so vertraute menschliche Bewusstsein, sagt der amerikanische Psychologe Julian Jaynes, sei erst vor ein paar Tausend Jahren entstanden, als der Mensch – ich vereinfache jetzt wieder – angefangen habe, keine Stimmen mehr zu hören. Vorher habe es zwei Kammern in seinem Kopf gegeben: in der einen gaben der Gott oder die Götter ihre Anweisungen, in der anderen lamentierte der Mensch über ihr strenges Regiment oder rechtfertigte er seine Unbotmäßigkeiten. Das war das bicamerale Bewusstsein. Dann geschah etwas mit seinem Stoffwechsel; und fortan hörte der Mensch sich Selbstgespräche führen. So entwickelte er ein schlechtes Gewissen, das ihm ganz alleine gehörte, sowie den Selbstzweifel, die Selbstüberlistung und das Handeln wider Vernunft und besseres Wissen.

Das ist lange her, die Erinnerung an diesen Zustand ist ausgelöscht. Wer heute Stimmen hört, die ihm Befehle geben, wird zum Fall für die Medizin. Schizophrenie ist eine Stoffwechselkrankheit. Doch seit nicht einmal hundert Jahren gibt es das Radio: ein uns ständig begleitender und ständig vom Ganzen redender Weltgeist; ein Stichwortgeber für unsere Selbstgespräche; ein Ansprechpartner unserer Einsprüche, ein Ziel unserer Verwünschungen.

Oder, für die letzten versprengten Anhänger der Aufklärung: das Radio ist das Fenster zum Marktplatz. Daran sitze ich, gerade nicht Teil des bunten Lebens und Treibens da draußen, doch im Grunde sein wesentlicher Adressat. Denn während die da draußen jammern, feilschen und räsonnieren, behalte ich, wofür es bezeichnenderweise kein Wort gibt: das akustische Pendant zum Überblick. Mag sein, dass ich einsamer bin als die da draußen, doch meine Einsamkeit am Fenster rührt ja daher, dass ich ganz Ohr für sie bin. Und in der Nacht werde ich Einsamer dann einer aus der weltweiten Gemeinde der Wachgebliebenen sein! On the air tonight – auf beiden Seiten.

## *Wie man Radio hört, am eigenen Beispiel*

1973 war mein Zimmer up to date eingerichtet: Schrankwand, Flokati, Sitzlandschaft aus braunem Breitcord. Einziger Stilbruch darin war ein geerbtes Kastenradio, das eine gewisse Zeit zum Warmwerden brauchte und mich dann aus einem mal mehr, mal weniger grünen Auge ansah. Damit es da stehen konnte, wo meine Radios immer stehen sollten, am Kopfende des Bettes, hatte ich ein hölzernes Podest bauen müssen. Darauf mein Radio, ein sprechender und singender Kopf mit gelblichen Zähnen, einer immer wie ausgebrochen.

Und ein kleiner Dämon! Denn während der Fernseher mit fester Verbindung zur Dachantenne entweder funktionierte oder nicht, bedurfte das Radio einer magischen Daueranstrengung seines Benutzers: des Versuches nämlich, die UKW-Antenne optimal zu platzieren. Dieses Kabel, ausgeworfen mit so viel Verve und magischem Verständnis wie eine Angel, sollte den Sender fangen; an immer neue Gegenstände gebunden, machte es diese vorübergehend zur Antenne: Fenstergriff, Heizungsrohr und Hängeregal. Ganz unerwarteterweise brachte einmal ein einfacher Löffel, um den ich das abisolierte Ende gewickelt hatte, den vollen Ausschlag auf der Senderstärkeskala. Das grüne Auge weit aufgerissen. Am nächsten Tag aber wieder nur Rauschen, es musste an was anderem gelegen haben. Was, einmal ganz ernsthaft, heißt: für den Radioempfang war ich selbst zuständig. Wie gesagt, ein protestantisches Medium.

Und was hörte ich? Immer alles. Natürlich gab und gibt es andere Sender mit anderen Formaten, doch ich bin mit Radio Luxemburg sozialisiert worden und das hieß: eine einzige Sendung von morgens bis abends, bloß jede Stunde ein anderer Name, eine andere Stimme. Und ich – wartete, mit halbem Ohr gewissermaßen, auf das wenige Erwünschte, ja Ersehnte inmitten des bloß Hingenommenen. Damit spreche ich natürlich insbesondere von Musik. Ende der sechziger und Anfang der siebziger Jahre war es Dauerhörarbeit, die aktuellen Pop-Rosinen aus dem trockenen Unterhaltungs-Wecken zu picken. So kenne ich das Radiohören von Anfang an als beiläufiges, später als gezielteres Warten: auf bestimmte Moderatoren, auf die »Hitparade«, auf die Spätprogramme der progressiveren holländischen Sender, der Piratensender zumal: Frank Elstner, Mel Sandcik, »Art Visser, de Hit-Visser« (keine Gewähr für die Schreibung!).

Irgendwann, das heißt wahrscheinlich schon sehr früh, war ich dann an das Neben- und Durcheinander des Allerverschiedensten gewöhnt, oder genauer: ich war ihm verfallen. Heute höre ich so oft es geht WDR 2, eine Art Dauermagazin, das zwischen sechs Uhr morgens und sieben Uhr abends fünf oder sechs verschiedene Format-Titel trägt. Dort folgt Tag für Tag auf das Erdbeben der Popsong die Ministerschelte der Countrysong die Aktienkurse der Hiphopsong der politische Kommentar der Boygroup/Girlgroupsong das Wetter der Stau.

Das ist, im Licht der eben kurz zitierten Aufklärung betrachtet, grauenhaft und nicht ganz menschengemäß. Ich weiß. Man versuche einmal, einem guten Alien zu erklären, was Infotainment ist. Der gute Alien wird sich die Antennen raufen. Aber andererseits: Sie erinnern sich, was ich oben über Julian Jaynes' bicamerales Bewusstsein und seine historische Funktion gesagt habe? Ja – und zeit- oder weltgemäßer könnte doch heute keine Gottheit in der ersten Kammer reden als im Stile des Infotainment. »Die Verzerrung der Realität im Bericht ist der wahrheitsgetreue Bericht über die Realität«, sagte vor vielen Jahren der Pressekritiker Karl Kraus. Damals war wohl zwischen Wahrheit und Kolportage noch zu unterscheiden. Das gelingt heute nicht mehr. Es geht in den Meldungen schon lange nicht mehr um so etwas wie Realität. Die Magazine sind gewissermaßen reine Allegorien auf den Zustand der Welt. Vom Erdbeben kommt Kunde nicht, damit wir dem Spendenaufruf folgen, sondern weil uns täglich in Erinnerung gerufen werden muss, dass die Natur zu keinem Ende gebändigt ist. Die Kunde vom Verbrechen soll nicht bewirken, dass wir unser Haus einbruchsicher machen, sondern dass wir uns der Anwesenheit des Bösen inne werden. So ist das Durcheinander auf einen einzigen Ton gestimmt: Memento!

Gelegentlich dementiert das Radio noch, dass aus ihm der Weltgeist spreche. Mein Sender tut das, indem er immer mal wieder die Nummer seiner Hotline mit Musikuntermalung bekanntgibt. Das soll täuschen – den Weltgeist kann man ja bekanntlich nicht anrufen. Aber solche Aufforderung zum Dreinreden und Mitmachen ist nicht mehr als eine gern gesehene Folklore, ein Beschwichtigungsritual für radikal monocameral fixierte Zuhörer. Die sollen glauben, dass sie keine Stimmen, sondern Steffi Neu und Manni Breuckmann hören. Die anderen, die neuen Bicameralen, lächeln über diese Einladung der Gottheit zum kostenfreien Anruf. Sie wissen längst: es geht dem Dauermagazin um den permanenten Anreiz zur Auseinandersetzung des Einzelnen mit dem, was früher einmal in der ersten Kammer Gott hieß; heute heißt es: die nur pro forma säkularisierte Vorstellung vom Allgemeinen, Universellen, Globalen.

Und die zu haben oder wenigstens dauernd auf ihr herumzukauen wird immer wichtiger. Denn bis 1989 schlugen die ideologischen Auseinandersetzungen auf unserem Planeten den Generalbass an. Eine im wesentlichen bipolare Struktur gab die Antworten auf die inneren Dauerfragen wie »Wo bin ich?«, »Wie ist es hier?«, »Wie sollte es sein?« Dann aber brachen die ideologischen Strukturen zusammen und Politik war über Nacht auf das Faktum des Vorhandenseins diverser Amtsträger reduziert. Heute bringt man für deren Getue und Gewese nur noch Interesse auf, wenn sie ein wenig über die Strenge schlagen; logischerweise revanchieren sie sich dafür, indem sie ihr Geschäft nur noch als Produktion und Denunziation von Skandalen betreiben. Kinder, die die Aufmerksamkeit ihrer Eltern verlieren, machen Randale.

Und die Aufmerksamkeit gilt heute nicht mehr den Konzepten oder Idealen, sondern weitestgehend den schieren Fakten. Deswegen müssen

Erdbeben und Aufstände und Untergänge von überall her herangesprochen werden. Oder man lässt gleich das Ökonomische die Rolle des allgemeinsten Bedeutungsstifters spielen. Das Sein, das bekanntlich vor dem Bewusstsein kommt. Doch die Ökonomie ist leider unendlich schwer zu begreifen, im Gegensatz zur abstrakten Ideologie drohen hier immer der Einzelfall, die besondere Gegebenheit und der Sachzwang. Genau daher hat in den letzten Jahren die Börse, besser: hat die Berichterstattung von den Börsen solch ungeheuren Aufschwung genommen. Hier wird die komplette Verdatung der Weltwirtschaft geliefert, hier vollzieht sich die Transsubstantiation unüberschaubarer Mengen von Leben und Arbeit in Zahlen und Nachrichten, in das neue Material unser aller Selbstgespräche. Das perfekte Radio ist der Börsenticker im Ohr. – Doch ich schweife ab.

### *Radio hören als Autor*

Ich bin, wie gesagt, ein habitueller, ja fast dogmatischer Ein-Sender-Hörer. Manchmal ist mir das peinlich, da wünschte ich, ich würde mit dem kleingedruckten Programm in der Hand wissbegierig und entdeckungsfreudig durch die Kanäle streifen. Doch das macht sehr viel Mühe im Alltag; und ich werde für meine etwas stupide Treue zum Sender ja auch nennenswert belohnt. Und zwar mit einem permanenten, hochinteressanten Kurs in der Kunst des *Tonfalls*.

Denn der WDR 2, der sich selbst nur (und irgendwie ganz richtig) »der sender« nennt, vermittelt neben der Dauermelange aus allegorischen Faits divers und AOP (adult orientated pop music) sehr wesentlich eine Stimmung, ein Timbre, einen Tonfall eben, durch den tingiert alles und jedes auch ohne expliziten Kommentar einen zarten Hauch von Bedeutung und Gewichtung erhält. Alle Moderatorinnen und Moderatoren teilen diesen Stil, der mittlerweile so ausgeprägt ist, dass die Newcomer ihn sofort annehmen können. Dabei ist dieser Stil, obwohl nicht allzu auffällig (aufhörig?), eine bemerkenswerte Chimäre: leistet er doch nicht weniger als die Amalgamierung von Kritik und Spontaneität, Bildung und Gefühl, eventuell auch: Genauigkeit und Seele.

Nach meiner Erinnerung begann dieses Sprechprojekt mit Klaus-Jürgen Haller, der mittlerweile als Amerikakorrespondent beim WDR fungiert, mit der auch aus dem Fernsehen bekannten Gisela Marx und der heute insbesondere als Sachbuchautorin auftretenden Carmen Thomas. Diese drei prägten, was heute das Unisono ist. Dabei führten Haller und Marx die deutlich betroffene, ganz leicht verkniffene, etwas besserwisserische, aber noch nicht ganz zynische Tonlage ein, in der sich 1968 der Widerstand, später aber fast alle Intellektualität artikulierte. Sie waren immer ein wenig unangenehm berührt, dabei hoch informiert, niemals wirklich sympathisch, aber doch vertrauenswürdig. In etwa wie der gewiefte Verteidiger, der einen auf Biegen und Brechen raushaut; Brüderschaft trinkt man mit dem nicht. Dies die eine Tendenz.

Die andere Richtung des Tonfalls beim WDR 2 prägte Carmen Thomas mit ihrem legendären »Hallo Ü-Wagen«, einem langlebigen Format aus dem Holozän der Mitmach-Sendungen, das sie von 1974 bis 1994 betreute. Auch hier war der Grundton kritisch, aber es dominierte das Freundlich-Nassforsche, das Von-Nebenanhafte, das Dem-Kleinen-Mann-aus-der-Seele-Sprechen. Dabei ging es natürlich nicht ums Nachplappern, sondern um die Mimesis von Durchschnitt und Alltagsrede. Die echten kleinen Leute, die Carmen Thomas auf die Bühne ihrer Freiluftsendungen holte, bekamen ja kaum einen geraden Satz heraus und bildeten so bloß das schlimme Pendant zu den ihnen gegenüber sitzenden Fachleuten, die ihren Jargon wiederkäuten. Doch zwischen diesen beiden aphrastischen Parteien und quasi auf den Trümmern ihrer Rede baute sich Carmen Thomas als die Stimme des freundlich-gesunden Menschenverstandes auf; so schuf sie das Muster für den Tonfall des gelingenden Alltags. Daran ist heute das Sprechen von WDR 2 wesentlich orientiert.

Und damit zu mir als Autor. Als kleiner Junge habe ich stundenlang auf der Treppe gesessen und unsere Vermieterin mit ihren Nachbarn reden hören. Abends fragte ich meinen Vater nach der Bedeutung ihrer rheinischsten Vokabeln. So könnte man zum Schreiben kommen. Aber später erhielt ich, wie die meisten, einen viele Jahre dauernden Grundkurs in einer Kultur, die weitgehend auf Schriftlichem fußt. Ab Sexta lernte ich Latein und ging regelmäßig in die Stadtbibliothek. Meine vielen Jahre an der Universität haben weiter in diese Richtung gewirkt. Mein Schreiben allerdings, und das beginne ich selbst erst seit einiger Zeit zu verstehen und zu akzeptieren, gründet zu einem Gutteil auf der gesprochenen Sprache; besser: auf einer Idee von ihrer Nachbildung. Dabei geht es mir nicht um einen authentizistischen Naturalismus, ich glaube nicht einmal an seine Möglichkeit. Die bekannten Transkriptionen von Alltagssprache etwa hemmen den Lesefluss und bewirken so das Gegenteil ihrer Absicht: Alltagssprache erscheint kompliziert und langsam. Nein, um natürliche, gesprochene Sprache darzustellen, braucht es Strenge und Kälte, damit eine Annäherung ans Wesentliche gelingen kann.

Und genau dabei schulen mich neben anderen auch die Leute von »dem sender«. Was ich ihren Tonfall genannt habe, ist ja etwas hochgradig Künstliches, eine ganz ausgebuffte, weil nicht als Rolle, sondern als schierer Naturklang erscheinende Rollenprosa. Hier vermengen sich Kenntnis und Absicht in der Sache mit dem Air von Selbstverständlichkeit und Improvisation. Beim Zuhören wünschte ich oft, ich könnte so reden. Was natürlich heißt: ich könnte meine Figuren so miteinander reden lassen. Das wäre dann das zeitgenössische Konversationsstück, von dem ich gelegentlich träume.

THOMAS HAUSCHILD

# Nachrichten aus dem Jenseits

*Radiophonie und Anthropologie*

Es ist nicht zu leugnen, dass die Zahl der technischen Hilfsmittel, über die Menschen verfügen, in den letzten 200 Jahren sprunghaft zugenommen hat. Folglich auch die Zahl der Menschen, die *einander anrufen über weite Entfernung hinweg* – wie es der greise Leonardo da Vinci prophetisch in seinen Tagebüchern notierte. Aber entsteht auf diese Weise tatsächlich ein ganz anderer, ein vom Technischen her definierter, neuer Mensch, was uns sowohl Politiker und Ideologen der Naturwissenschaft wie auch eine Reihe von Kulturwissenschaftlern weiszumachen versuchen? Meist beruhen die Aussagen über eine Medienrevolution und den neuen Menschen auf Schlussfolgerungen, die sich auf die Natur der Medien selbst sowie auf die Entwürfe ihrer Erfinder und Förderer berufen. Doch welche Echos solcher Behauptungen lassen sich im täglichen Leben vernehmen?

Die Aufmerksamkeit der Theoretiker für das alltägliche Verhalten »einfacher« Menschen ist kaum größer geworden seit der Einführung von Radio und Fernsehen. Immer noch wimmelt es in philosophischen Abhandlungen und Essays von den beispielhaften *Taxifahrern* und *Hausfrauen,* den wackeren *Friseuren* und *Verkäuferinnen,* aus deren Gerede sie ihre Alltagsweisheiten über *das normale Leben* beziehen wollen, als habe es nie so etwas wie eine korrekte ethnographische Expertise über diesen und jenen Brauch gegeben, diese und jene populäre Mythologie. Von den Schimären des *Volkes,* des *Proletariates,* des *Konsumenten* oder *Wählers* ausgehend, können sie nun ungehindert weiterschweifen, um bei den *Genen* anzukommen oder auch bei *den Kulturen* oder gar bei *der Kultur,* schließlich bei Hybriden der Geistesgymnastik landend, die sie dann *einen Baum* nennen, der freilich kein *spezieller Baum* mehr ist, sondern *der Baum an sich* oder gar ein *Symbol* des Baumes. Halten wir uns also, wenn es um Medien und besonders um das Fernhören gehen soll, einmal an Realien des Volkslebens und an den Kulturvergleich, der so manches revolutionär Neue unserer technomanischen Kultur bei näherem Hinhören als Altvertrautes erscheinen lassen kann. Man wird mir das verzeihen, da ich hier als Ethnologe spreche und meinem Fach zumindest eine kompensierende Funktion im Rausch der Modernisierungen nicht abgesprochen werden kann.

Aus ethnologischer Sicht geht es beim Radio um die Verlängerung menschlicher Stimmen und anderer Lautäußerungen bzw. um Verlängerungen dieser Verlängerungen. Die feine Differenz zur Audition, zum Hören nichtmenschlicher, übernatürlicher Gewalten, werde ich hier außer Acht lassen, auch wenn sie eine eigene Betrachtung verdient hätte, eine eingehende Prüfung dessen, was in Alltagskulturen und traditionalen Gesellschaften eigentlich unter *nichtmenschlich* oder *übernatürlich* begriffen werden kann. Anders als im Falle des Fernsehens, das auf unbestreitbar revolutionären optischen wie fotografischen Technologien aufbaut, ist im Falle des Fernhörens wichtig, dass Menschen schon immer mit natürlichen und künstlichen Mitteln die Reichweite ihrer Stimmen verlängert und zu Klangräumen erweitert haben. Noch dem *Handwörterbuch des deutschen Aberglaubens* aus den 1930er Jahren ist zu entnehmen, dass der Begriff *Fernsehen* in der deutschen Sprache bis vor gar nicht so langer Zeit eher intuitiven Technologien am Rande des Wahrnehmbaren gewidmet war, zum Beispiel der visionären Erkundung von Schätzen im verborgenen Innern der Berge. Chöre, Trommeln, Flüstertüten, Blas- und andere Instrumente, priesterliche Redepositionen, Gesangs- und Stimmschulung oder das Pfeifen verleihen dem Tongeber einen Anspruch im doppelten Sinne des Wortes, der sich unmittelbar in den Ohren der Hörer manifestiert. Gegen diesen Anspruch anzusingen, anzubrüllen oder anzupfeifen bedarf zumindest einer besonderen Anstrengung seitens der Zuhörer – doch zumeist haben sie die Botschaft von draußen ja gewollt und erwartet. Im Falle des Radios ist all das nur verstärkt und verfeinert: es werden feinere Wellen als die menschlich direkt zugänglichen Schallwellen zur Übertragung zwischengeschaltet. Das behindert die Möglichkeit des Einspruchs, wiewohl man das Radio zumindest abschalten kann, wenn man es nicht mehr hören will. Etwas Autoritäres realisiert sich dennoch immer im Fernhören, angefangen bei der erhobenen Stimme, die uns zur Aufmerksamkeit ermahnt und eine wichtige Tatsache hervorheben will. Aber mündet dieses primitive Medium darum notwendig in einer Kultur, die den Volksempfänger hervorgebracht hat und alle Kanäle der Wahrnehmung gleichgeschaltet? Man kann, wie gesagt, versuchen zu widersprechen, indem man zurückbrüllt, zurücktrommelt, zurückpfeift im doppelten Sinne des Wortes, indem man brechtsche Volksradioarbeit leistet oder den Priester von der Kanzel zerrt oder das Radio eben abstellt.

*Ulb* nannten Witze der früheren DDR die *kleinste Zeiteinheit, denn es ist der Moment, der zwischen dem Erklingen der Stimme des Staatsratsvorsitzenden Ulbricht im Radio und dem Abstellen desselben vergeht.* Im Zweiten Weltkrieg soll es regelrechte Klangschlachten der Propagandakompanien gegeben haben, und in Vietnam haben die Amerikaner versucht, ihren Gegner durch die Dauerbeschallung mit Elvis-Songs und Ähnlichem zu zermürben – wie wir wissen ohne nennenswerten Erfolg.

Hinter dem autoritären Anspruch, dem kämpferischen Moment des Fernhörens, zeichnet sich Generelleres, vielleicht auch Archaischeres ab: der kollektive Klangraum, den Gruppen von Menschen und andere Herdentiere erzeugen, um eine Orientierung über den Verbleib des Einzelnen, die Zentrierung der Gruppe im Raum und die Grenzen des gerade benutzten Raumes zu gewährleisten. Das anarchische Geschnatter der Enten, seit Konrad Lorenz wissen wir das, dient der differenzierten Erkennung der Einzeltiere in der Gruppe sowie der Gesamtorientierung des Einzeltieres über den Raum der Enten. Anderswo lockt der meckernde Leithammel seine Herde hinter sich über die grünen Hügel. Der Mensch scheint die Wahl zwischen beiden Versionen zu haben, der autoritären wie der anarchischen: Hirten verständigen sich weltweit mit Pfeif- und Schreisprachen dezentral über die Hügel hinweg, bis die Glocke der einen Kirche, der Ruf des einen Muezzin unten im Tal sie alle wieder zurückruft. Der Ethnologe Pierre Clastres beobachtete bei einer Gruppe von Guayaki-Indianern, wie sich die Männer abends niedersetzten und jeder sein eigenes Lied sang, sich abgrenzend, zugleich aber auch einen Klangraum erzeugend, der ferner siedelnden Gruppen deutlich machen wird, dass man es mit diesen oder jenen Guayaki-Leuten zu tun bekommen wird, wenn man weiter in die Richtung dieser Geräuscherzeugung vordringt. Hinter dem Autoritären der erhobenen Stimme oder des grellen Pfiffs zeichnet sich also die organische Kommunikation einer Gruppe ab, die einen gemeinsamen Klangraum erzeugt, eine klangliche Konstruktion von *Heimat,* wie es die deutsche Volkskundlerin und Kulturanthropologin Ina-Maria Greverus einmal für deutsche Chöre und Gesangvereine beschrieben hat. Das griechische Drama baut genau auf diesem Gegensatz der vielen und der einen Stimme auf, griechische und römische Arenen dienten nicht nur als Schauplätze, sondern ebenso als Klangmuscheln im Stile früher Phonographen und Radios.

Sind wir damit zu weit ins Biologische vorgedrungen, haben wir uns zu weit von der kulturwissenschaftlichen Seite entfernt? Millionen radiohörender Autofahrer in Deutschland ließen sich jedenfalls als Beleg dafür heranziehen, dass Menschen geradezu darauf angewiesen sind – selbst bei starker Beanspruchung durch eine hohe Konzentration fordernde Tätigkeit –, eine gewisse Geräuschkulisse zu erleben und im Zustand radikaler Anonymisierung den heimatlichen Klangraum auszudehnen. Letzteres ist auch an den Phonstärken mancher Autoradios abzulesen. Männer versuchen, ihren Intimbereich auf andere Altersgenossen auszudehnen, indem sie als wandelnder Klangraum mit ihren Lieblingsliedern durch die sommerlichen Innenstädte sausen. In Spanien habe ich sogar beobachtet, wie sich das zur Subkultur der *botellones* ausgeweitet hat: Junge Männer, von denen einer über ein Auto verfügt, tun sich zusammen, parken den Wagen irgendwo in der Dunkelheit und lassen bei geöffneten Wagentüren die Stereoanlage voll aufgedreht laufen. Dazu haben sich die »Flaschenleute« mit Whiskybuddeln versehen, mit Plastikbechern, Eiswürfeln und Colaflaschen, womit sich das Auto also in eine Art fahrbarer Bar verwandelt – eine einfache, wiewohl sinnreiche, an die kunstvollen Nester der Webervögel erinnernde Anlage, dank derer sie junge Frauen anlocken wollen oder Konkurrenten. Die für sie teuren, oft von Touristen überlaufenen Bars können sie sich nicht leisten. Was bleibt, sind Kopfschmerzen, gelegentlich ein paar blaue Flecken und in jedem Falle verdreckte Strände oder Parkplätze, manchmal vielleicht auch ein paar rasante Bekanntschaften.

Doch zurück zu den einsamen Autofahrern, die weder telefonieren noch fernsehen dürfen, daher auf das alte Medium der elektrisch verlängerten Trommeln und Flüstertüten zurückfallen müssen – viel mehr wissen wir übrigens nicht über sie... Verfallen wir also nicht in den Fehler, den Philosophen gelegentlich mit den bereits zitierten *Hausfrauen* und *Taxifahrern* begehen! Den Autofahrern zu vergleichen sind noch jene Handwerker, die einer Arbeit nachgehen, bei der ihr Gesichtssinn stark beansprucht ist – auch in ihren Werkstätten dudelt oft ein kleines Radio. Aber wer außer ein paar Radiofanatikern hört in diesem Land sonst noch Radio, ist die Alternative für ihn oder sie das Fernsehgerät? Bloß hören und nichts sehen, darauf verfallen gewöhnlich diejenigen, die keine Wahl haben oder es anders nicht gewöhnt sind. Das Radiohören der hypertechnisierten Welt ist also eine Art Reststufe der alten Natur- und Kulturnotwendigkeit des Klangraumes, nicht deren höchste Steigerung, wie uns die Technomanen sicherlich versuchen würden weiszumachen, wenn sie denn einmal über die kulturgeschichtlichen Frühformen des Fernhörens nachdenken würden. Zu diesem kulturgeschichtlichen Status des modernen Radiohörens werde ich nun kulturvergleichende Betrachtungen anstellen, bei denen Gruppen in den Blick kommen, die von der geographischen Grundlage und der damit verbundenen Evolution der Technologien her nicht in der Lage waren, eine elektrische Radiophonie aus eigener Kraft zu entwickeln. In manchem anderen aber ähnelt ihr Verhältnis zum Hören doch wieder dem der Menschen fortgeschrittener Industriegesellschaften, denn in den weiten Savannen und insbesondere in den Regenwäldern haben sich Kulturen auf bestimmte Hörerlebnisse spezialisiert, die Menschen mit Menschen verbinden, selbst wenn sie in weiter Ferne leben – manchmal sogar in sehr weiten Fernen, wie wir sehen werden.

In den Regenwäldern des südlichen Hochlands von Neu-Guinea, unterhalb des Bosavi-Bergmassivs, trifft man im tropischen Regenwald auf Langhäuser, wo Menschen in vaterrechtlich organisierten Gruppen zu etwa fünfzehn Familien zusammenleben. Sie werden Kaluli genannt. Heute sind die traditionellen Langhäuser meist von einer Reihe kleiner Hütten umgeben, in denen sich Kernfamilien abgesondert haben. Aber bis vor 20, 30 Jahren verbrachten diese Menschen ihre Tage und Nächte oft in großer Nähe zueinander. Die herkömmliche Gartenkultur des Sagoanbaus und die Jagd im umgebenden Urwald scheinen sie bis heute nicht ganz aufgegeben zu haben. In und zwischen den Langhausgemeinschaften spielt die Reorganisation menschlicher Lautäußerungen in Klangharmonien und die Kommunikation durch den Wald hindurch mit Hilfe von Instrumenten eine große Rolle. Die Ethnographen der Kaluli, Schieflin und Feld, haben die Musikkultur und den Tanz bei den Kaluli ausführlich beschrieben. *Ilib,* »Brustkorb« nennen die Leute am Bosavi-Massiv die Trommeln, mit denen sie am Nachmittag und frühen Abend die Zeit zwischen der Arbeit in Gärten und Wäldern und dem Beginn der nächtlichen Rituale überbrücken – eine Kunstform, die zwischen Unterhaltung und religiösen Akt liegt. Sie zielt darauf ab, die Zuhörer in einen emotional erhöhten Zustand zu versetzen, ihnen vielleicht Tränen der Rührung abzuringen, sie zum Tanzen zu bringen und in jedem Falle die Frauen für die jungen Trommler einzunehmen.

Die Herstellung einer Trommel setzt für die Kaluli in etwa den Zeit- und Arbeitsaufwand voraus, den wir zum Erwerb einer guten Stereoanlage leisten müssen. Ein Baumstamm muss ausgewählt, gewässert, ausgebohrt und schließlich mit einer Eidechsenhaut bespannt werden. Unentbehrlicher Bestandteil des Herstellungsprozesses ist die Jagd nach dem *Tibodai*-Vogel (*Pitohui cristatus)* – der neuguineische Name dieses Vogels wie seine lateinische Klassifikation geben onomatopoetisch seinen Ruf wieder. Durch das Opfer des Tiers in die Trommel hinein soll das Instrument dessen erstaunliche Fähigkeit zu einem langen walzenden und zugleich knisternden Lied übernehmen, das sich unüberhörbar und doch nicht laut durch den Urwald zieht. *Pauckenbrummen,* an diese Bezeichnung für den Klang fernen Trommelschlages aus der Zeit des Dreißigjährigen Krieges musste ich denken, als ich Steven Felds Beitrag zu dem von David Howes herausgegebenen Sammelband *The Varieties of Sensory Experience* las (Toronto 1991), denn die Kaluli trommeln mit einer Niederfrequenz von bis zu 140 Schlägen, die zwischen 65 und 130 Hertz schwanken und Obertöne von 196 bis 261 Hertz hervorbringen. Die glucksende langgezogene Vogelmusik spielen sie primär zur Unterhaltung. Doch wird die Trommel nach dem Vogelopfer in stundenlangen Versuchen immer weiter *gehärtet*, setzt sie eine akustische Stimmung an die Zuhörer frei, die weit über den Charakter von Unterhaltungserlebnissen hinausgeht.

Im Klang der gut gehärteten Trommel verbirgt sich für die Kaluli ein anderer Ton, vorbereitet durch das rituelle Opfer des *Tibodai*-Vogels. Bei der Jagd im undurchsichtigen Wald orientieren sie sich gerne an dauerhaften akustischen Signalen wie dem langen Lied des *Tibodai.* Sie sind es gewohnt, sich anhand von Lauten einen Ort zu merken, eine Strecke oder eine Stimme, die sie auf die richtigen Wege führt. *Tibo tibo tibo tibo*… die Obertöne einer gekonnt gespielten *Ilib*-Trommel machen daraus *dowo dowo dowo dowo,* und das heißt in den Dialekten der um den *Mount Bosavi* gesprochenen Sprachen: *Vater, Vater, Vater.* Der Ruf der Trommel und das ihm innewohnende Lied des geopferten *Tibodai* werden von den Kaluli auch als der Ruf eines Kindes nach seinem Vater verstanden: ein kleiner Kindergeist im großen Urwald auf der Suche nach seinem Autor, eine schwebende Seele am Ende der akustischen Orientierungsmöglichkeiten, hineingehört in den von Menschen kontrollierten Sound der Trommel, eine bewusst hergestellte akustische Halluzination, die Desorientierung verheißt und vielleicht eine Begegnung mit verloren gegangenen Kindern in Aussicht stellt. Über das Leben von Gartenbauern und Jägern im Regenwald sollte man sich keine Illusionen machen, hier gibt es auf die Dauer kaum einen Vater, kaum eine Mutter, die nicht eines oder mehrere ihrer Kinder verloren hätten. So wird das Haus des Trommlers *von einem intensiven und dauerhaften Geräusch erfüllt,* bei den Zuhörern entsteht eine *nostalgische, sentimentale und nachdenkliche Stimmung,* die sich manchmal bis zur Raserei steigern kann, in dem Versuch gipfelnd, dem Trommler die Trommel abzunehmen und sie zu verbrennen – solche emotionalen Orgien mitsamt der Zerstörungswut, die sich bei erregenden Konzerten manifestiert, sind uns modernen Zeitgenossen ja nicht fremd. In endlosen Radiowiedergaben von *Livekonzerten* versuchen wir später, sind wir einmal aus dem Alter verwirrender Emotionen herausgewachsen, ein Echo dieser Stimmungen zu erfahren.

Der Klang der Unterhaltungsmusik, welche die Kaluli mit ihrer *ilib*-Trommel produzieren, hat eine *Innenseite,* so nennt es der Anthropologe Feld auf Grundlage der Aussagen seiner Informanten. Für sie ist die Trommel ein Brustkorb, ein Klangkörper, dem neben dem Leib des geopferten Vogels noch der Geist des toten Kinderkörpers innewohnt. Umgeben von der lärmgedämpften und sichtbehindernden Kulisse des Urwalds versuchen sie nicht nur, kraft der Vogelstimmen ihre Orientierung zu behalten und mit dem Lied der Trommeln eine Beziehung untereinander und zu benachbarten Gruppen herzustellen – ihnen öffnet sich zudem durch das akustische Spiel der Obertöne hindurch der Weg zu ihren toten Kindern. Die natürliche Umwelt enthüllt sich ihnen sowohl als bejagte Natur und Kommunikationshindernis wie als mimetische Matrix, als Ort einer Dauerberieselung mit Tönen, dank derer sie in die Welt der übernatürlichen Dinge eintreten, in der Raum und Zeit aufgehoben sind.

Würden mir nächtliche Langstreckenfahrer auf den Autobahnen widersprechen, behauptete ich, dass in ihnen ähnliche Dinge vorgehen, wenn sie auf ihren schmalen, von weiß leuchtenden Spuren markierten Pfaden mit Liedern aus wilden Jugendjahren konfrontiert werden, mit sehnsüchtigem Gesang, Gefahrenmeldungen, Nachrichten über Anschläge und Morde in der Ferne, mit literarischen Beschwörungen übernatürlicher Personen, Suchmeldungen im Zusammenhang mit einem verschollenen Kind, mit Grüßen und vielen weiteren Anreden Unbekannter an den Rest der Welt, die allesamt doch so klingen als seien sie ganz nah? Ich weiß es nicht mit Gewissheit, denn im Gegensatz zu den Kaluli suchen die nächtlichen Autofahrer noch nach ihren Ethnographen. Aber wenn meine Eindrücke, meine eigenen Erlebnisse mich nicht täuschen, dann spielt sich im nächtlichen Radiohören auf der Autobahn wie im abendlichen Trommeln der Kaluli eine Regression auf Klangräume ab, die eine geschlossene, schützende Welt imaginiert und zugleich eine mystische Dimension der Teilhabe am anderen eröffnet. Das ist die Sicht, welche die heute manchmal zu Unrecht bei den Spezialisten vergessene Ethnographie der ersten Hälfte des 20. Jahrhunderts entwickelt hatte: Der Wilde lebt ein Ich, das sich leicht in ein Wir auflöst, einen Erlebniszustand der Entgrenzung, in den Europäer nur gelegentlich, freilich immer um den Preis einer gewissen Gefahr zurückfallen. Politische Religionen des zwanzigsten Jahrhunderts haben diesen Rückfall bewusst in Kauf genommen. Doch Durkheim, Freud und Lévy-Bruhl sind, das hat die Ethnologie der zweiten Jahrhunderthälfte unmissverständlich gezeigt, mit ihren zivilisationsgeschichtlichen Szenarien gescheitert. Den Abgrund, den sie zwischen dem Eigenen und dem Fremden ausgemessen haben, kann die moderne Ethnographie nicht bestätigen. Gleichwohl bleiben Lévy-Bruhls Ideen über die Teilhabe und Freuds Konzept der Regression bedeutsam, insoweit wir sie nicht nur für die Wilden, Kinder und Irren, sondern für jeden Menschen gelten lassen.

Es mag tatsächlich so wirken, dass die Kaluli der mystischen Teilhabe an einem transzendenten Klangraum viel stärker ausgeliefert sind als ein durch die Dauerberieselung mit künstlichen Tönen abgehärteter Europäer. Doch nicht alle Kaluli sind beim Erklingen der *ilib*-Trommeln automatisch von dem unwiderstehlichen Verlangen gepackt, zu tanzen, zu weinen und die Trommel zu verbrennen. Das Trommelspiel steht für sie irgendwo zwischen Unterhaltung und Ritus, wobei selbst der irre Wunsch, die Trommel zu verbrennen, ein Vermögen zur Distanzierung manifestiert. Ähnlich steht es mit der Suggestion, welche der Ruf des *Tibodai* auf sie ausübt. Manchmal benutzen sie den Vogelsang zur Orientierung im Wald. Manchmal hören sie ihn mit Rührung. Manchmal verstehen sie das *tibotibotibo* als den Ruf eines toten Kindes, den Vogel selbst vielleicht als Geist ihres Kindes. Dasselbe Tier kann aber durchaus auch Objekt ihrer Jagd sein, des Wunsches, seiner habhaft zu werden, um es mit Geschick zu schlachten. Mit diesem Opfer wird die Trommel getauft und zugleich die Konzentrationsfähigkeit beim Musizieren verstärkt.

Die Wirkung der Töne oszilliert also für jeden Menschen zwischen heiliger Transzendenz und banaler Information. Wir haben gute Gründe, den Kaluli wie den nächtlichen Autofahrern dieselben Kapazitäten der Rührung und der Zerstreuung zuzugestehen. Die jeweilige Mischung und kollektive Ausbreitung solcher Momente macht aus, was wir eine spezifische Kultur zu nennen gewohnt sind. Sie, die *Wilden*, sind ihrer Anlage nach genauso wie wir, wiewohl ihr Leben in vielem einen ganz anderen Verlauf nimmt. Nur darum können wir die Begeisterung oft nicht verstehen, welche Menschen in anderen Ländern beim Anhören einer Radioansprache ihres Großmullah, des Papstes, Saddam Husseins oder anderer Instanzen der Moderne wie Gegenmoderne erfassen mag. Das Grunderlebnis indes ist uns wohl vertraut. Es ist die Kunst der Ethnographie, zwischen dem banalen Grundton und seinen kulturellen Ausarbeitungen so lange zu changieren, bis die Menschen wieder etwas von- oder übereinander gelernt haben. Was wissen wir denn tatsächlich über das Radiohören in den Palästinenserlagern oder in brasilianischen *favelas*? Vielleicht sollten wir mehr darüber in Erfahrung bringen, wie dort der innere Ton der Geräuschmaschinen dermaßen in den Ohren und Brustkörben der Menschen verstärkt wird, dass er zu einem tiefen emotionalen Erlebnis für sie wird – so, wie es bei uns eher zufällig und in gewöhnlich individueller Rezeption passiert, wenn ein Oldie, eine Expertenstimme, eine rauchige Moderatorinnenchuzpe, ein Witz oder ein *brandheißer Hit* unversehens den Nerv des Hörers trifft.

Wir alle, die Langhausbewohner auf Neu-Guinea und die Autofahrer im Stau, leben in Marshall McLuhans globalem Dorf. Wir müssen uns das Lokal als einen Raum vorstellen, der nicht nur von Klängen, sondern auch von Schauspielen und Standbildern im doppelten Sinne des Wortes markiert ist, gezeichnet von Geruchsmarken, geprägt von taktilen und gustativen Genüssen oder Schrecknissen. Haben sich mir zur Bezeichnung der Einzelheiten und Grenzen dieses Raumes visuelle Metaphern aufgezwungen, so wird daran deutlich, dass sich unser Blick eher auf Details, auf Wirklichkeitsausschnitte fokussiert, während der Ton diffuse Verbindungen herzustellen vermag. Freilich besteht die Welt nicht nur aus Dschungeln und Schnellstraßen, auf denen Autofahrer durch das Gesetz daran gehindert sind, fernzusehen. Würde ich meinen Vergleich ausweiten und schamanische Séancen mit ihren halb getrommelten und halb gelallten Dialogen einbeziehen, würde ich die Rolle der Akustik in Besessenheitskulten betrachten, die häufig im Schließen oder Verdrehen der Augen gipfeln, dann sollte – die Kaluli im Ohr – unzweifelhaft deutlich werden, eine wie bedeutende Funktion unter allen modernen Medien der Radiophonie zukommt. Das Auge nimmt Botschaften schneller auf, kann sehr komplexe Eindrücke perzipieren, aber das Ohr scheint tiefer in die Welt der Gefühle hineinzureichen. Offenbar wirkt die auditive Erfahrung unabweislicher und scheint auch darin unseren taktilen Empfindungen näher zu stehen.

Das Fernsehen und die Bildbesessenheit unseres Zeitalters haben in der Kultur der elektrifizierten Töne einen verdeckten, häufig unterschätzen Konkurrenten. Unsichtbar untermalen und unterwandern solche Wahrnehmungen die Reizwelt der Bilder, um dann in bestimmten Situationen schlagartig zum eigentlichen Agens der Übertragung von Wissen wie Gefühlen zu werden. Manchmal depotenzieren Musikvideos den Eindruck der Filmsequenz zu einem bloßen Flimmern, zum rhythmischen Wechsel von Bildern, der lediglich dazu da ist, den Ruf der Trommeln zu visualisieren. Wer hat die Fernsehbilder nicht satt? Wenn wir alle Bilder 1000-mal gesehen haben, vielleicht schlägt dann die Stunde des Radios ein zweites Mal, *low tech* statt *high tech*? In Millionen romanisch-hispanischer Haushalte auf der Welt scheint dies schon der Fall zu sein – Katholiken sind nun einmal die Macht der Bilder gewohnt. Also flimmern die Fernseher bei ihnen, ohne dass eines der Familienmitglieder sie überhaupt beachten würde. Hier ist der Fernseher ein merkwürdiger, kaum beachteter Gast, dessen Stimme sich in das kakophone Miteinander mischt – einem Radio vergleichbar, einer Trommel verwandt, mit Hilfe derer die kleine Gemeinde ihren Lebensraum markiert. Und wir wissen nicht, ob sich in dieser Geräuschkulisse gelegentlich ein Oberton zu Gehör bringt, der den Menschen ins Gewissen oder in die Lenden redet, der die Stimme des Heiligen vernehmbar macht oder die des Teufels.

Eine Radiogeschichte der Menschheit wäre zu schreiben, ein Buch über all diese Nostalgien, Modernisierungen, Ablösungen, Fortschritte, Erinnerungen und Abnutzungen. Technikgeschichtlich wäre der Bogen von der Trommel zum Klangkörper der Radioboxen zu schlagen, wohingegen individualhistorisch oder lebensgeschichtlich von Menschen zu berichten wäre, die stets und immer wieder die Stimmen der Abwesenden hören, mit und an denen sie zu reifen versuchen. Vielleicht darf man sich darum sogar eine Zukunft des Radios vorstellen, die weiter greift als die Klangräume der Autofahrer und die dudelnden Radios in Werkstätten, wo Arbeiter ihre Augen so sehr beschäftigen, dass sie kein Fernsehbild ablenken könnte.

LORENZ ENGELL

# Radio als Welt

*Über das Vernehmen*

Worüber man nicht sprechen könne, darüber müsse man schweigen, so heißt es bei Ludwig Wittgenstein. Wittgenstein hat diesen schönen Satz noch vor der allgemeinen Durchsetzung des Radios in den zwanziger Jahren formuliert und wohl begründet. Das Radio indes, dieses weltumspannende und -durchdringende Organ, ist anderer Ansicht. Worüber man nicht reden kann, darauf soll man hören: das ist die Philosophie des Radios. Schon in den frühen Jahren des Radios, in den Jahren nach dem Ersten Weltkrieg, als es gleichsam noch nicht in festen Händen war, bestand das Wunder darin, dass es ein Schweigen brach, obwohl es gar nichts zu sagen hatte und es eigentlich auch nichts zu reden gab – wohl aber zu hören. Die Stunde der Bastler hatte geschlagen, die sich mit neuen, zusätzlichen Ohren ausstatteten, selbst verfertigt nach weitergegebenen Anleitungen und nicht selten aus ehemals militärischen Bauteilen. Mit ihnen konnte jeder, für sich allein und meist nachts, durch den Kopfhörer, der mit dem Kristalldetektor verbunden war, hören, was die Antennendrähte auf dem Speicher empfingen. Noch nie zuvor war es zu hören gewesen. Dazu war das Radio ganz ohne die Rücksicht auf das, was jetzt der Stille entrissen wurde, allein dadurch befähigt, dass es funktionierte. Aus dem bloßen Äther, einem rauschenden, konturlosen Meer, schienen plötzlich die Stimmen zu kommen, kaum entzifferbare, fast zischende, hohe und irgendwie metallische Klänge. Und wenn, was jetzt zu hören war, eine fremde, gar unverständliche Sprache gewesen sein sollte – umso besser.

Brach das Radio auf diese Weise die Stille und das Schweigen, war beides zunächst hör- und vernehmbar zu machen. Deshalb erschließt das frühe Radio dem Schweigen die Möglichkeit, wahrgenommen zu werden. Damit aber steht das frühe Radio in einer langen Tradition. Seit Anbeginn der europäischen Kultur gab es technische Artefakte, die durch die möglichst vollkommene Verfügbarmachung des Klangs und der Rede die Stille wie das Schweigen zu Gehör bringen konnten. Die Rede ist vom Theater.

Michel Serres jedenfalls beschreibt das Theater von Epidauros als eine solche Stätte der Stille. Dieses Theater war Teil eines großen Heiligtums, das dem Asklepios, dem Gott der Heilkunst, gewidmet war. Hier suchte man, so behauptet Serres, Heilung von allen Gebrechen, und die Kur bestand zu wesentlichen Teilen im Lauschen – auf die Stille. Durch intensivstes, gleichsam erschöpfendes Hören auf die Geräusche – des Windes, des Baches, der Tiere – konnte gelingen, die Stille hinter diesen Geräuschen wahrzunehmen, den akustischen Vordergrund zunehmend abzublenden. Erst wenn alle äußeren Geräusche ausblieben, wurden die inneren Geräusche des gequälten und erkrankten Körpers laut, das Klagegeschrei der Myriaden von Zellen. Und nachdem schließlich auch dieses innere Geräusch gehört worden war, konnte es seinerseits zur Ruhe kommen und verstummen, Stille wie Heilung einkehren. Gerade im Bezug auf das Nicht-Sein, das Nicht-Gegenwärtige, den Tod etwa, wird diese spezielle Eigenheit des antiken Theaters deutlich. Auf den antiken Bühnen wurde das Nicht-Gegenwärtige weder dargestellt noch besprochen, sondern schlicht vernommen. In Pinara, so weiter Serres, liegt das Theater sogar unterhalb einer hoch aufragenden Felswand voller Höhlen, die zur Bestattung der Toten genutzt wurden. Ihrem unhörbaren, unerhörten Legat verschafft das Theater Gehör.

Anders als im Theater des Feudalismus oder des uns historisch näher stehenden bürgerlichen Theaters steht im antiken Theater weder Repräsentation noch diskursive Problembewältigung im Zentrum. Schon Friedrich Nietzsche hatte ja in seiner berühmten Tragödienschrift zeigen wollen, dass das antike Theater nicht aus dem Bild und auch nicht aus der Sprache entsteht, sondern aus dem Vernehmen. Nicht umsonst lässt sich die Theatermuschel, so wiederum Serres, auch als ein riesiges, flach auf der Erde liegendes Ohr betrachten. Seine Form begegnet heute in Radioteleskopen wie Parabolantennen und selbst in den flachen Lautsprechertrichtern moderner Radioempfänger wieder. Genau damit ist die Tradition bezeichnet, in der das Radio operiert. Freilich wird das Vernehmen im Falle des Radioamateurs weniger den Gedanken der Toten gegolten haben, wenn auch festzuhalten ist, dass die Funktionalität des Radios ohne das Grauen der Weltkriegsschlachten so nicht und insbesondere auch nicht zu diesem Zeitpunkt möglich gewesen wäre. Aber das im Radio durch die Stille vernommene Legat ist doch ein anderes, ein technisches nämlich, das weniger die Herkunft als vielmehr die Zukunft adressiert, weniger mit den Toten als mit den noch nicht Geborenen kommuniziert, weniger mit dem Überlieferten als mit dem Verfertigten.

Die Magie dieser frühen Momente des Radio-Vernehmens ist für die nachfolgenden Mediengenerationen nur noch ahnbar, nicht mehr verständlich; allenfalls ist sie mit dem Eintreffen der ersten, ebenfalls kaum erkennbaren und störanfälligen Mondbilder im Fernsehen 1969 vergleichbar. Nicht darum, eine bestimmte Information zu übermitteln oder zu erlangen, eine Wirkung zu erzielen oder einen Zweck zu verfolgen, handelte es sich in den Kindertagen des Radios. Es ging überhaupt nicht um Kommunikation im Sinne der Mitteilung einer Nachricht, sondern ganz einfach darum, dass etwas zu hören war. Mitgeteilt wurde die Mitteilbarkeit selbst in ihrer bloßen Potenzialität. Der Bastler vernimmt ein eigenes Vermögen, eine technische Fertigkeit, eine Welt hinter der Welt, dadurch vermittelt, dass eine Apparatur funktioniert. Aus der Stille kommt zuerst das Rauschen, aus dem Rauschen dann der Klang. Und dieser Klang, aus unsichtbarer Ferne und auf rätselhafte Weise schallend, evoziert die Welt. So ist das Radio eigentlich überhaupt nicht eine Erfindung der Sender, Sager und Übertrager, sondern eine der Hörer, Schweiger und Vernehmer. Es hat auch nichts zu behaupten, was dann wahr oder falsch sein könnte. Wie Martin Heidegger in seiner Auseinandersetzung mit dem antiken Wahrheitsbegriff entwickelte, wussten die Alten um eine Form der Wahrheit vor aller Bestimmtheit oder Aussage, einer Wahrheit diesseits des Gegensatzes von Richtigkeit und Falschheit. Zu einer so verstandenen Wahrheit kann es keinen Gegensatz geben. Das genau aber macht Welt aus, dass es einen Gegensatz zu ihr nicht gibt. Die Wahrheit oder Welt konnte nicht ausgesagt, wiewohl vernommen werden. Diese eigentümliche Auffassung einer »ursprünglichen« Wahrheit glaubt Heidegger noch bei Aristoteles nachweisen zu können als den Widerhall eines viel älteren, mythischen Denkens, das die Sokratische Rede und die ihr folgende Philosophie offenbar im Verborgenen überlebt hat. Nicht anders denn durch »aisthesis«, »schlicht wahrnehmendes Vernehmen«, wie Heidegger übersetzt, begegnet diese urtümliche Wahrheit.

Aber das schlichte Vernehmen muss gerade einer logisch-technischen Zivilisation erst mühsam freigelegt werden. Kaum vermag es hinter dem geltenden Richtigkeits- und Funktionsinteresse in Erscheinung zu treten. So mochte der Eindruck entstehen, die Aufmerksamkeit der Bastler richte sich auf die Nachrichten und Aussagen, die sie empfingen. Ihre Tätigkeit irritierte militärische wie administrative Autoritäten erheblich, die um den Verlust der Geheimhaltung privilegierter Informationen – seien es Börsennachrichten oder Manöverberichte – fürchteten. Dass sich die Radioamateure zumeist gar nicht dafür interessierten, etwas zu wissen, sondern dafür, etwas zu erfahren, dass sie eine Bündelung und Verbindung ganz anderer Art faszinierte, war den Militärs, den Innen-, Post- und Wirtschaftspolitikern im Intervall zwischen Kaiserreich und Republik womöglich schwer erkennbar. Sicherheitshalber wurden deshalb eingangs der zwanziger Jahre mit den »Funk-Stunden« die so genannten Unterhaltungssender aufgebaut, die dem inzwischen recht verbreiteten Radio-Lauschen erbauliche und ablenkende, akustische Gegenstände bieten sollten. Was sie verdeckten, waren freilich keine geheimen, nicht für die Öffentlichkeit bestimmte Informationen, die längst auf andere Kanäle ausgewichen waren. Vielmehr sorgten derartige Ausstrahlungen dafür, dass überhaupt etwas zu vernehmen war und nicht vielmehr nichts. Das Verhältnis von Rauschen des Äthers zu geformtem Klang kehrte sich um. Man musste jetzt nicht mehr nach den akustischen Gegenständen suchen, denn das Rauschen wurde marginalisiert, das Schweigen tendenziell zum Schweigen gebracht. Rudolf Arnheims unter dem Titel »Rundfunk als Hörkunst« entfaltete Radio-Theorie ist es gewesen, die in der Reduktion der Wahrnehmung auf das Akustisch-Auditive, wie sie der Rundfunk ins Werk setzt, erstmals keine Schwäche des Mediums erkannte, sondern seine ganz eigentümliche Stärke. Er bezog die Eigenschaften und Möglichkeiten des Radios konsequent auf seine Wahrnehmungsqualität statt auf seine Sendemodalitäten.

Indem sich zeigte, dass alles was *erkennbar* zu hören war, dem entsprach, was man immer schon hatte oder hätte hören können – ein Lied, ein Kindervers, ein Sinfoniekonzert, eine Wahlkampfrede, ein Weihnachtsgruß –, erhielt das Hören durch das selbst verfertigte Ohr eine wiederum völlig neue Qualität. Wieder ging es darum, ein bloß Mögliches, Vorgestelltes wirklich und wirksam werden zu lassen: das bisher Unwahrnehmbare zu vernehmen. Denn kraft seiner zunehmenden und später flächendeckenden Verbreitung bestand das Wunder des Radios nun in seiner umhüllenden und zugleich synchronisierenden Funktion. Jetzt wuchs ihm die Aura zu, von allen gehört zu werden. Und über nichts anderes sprach das Radio pausenlos als eben darüber, dass es für alle und überall vernehmbar sei. Hier ist es McLuhans berühmte Stammestrommel des zwanzigsten Jahrhunderts geworden. Dessen technische Voraussetzung ist die Durchsetzung des Radioapparates mit Verstärker und Lautsprecher gewesen. Das Radio wurde nämlich nicht nur irgendwie, etwa, wie in der Frühzeit, leise und von jedem einzeln, gehört, sondern es wurde jetzt zu Hause gut vernehmbar von der Familie und in der Gruppe gehört, die sich um den Lautsprecher herum versammelte. Aber genauso wurde es – offenbar – da draußen auch von allen anderen gehört, und zwar zeitgleich. Die Familie vor dem Lautsprecher war nur der aktuelle Ausdruck der virtuellen Hörerschaft, womit auch schon der eigentliche Gegenstand des Hörens beschrieben ist. Radiohören bedeutete nun, den anderen beim Zuhören zuzuhören. Das war die Zeit der Masse. Das Zuhören verband die Zuhörer untereinander zu einer Gemeinschaft, nicht obwohl, sondern gerade weil sie einander nicht kannten und auch nicht wahrnehmen konnten. In diesem Stadium hieß Radiohören, zu wissen, dass man nicht allein war. Wer die anderen waren und was sie eigentlich dachten, war bloßem Ahnen überlassen.

Selbstverständlich wird auch in dieser Diffusion Welt vernehm- und erfahrbar. Freilich nicht als die endlose Weite eines Meeres von Wahrnehmungseventualitäten, sondern als präzis definierte Möglichkeit, als ein dichter Zusammenhang, zu dem der Ausschluss des Nichtzusammenhängenden gehört. Die Masse vernimmt sich selbst, gerade weil sie nichts sagt, sondern nur lauscht und vernimmt. Folglich wandert die Zugehörigkeit zur Masse ins Individuum ein, das sich nur mehr im Hinblick auf die Masse selbst vernimmt. Damit ist auch eine neue Funktion für die radiophone Botschaft, die Nachricht, freigelegt. Denn dass der synchronisierende Klang – das berühmte Pausenzeichen oder das Gebrüll des Redners – nicht nur für sich selbst steht, sondern etwas zu sagen habe, womöglich Bedeutung besitze, diese Unterstellung wird plausibel, sobald wir nicht mehr allein in die Weite hinein hören. Wir vernehmen jetzt – wie immer indirekt – durch den Klang hindurch die anderen und hören auf sie. Und plötzlich vernehmen wir eine Botschaft, die Nachricht, von der wir mit Gründen annehmen, eben sie sei es, der auch die anderen lauschten. Denkt jeder für sich, alle anderen glaubten, was im Radio zu hören ist, sei eine Nachricht, dann ist jeder bereit, es ebenfalls zu glauben – zumindest in dem Sinne, dass man es als selbstverständliche Vorausannahme generalisiert und sein eigenes Verhalten darauf einzustellen hat. Gemäß dieser Logik gerinnt die Welt des Radio-Klangs zur sprachlichen Nachricht. Heideggers »aisthesis« findet sich überformt und verdrängt durch die »apophantische«, die verweisende Rede. Sie produziert Aussagen, die »wahr« in der durch den Gegensatz zwischen Falschheit und Richtigkeit festgelegten Bedeutung sein können.

Auch mit Serres wäre dieser Übergang vom Bastler-Radio zum Massen-Radio als jener Moment zu fassen, wo das Theater dem Diskurs weicht. Der Diskurs, das ist die gegliederte, unaufhörliche Rede des Sokrates, der noch auf dem Totenbett weiter spricht, der räsoniert, argumentiert, mahnt, Vorkehrungen für die Zeit nach seinem bevorstehenden Ableben trifft.

Weit davon entfernt, den Tod entgegenzunehmen, zu verstehen, beschränkt er sich darauf, ihn zu meistern, überwinden zu wollen. Das Medium dazu ist ihm die Sprache und seinen Nachfolgern die Schrift, deren Eigenschaften sich dem Denken aufprägen. Anders das antike Theater, das als Medium ein mythisches Denken formt. Dort wurde der Tod vernehmbar, auch die Götter und die Ahnen. Daraus wuchs dem Theater seine Aufgabe zu: ersonnen, die Masse zu versammeln, und dabei, wenn möglich, zum Schweigen und bloßen Vernehmen zu bringen, zum Lauschen auf den Mythos und zur Selbstwahrnehmung als bloß vernehmende, stumme. So herrsche, meint Serres, tiefe Verschiedenheit zwischen der Masse der Theaterbesucher damals und der Masse der lärmenden Touristen in den antiken Stätten heute. Diese wollen nichts hören und erzeugen unausgesetzt Geräusche, Lärm. Jene wollten alles vernehmen und verstummten deshalb im Schweigedispositiv des Theaters. Eben diesen Umschwung wiederholt die Herausbildung des modernen Radios. Das Radio wird – allerdings nur vorübergehend – sokratisch, es beginnt als die Übertragung von Sprache, als die Verbreitung von Worten und Wissen. Es konzentriert ganze Völkerschaften um das gesprochene Wort und formiert sie dort.

Wenn jeder dem anderen unterstellt, etwas Bestimmtes zu glauben, wird zur Wahrheit, woran eigentlich niemand glaubt. Und was auf die Nachricht zutrifft, das gilt dann bald für ihre Wahrheit. Wir wissen nicht, ob sie stimmt, allerdings müssen wir annehmen, dass alle anderen davon ausgehen und ihr Verhalten danach bestimmen. Also richten auch wir unser Verhalten so ein, als sei die Nachricht wahr – und folglich wird die Nachricht wahr, obwohl sie möglicherweise nicht der Wahrheit entspricht. Wohl nicht zufällig registrieren wir in den späten zwanziger Jahren ein vermehrtes Interesse am Phänomen der »Öffentlichen Meinung«. Soziologie und die ganz junge Disziplin der Publizistik suchen nach wissenschaftlichen Methoden, dieses ungreifbaren, offenbar jedoch hoch wirksamen Phänomens habhaft zu werden. Beide Fächer werden von dieser Phase so geprägt, dass sie ihren Medien- und Kommunikationsbegriff bis heute einer Nachrichten-, Übertragungs- und Massenforschung unterordnen. Bis in die Philosophie hinein reicht die Aufmerksamkeit, früh gekrönt von Martin Heideggers keineswegs unpolemischer, dennoch luzider Analyse der »Verfallenheit an das ›Man‹« in seinem Hauptwerk »Sein und Zeit« aus dem Jahre 1927. Die Orthodoxie, eine Anverwandlung an die bloß öffentliche, also stets nur vermutete Meinung sei es, die ein »ursprüngliche Vernehmen« der »Stimme des Seins« verdeckt habe, obschon sie sich aus ihm, wenngleich als Verfallserscheinung – herleite. Es lohnt sich, diese Zeilen noch einmal zu lesen, wenn schon nicht als Radiotheorie, so doch als eine philosophische Position, die durch die Erfahrung des Radios und den Umschwung vom einsamen Vernehmen zum massenhaften Zuhören hindurchgegangen ist. Jedenfalls tritt die ungeheure Wirksamkeit der radiophonen Gleichschaltung nicht erst mit dem Haupt-Propagandainstrument des Nazi-Reichs in Kraft. Nicht grundlos bringt schon die späte Weimarer Republik den Rundfunk unter eine scharfe autoritätsstaatliche Herrschaft. Derselbe Mechanismus beherrscht freilich auch die entstehende Medienmaschinerie einer Freien Welt, die sich anlässlich des berühmten Hörspiels »Der Krieg der Welten« 1933 vor den vermeintlich angreifenden Marsmenschen in Sicherheit bringen zu müssen glaubte. Und er funktioniert ex negativo selbst für die Trommelschläge und die Worte »Hier ist London«, die während des Krieges die deutschen Nachrichten der BBC ankündigen: hier kommt die Wahrheit zu Wort, gerade weil die anderen die Nachrichten nicht hören (dürfen).

Mit der mehr als bloß flächendeckenden Überausbreitung des Radios schließlich brach in den letzten Jahrzehnten wieder eine neue Phase des Vernehmens an. Zunächst durch die Umstellung auf UKW und den Stereoempfang, sonach durch die Kabeltechnik und schließlich durch die heute anstehende Digitalisierung wurde und wird eine nochmalige Vervielfachung, ja Potenzierung und nahezu unendliche Diversifizierung der Empfangsmöglichkeiten erreicht. Radioklänge dringen nunmehr überall und in perfekter schalltechnischer Qualität ein. Wir vernehmen sie im Auto, am Arbeitsplatz, in sämtlichen Räumen der Wohnung. Das Radio begegnet portabel in der Natur, als Kleinempfänger am Kopf getragen. Dem entspricht die Überfüllung des Äthers. Die Räume zwischen den Sendern sind trennscharf verschwunden. Der Radioklang ist nicht mehr monologisch und autoritär-monopolistisch organisiert wie in den früheren Dekaden, sondern außerordentlich vielstimmig, privat und privativ, durch Konkurrenz orientiert. Er ist ubiquitär und omnipräsent geworden, zugleich aber unendlich fein aufgeteilt. Eine wohl artikulierte Klangwirklichkeit voller Binnenstruktur wird erzeugt; nach Musikfarben und -jahrgängen, nach Modetiteln und Zielgruppengeschmack, nach Tonlagen und Intonationsusancen, nach Sprechgeschwindigkeiten und Tanzstilen, nach Aktualitäts- und Sachbedürfnissen ausdifferenziert. Und ihr gemäß sich zu gliedern, beeilt sich alsbald die Welt, nach Alter und Schicht, Geschlecht und Geschmack, Stand und Beruf, nach Hörergruppen verschiedenster Vorliebe und vor allem nach Kaufkräften wie Konsumgewohnheiten.

Da mittlerweile das Ideal keineswegs mehr darin besteht, eine Stimme für alle zu verbreiten, sondern eine Stimme für jeden, Hörer nicht mehr in ihrer Zugehörigkeit zu einer allumfassenden Gesamtheit oder Öffentlichkeit anzusprechen, sondern ganz für sich allein, verändert sich das Vernehmen noch einmal ganz grundlegend. Es gilt nicht mehr – wie in den Anfangstagen der Radiobastler – einer Unerschöpflichkeit der Welt als Möglichkeit, auch nicht mehr – wie in den Tagen des Massenradios – der Wirksamkeit ihrer ebenso unvermittelbaren unendlichen Geschlossenheit und All-Umfassung. Vielmehr scheint die Ambition des Radios heute zu sein, die Welt mit einem nie endenden, nie beginnenden, nie unterbrochenen und überall vernehmbaren, übrigens auch nie überraschenden, sondern stets vertrauten Klang zu tränken. Da dieser Klang zugleich grenzenlos differenzierbar ist, erscheint die Welt jetzt ebenfalls als unendliche Differenzierbarkeit, oder genauer: als eine selbst nie wahrnehmbare Einheit, die alle Differenzierung erst möglich macht.

Dabei ist die Radio-Rede schon längst keine sprachliche Rede mehr; sprachliche Ereignisse im Radio gehen, im Gegenteil, an Bedeutung wie an Zahl immer weiter zurück. Die Radio-Rede der Gegenwart ist in erster Linie Klang, ist Musik, und ist auch da, wo sie sich sprachlich einkleidet, insbesondere von lautlicher, rhythmischer, tonaler Qualität. Mit der faktischen Allverfügbarkeit der Klänge, wie sie die Kabel-, Satelliten- und Digitaltechnik ermöglicht hat, sowie mit der Vereinheitlichung oder besser: Systematisierung aller Klänge durch die Programmformatierung als einer Grammatik des Klangs löst sich das Radio mehr und mehr vom Wort ab, es entsagt in der Omnipräsenz des Klanges der Aussage und des Arguments.

Immer klarer wird dadurch, dass sich das Radio zur Aufgabe gestellt hat, uns zum Schweigen zu bringen. Aber indem es uns zum Schweigen bringt, vernichtet es nicht nur, was Jean Baudrillard den Massenmedien vorhielt, echten Austausch auf der Basis von Gegenseitigkeit, sondern es ermöglicht zugleich das Vernehmen der Stille hinter all dem Lärm, das Vernehmen der Welt hinter ihren Geräuschen. Daher stellen sich die Fragen nach Information und Nachricht oder deren Wahrheit heute im Grunde nicht mehr. Und gerade deshalb ist die Radio-Welt als unendlich differenzierbarer und vermehrbarer Klang stets ein und dieselbe. Nicht mehr Differenz zum Schweigen ist sie, sondern die Einheit in der Binnendifferenzierung des Klangs. Spätestens das in den neunziger Jahren entwickelte, weltweit wirksame »Formatradio« hat diesen Zustand herbeigeführt. Wo immer ich mich aufhalten kann und sein werde, der Radioklang ist bereits da, nicht ich schalte ihn an oder ab, sondern mich schalte ich dazu oder nicht. Damit wird die

Mimesis von Welt als umgreifender Klang vollzogen, an die das Versprechen geknüpft ist, Welterfahrung verfügbar zu machen. Im Kontrast zu allen anderen Klangteppichen, Klangräumen und Klangtapeten spezifiziert das Radio also nicht bestimmte Räume – das Kaufhaus, die Wartehalle – und Situationen – Flugzeugstarts- und Landungen, sentimentale Augenblicke –, sondern grundiert und durchwirkt die Erfahrung schlechthin. Der All-Klang des Radios entgrenzt alle einzeln umrissenen Lagen und Gegenstände. Er hinterlegt sie mit der beruhigenden Versicherung der technischen Möglichkeit von Welt in der Welt. Gleichsam eingekleidet in den Konsumgegenstand Radio oder das technische Objekt Radiogerät begegnet uns hier die mögliche Teilhabe an – unsagbarer – endloser Differenziertheit. Ganzheit und Allheit einerseits gehen mit der Partikularität und Individualität eine völlig neue Verbindung ein, in der sich ihre Gegensätze aufzulösen scheinen. Genau wie das heutige Massenprodukt dank digitaler Werkzeuge alle Merkmale des Individualprodukts aufweisen kann – vom Auto über den Kühlschrank bis zum Fertighaus ist alles maschinell in Kleinstserien zu Kosten herstellbar, die früher nur durch Großserien zu realisieren waren –, kleidet das Radio der Gegenwart die Individualerfahrung in Massenhaftigkeit ein und umgekehrt. Es ist nicht nur »einstimmig in sich und alle zusammen«, wie Horkheimer und Adorno schon früh erkannt haben, sondern zugleich auch unendlich vielstimmig (was Horkheimer und Adorno nicht wissen konnten). Genau dieses Zugleich kennzeichnet das »Formatradio«. Seine Erfahrung ist jedoch zutiefst verunsichernd und verwirrend, vielleicht der Grund dafür, dass wir ihr aus dem Weg gehen und nicht mehr zuhören. Genau so vermied das vortechnische, vormediale Dasein besondere »Stimmungen« wie Angst oder Langeweile, die, freilich negativ koloriert, ebenfalls vag die bestürzende Ganzheit der Welt vorübergehend aufschließen. Heute genügt es, das Radio auszuschalten oder nicht mehr auszuschalten.

So bürdet das Radio seit seinem Beginn und in allen Phasen des Sendens dem Satz vom Schweigen das von Wittgenstein akzentuierte Paradox der Welt auf; denn über die Welt als Welt kann man weder reden noch schweigen. Spricht man über sie, dann behandelt man sie wie ein Thema, einen beliebigen Gegenstand in der Welt, als ein schlichtes Etwas, wo Welt doch gerade ist, was über alle definiten Themen und Gegenstände hinausgeht. Deshalb verfehlt jede Rede die Welt. Schweigt man dagegen über die Welt, ist sie ins Außerhalb der Rede verbannt, ja in Abrede gestellt – ins Nichts verwiesen. So verfehlt auch das Schweigen die Welt. Das Radio nun tritt als das erste Medium auf, das die Auflösung dieses Paradoxons artikuliert.

Dabei formuliert es das Problem nicht einfach, kündigt vielmehr eine – technisch verwirklichte – fungible Lösung an. Das Schweigen als ausbleibende Rede, die Stille als ausbleibenden Klang hat das Radio grundwegs abgeschafft. Das Radio kann über alles reden, womit implizite behauptet ist, dass es kein Unsagbares, kein Außerhalb und Jenseits der Radio-Rede gebe: nichts also, wovon zu schweigen wäre.

BERNHARD SIEGERT

# Ein höheres Walten des Wortes

*Sportreportagen im deutschen Radio 1923–1933*

## I.

Der Sport des zwanzigsten Jahrhunderts und das Radio, so der Vorsitzende des deutschen Reichsausschusses für Leibesübungen Carl Diem 1924 in einem Vortrag der Berliner Funk-Stunde, haben eine gemeinsame Mutter: das industrielle Zeitalter. »Der Sport ist also ein Kind unserer Zeit, wie die Eisenbahn, wie der Kraftwagen, wie das Flugzeug, das elektrische Licht und das Telephon, wie das jüngste Kind unserer Zeit: der Rundfunk.«[1] Wie Diems Beispiele nahe legen, ist das so genannte industrielle Zeitalter offenbar weitaus präziser gekennzeichnet als Zeitalter technischer Übertragungsmedien. Eisenbahn, Automobil (bzw. Tank) und Flugzeug übertragen oder mobilisieren Körper, Telefon und Radio Nachrichten, elektrisches Licht oder Scheinwerfer den Schauplatz. Ihr gemeinsamer historischer Einsatzort lässt keinen Zweifel übrig, wer der von Diem verschwiegene Vater sowohl des Sports als auch des Radios von 1924 sind: der Erste Weltkrieg. Sport und Radio in der Weimarer Republik konvergieren darin, Fortsetzungen des Krieges mit anderen Mitteln zu sein. Radio ist Medium der Mobilisierung in einer Zeit, in der nur »etwa 2% des deutschen Volkes« »sich wirklich regelmäßig sportlich betätigen«[2] oder das deutsche Heer aufgrund des Versailler Vertrages demobilisiert ist, was offensichtlich dasselbe ist. Denn nicht nur entspricht die vom Versailler Vertrag festgelegte Stärke der Reichswehr von 100 000 Mann ungefähr 2% der während des ersten Weltkriegs mobilisierten deutschen Soldaten,[3] derselbe Carl Diem sagt es zwei Jahre später im Klartext:

> Kein Volk der Erde hat solche Last getragen wie wir im Jahrzehnt des Kriegs und Nachkrieges [...]. Kein Volk hat so wie wir von einer vollkommenen Heeresschule den Sprung ins Nichts machen müssen. Haben wir doch in unserem Volksheer – abgesehen vom Militärischen – eine Bildungsstätte des Leibes, des Charakters und des Geistes verloren.[4]

Aufgabe des Rundfunks ist es, »den Weckruf an die Abseitsstehenden zu verbreiten«[5] – Radio ist Mobilisierungsmedium für einen Sport, dessen Arten nicht nur – was Turnen, Schwimmen, Hindernislauf etc. angeht –

militärische Disziplinen sind, die für die Ausbildung der preußischen Partisanen zwischen 1807 und 1813 zur Vorbereitung des Befreiungskrieges gegen die napoleonischen Armeen erfunden wurden, sondern der in seinen Organisationsformen ein verbotenes Massenheer ersetzen soll: So lautet die offizielle Beschreibung des Verhältnisses von Sport und Radio in der Frühphase des Radios.

Was diese Perspektive nicht zu klären vermag, ist, welche konkreten Praktiken und Regeln sowohl auf Seiten des Sports als auch auf Seiten des Radios Unterhaltung als Mobilisierung überhaupt erst möglich machen. Denn weder sind die elementaren Bedingungen, die Radio zu einem Übertragungsmedium von Sportereignissen und Unterhaltungsmedium machen, von vornherein gegeben, noch ist Sport in jedem Fall schon ein radiogenes Ereignis. Ganz im Gegenteil: Die Möglichkeit, Sprachschwingungen durch ungedämpfte Radiowellen zu übertragen, die Verortung des Mikrophons außerhalb des Senders, der Empfänger, der nichts anderes als empfangen darf (die strenge Definition der Unterhaltung), sind an sich selbst Zäsuren der Kriegsgeschichte des Radios.

Man weiß, dass die Ingenieure, die an der Entstehung und Entwicklung des Radios beteiligt waren – im Dienst von Firmen, die im Auftrag von militärischen Versuchsanstalten arbeiteten –, anderes im Sinn hatten als Unterhaltung: nämlich die Erlösung des Befehlsflusses von Telegraphen- und Telefonleitungen bzw. die Minimierung von befehlsfreien Räumen und Zeiten, die durch Schiffe auf hoher See und Flugzeuge in der Luft entstehen. Als Hans Bredow, ehemaliger Telefunken-Direktor und Vizewachtmeister der Verkehrstechnischen Prüfungskommission, späterer Staatssekretär im Reichspostamt und Gründungsfigur des öffentlichen Rundfunks in Deutschland, 1917 für einen ganzen Frontabschnitt mit einem Röhrensender ein erstes Unterhaltungsprogramm (Schallplattenmusik und Zeitungsberichte) ausstrahlte, verbot die Oberste Heeresleitung diese Sendungen mit dem Hinweis darauf, dass Unterhaltung »Mißbrauch von Heeresgerät« sei.[6] Als Lee de Forest etwa zur gleichen Zeit in New York dazu überging, nachts die Antenne eines kommerziellen Senders im World's Tower Building (46th Street/Broadway) für die Ausstrahlung seiner Radio Concerts zu benutzen, widerfuhr ihm Ähnliches, allerdings mit einer bezeichnenden Differenz, was den »missbrauchten« Gegenstand angeht: Der New Yorker *federal radio inspector* verbot auf Druck der Navy de Forests Sender 2XG mit dem Hinweis: »there is no room in the ether for entertainment«.[7] Während im Technologie-orientierten Deutschen Reich das »Gerät« vor Missbrauch zu schützen war, so ist es im von der Physik

Faradays, Kelvins und Maxwells beherrschten anglo-amerikanischen Empire der »Äther« gewesen.

Bis 1923 hatte Hans Bredow seine liebe Not, die vom Funkerspuk eines ungehinderten Sendens und Empfangens während der Revolution von 1918 traumatisierten Militärs von der Ungefährlichkeit eines öffentlichen Rundfunks zu überzeugen, dessen Stationen immerhin im selben Frequenzband senden sollten, in dem die Reichswehr funkte. Erst die Konstruktion der Enigma, die den militärischen Funkverkehr abhörsicher machte, gab den Weg frei für die Einführung des öffentlichen Radios und damit für Unterhaltung. Am 29. Oktober 1923, während im Reich der Ausnahmezustand herrschte, strahlte die Sendestelle Berlin im Vox-Haus mit einer Wellenlänge von 400 m das erste Abendprogramm der deutschen Funkstunde aus. 50 % der deutschen Arbeiter waren an diesem Tag arbeitslos; der Dollar wurde mit 4,2 Billionen Mark bezahlt. Die Einführung des Radios als Unterhaltungsmedium war eine prophylaktische Bürgerkriegsmaßnahme.[8]

## II.

Zur ersten Sportreportage aber war es noch ein Weg. Es brauchte nicht nur Zeit und das Ende des Ausnahmezustandes, bis das Mikrophon überhaupt die Chance erhielt, den Weg eines Sportlers zu kreuzen. Es musste zuvor überhaupt erst die Diskursinstanz des Sprechers ins Leben gerufen werden. Erster Sprecher der Berliner Funkstunde war Alfred Braun, ein abtrünniger Schauspieler vom Schillertheater. Obwohl zunächst alles andere als begeistert vom Vorschlag, Sprecher zu werden, entwickelte Braun die Grundzüge des professionellen Sprechens im Radio. Sprechen im Radio ist zunächst Ansage, und Braun machte die Ansage im Radio obligatorisch: »Ich habe dann alles angesagt.«[9] Die Aufgabe des Sprechers geht der übertragenen Botschaft voraus, sie besteht darin, »jeden Abend die Funkgemeinde [...] zu sammeln«.[10] Die kommunikative Funktion des Ansagers ist mithin phatisch; ihr Ziel ist, zu erreichen, dass sich der Hörer mit seinem Radioempfänger verwechselt. »Wie der Hörer sein Gerät erst richtig einstellen muß, so hat der Sprecher die innere Aufnahmefähigkeit der Hörer durch sein Wort einzustellen.«[11] Der Ansager hat die Funktion übernommen, die einst Kirchenglocken innehatten. »Alle müssen hingeführt, müssen vorbereitet werden zum Hörenwollen.«[12]

Der Übergang von der Ansage zur Reportage besteht technisch in der Einführung einer Differenz zwischen den Standorten des Senders und des

Sprechers. Übertragen, heißt das, bekommt eine andere Bedeutung als Senden. Zwischen Mikrophon und Sendeanstalt schaltet sich das Telefonnetz.

Diese Differenz ist zunächst alles, was die Reportage überhaupt berichtet. Die erste Reise eines Mikrophons führte auf den Meeresboden vor Helgoland, die zweite (im Sommer 1925) auf den Gipfel der Schneekoppe, den höchsten Berg Preußens.[13] Die ersten Reportagen übertragen nichts anderes als dieses Woanderssein des Mikrophons, das bezeichnet wird durch extra-oikumenische Plätze, durch Orte, die jenseits der bewohnbaren Welt liegen. Dazu gehört auch der Luftozean: 1927 ist das Jahr, in dem Flugzeuge auf Sendung gehen. Attraktion der vierten Großen Deutschen Funkausstellung in Berlin waren ca. halbstündige Reportagen, die Alfred Braun aus einem über dem Funkturm kreisenden Flugzeug auf der allgemeinen Fliegerwelle von 900 m sendete. »Erschütternd«, so ein Hörerbericht, war nicht, was Braun zu berichten hatte, erschütternd war allein das Wissen, »daß die Menschen dort im Flugzeug, ohne Verbindung mit der Erde, eben in diesem Zimmer zu uns gesprochen haben«.[14] Diese Erschütterung beim Empfang verbindungsloser Außenposten ist der erhabene Schauder, der von der irregulären Öffentlichkeit sonst geheimer, weil imperialer, Kanäle erzeugt wird. Denn die Differenz zwischen dem Hörer in der Reichshauptstadt und dem Mikrophon draußen in irgendwelchen Wüsten impliziert immer die Überbrückung durch ein prinzipiell militärisch-imperiales Nachrichtensystem, das im Ausnahmefall der Reportage für einmal auf den Radiosender geschaltet wird.

Manchmal repräsentiert diesen Ausnahmefall auch einfach ein Defekt, der das zwischen Reporter und Sender liegende Telefonnetz selber zum Gegenstand der Übertragung macht. So geschehen bei der Reportage über General Nobiles Luftschiff-Start von einem Flugplatz in Pommern (Seddin bei Stolp) zu seiner Nordpol-Expedition. Während die beiden Reporter mangels zu berichtender Vorkommnisse immer stiller werden, sorgt eine defekte Leitung dafür, das die Radiohörer das Telefonkabelnetz des Flughafens abhorchen können, auf dem sich das wahre Drama abspielt:

> Immer wieder meldete sich die Telephonistin der Flughafen-Leitung, gaben Journalisten ihren Blättern die letzten Nachrichten durch, diktierte ein Engländer einen längeren Bericht, ja man erfuhr auf diesem Wege, daß noch Gas nachgefüllt und Benzin abgelassen werden müßte und daß der Start auf 3.10 Uhr festgesetzt war. Erst wenige Minuten später wurden dann diese Meldungen vom Sprecher bestätigt. Der Fehler der Kabel-Übertragung wurde zu einem spannungerregenden Moment der Übertragung, fesselte immer wieder den Hörer bis in die Stunde des Morgengrauens, als endlich sich die »Italia« erhob und langsam gen Spitzbergen im Frühnebel verschwand.[15]

Dieser Schauder des Erhabenen wird das Faszinosum von gewollten und ungewollten Sendespielen sein, von General Nobiles Abflug über Ernst Johannsens Hörspiel *Brigadevermittlung* bis zur legendären Weihnachtsringsendung von 1943. Dass die Botschaft der Reportage zunächst die Verwandlung des Radiohörers in einen Nachrichtenaufklärungsoffizier ist, wird einmal mehr deutlich am 4. Juni 1927. Alfred Braun berichtet *live* vom Tempelhofer Flughafen über die Ankunft des Ozeanfliegers Chamberlin. Braun verbringt die Nacht in Tempelhof und teilt über eine Telefonleitung ins Vox-Haus mit, dass es nichts zu berichten gibt, da der Flieger immer nicht ankommt. Aber das ist auch nebensächlich. Entscheidend ist die Verwandlung des Hörers in einen Nachrichtendienstler. Er wacht rund um die Uhr am Kopfhörer, errechnet Fluggeschwindigkeiten, breitet Karten aus und setzt die einlaufenden Berichte über die Sichtung des Fliegers zu einem Informationsmosaik zusammen.[16]

Damit zeigt sich auf der Ebene des Übertragenen (Modulierten, Niederfrequenten) der Schein dessen als Unterhaltung, was im geheimen Reich der Hochfrequenz, der Übertragung, des Nachrichtenträgers, eine Waffe ist: Funkpeilung, Ortung. Wo Unterhaltung nicht mehr darin besteht, zu hören, was jemand sagt, sondern wo sich jemand aufhält, wird das Reich der Audiofrequenzen zur Metapher der Hochfrequenzen, der Radiohörer zur Gestalt des Funkaufklärers.

> Durch den Richtempfang lassen sich nicht nur aus dem Inhalt der abgehörten Funksprüche Nachrichten schöpfen, es genügt schon die Tatsache des Sendens, um wichtige Schlüsse ziehen zu können.[17]

Genau diese (in Friedenszeiten v. a. von Radioamateuren gepflegte) Form des Radioempfangs – die Adorno in Verkennung seines operativen Charakters als Fetischisierung der Radiomusik bezeichnet hat[18] – wiederholt und vollzieht der Hörer einer Radioreportage 1926–1928 metaphorisch im öffentlichen Reich der Audiofrequenzen.

Die Struktur der Reportage – die Metaphorisierung der deiktischen Information, die die hochfrequente Trägerfrequenz für Rahmenantennen darstellt – zitiert unbewusst die entscheidende technische Innovation des Radios: seine elektronische Revolution. Seit der Verwendung von Vakuumröhren in Radios als Verstärker und Oszillatoren sind Kanal und Botschaft in hochfrequente und niederfrequente Schwingkreise geschieden. Seitdem ist das potentiell Öffentliche und das immer schon militärisch Wichtige (und daher Geheime) am Radio technisch ausdifferenziert.

Allein im Fall von Sportreportagen scheint ein *re-entry* (systemtheoretisch gesprochen) des derart ausdifferenzierten Militärischen immer schon stattgefunden zu haben. 1930 nämlich plädiert ein Oberstleutnant Schmied vom österreichischen Bundesheer für eine so genannte »wandernde Gefechts- und Lageberichterstattung« im Radio, mit keiner anderen Begründung als der, dass besonders jene Sportveranstaltungen, in denen das Kampfmoment unmittelbar zum Ausdruck käme, sich für Radioübertragungen besonders wirksam erwiesen hätten. Schmied schließt Sport und Krieg als *Live*übertragung derart kurz, dass man nur staunen kann. Der Nachrichtenwert einer Schlachtfeldreportage ist identisch mit dem Unterhaltungswert einer Sportreportage. Denn Schmied will nicht den Kampf als Sportveranstaltung präsentieren, sondern will durch *Live*berichte vom Kampfgeschehen die »Regie« bei der »Meisterung des Ganzen« unterstützen. Sportsendungen schulen den Hörer also immer schon zum Generalstabsoffizier, während umgekehrt Generalstabsoffiziere zu Unterhaltungsrundfunkhörern werden.[19]

## III.

Damit komme ich von der Geschichte des Sprechens und der Reportage im Radio überhaupt zur speziellen Geschichte der Sportreportage. Die ersten Sportberichterstattungen kamen eher durch Zufall zustande. Paul Laven, der erste Sportreporter der Hessischen Funkstunde, wurde bei einer Ruderregatta durch Paul Hindemith zur Erfindung der Sportreportage gebracht. 1925 fanden die ersten Sportberichterstattungen im Frankfurter Sender statt. Übertragen wurden in erster Linie circensische Ereignisse: Sechstagerennen und Boxkämpfe. Aber der Durchbruch in Theorie und Praxis kam erst im Jahre 1926: mit dem Beginn der Übertragung von Leichtathletik und vor allem Fußball hört Sport auf, ein bloß zufälliger Inhalt von Radio zu sein.

Obwohl Bernhard Ernst vom Westdeutschen Rundfunk 1925 schon einmal von einem Fußballplatz in Münster berichtet hatte,[20] galt bis 1926 Fußball als ein Sport, der sich für Übertragungen im Radio nicht eignet.[21] Erst im Winter 1925/26 saßen Hans Flesch und Paul Laven zum ersten Mal mit einem Mikrophon und einer Flasche Cognac auf der Tribüne der Frankfurter Eintracht am Riederwald.[22] Und erst 1927 gestand der gefeiertste Sportreporter der Weimarer Republik, Fritz Wenzel von der Schlesischen Funkstunde, dass er seine Meinung über die Übertragbarkeit von Fußball grundlegend geändert habe.[23] Ein Meinungsumschwung, der seine Gründe hatte. Denn 1925 wurde im Fußball die noch heute geltende

Abseitsregel eingeführt, die verlangt, dass sich außer dem Torwart noch mindestens ein Spieler im Raum vor dem Angreifer befindet. Seit 1878 hatte die Regel gegolten, dass sich mindestens *drei* Spieler zwischen dem Stürmer und dem gegnerischen Tor befinden mussten.[24] Mit der neuen Abseitsregel von 1925, die vor dem Tor die zahlenmäßige Überlegenheit der Defensive aufhob, wurde Fußball überhaupt erst eine Sportart, die im Radio übertragen werden konnte. Denn durch die neue Abseitsregel hörte Fußball auf, ein Spiel des *dribbling* zu sein, und wurde ein Spiel des *passing*.

> Emmerich hat ihn getreten, aber der Ball kommt nicht weit über die Mittellinie hinaus, Sobeck bemüht sich auf der Mittelinie um den Ball, aber Luchs ist erfolgreicher als er, der Ball geht in hohen Schlägen hin und her, etwa in der Mitte des Feldes. Müller ist am Ball, gibt ihn zu Hahn, Hahn lenkt weiter zu Kirsey, Kirsey lenkt zur Mitte zu Sobeck, Sobeck und Lehmann wechseln, Sobeck zur Mitte, Lehmann geht nach halbrechts, Kombination wundervoll, der Ball wird vorgetragen bis vors Tor der Borussen, aber Patzek ist da, wirft sich dazwischen, gibt den Ball an einen Verteidiger und der Verteidiger schlägt weit ins Feld.[25]

Und hier ein Beispiel für eine von der neuen Regel geschaffene Abseitssituation.

> Tempo ruft das Publikum, Tempo! Die Spieler haben wirklich alles getan, was in ihren Kräften steht und sie werden das Tempo kaum mehr forcieren können. Michael Rohde gibt eine *ausgezeichnete Flanke* zu Jürgensen, der steht auf der Strafraumlinie, sein Schuß prallt von Schütz ab und Stupp gibt ihn nach vorne zum Sturm, da ist Kuzorra, (Geschrei des Publikums) der ist nach links gelaufen, er läuft der Flanke... der linke Stürmer *gibt steil durch zu Szepan, der ist abseits!* Hat er gepfiffen? Ja, er hat gepfiffen![26]

Wie man hören kann, wurde Fußball ein Geschwindigkeitssport. Die erhöhte Dynamik machte Reaktionsschnelligkeit zur wichtigsten Tugend des Spielers, nicht nur beim Torwart, sondern vor allem auch beim Stürmer und im Mittelfeld. Innerhalb weniger Sekunden muss der Spieler den Ball annehmen, stoppen, die Lage erkennen, entscheiden, was zu tun ist, und weitergeben.

> Jetzt kommen die Deutschen etwas mehr ins Spiel, jetzt läuft der Ball. Grahmlich zu Leinberger, Leinberger zu Krumm. Schön! Jetzt stoppen, kucken wer frei steht![27]

Fußball hörte auf, ein agonales Ritual lokaler Machtkämpfe zu sein, was es in seinen Ursprüngen einmal war.[28] Fußball wurde stattdessen zum Test auf die Reaktionszeit unter Bedingungen einer durch die Abseitsregel dramatisch veränderten Merkwelt. Das Gleiche gilt im Übrigen auch vom Rugby (1863 differenzierte sich Football aus in Rugby und »Soccer«[29]).

Aus: Edmund Schulze, *Die veränderte Welt. Eine Bilderfibel unserer Zeit.* Mit einer Einleitung von Ernst Jünger, Breslau 1933

Dass die Einführung der neuen Abseitsregel 1925 ein Radioeffekt war, lässt sich nur vermuten, nicht beweisen. Aber schließlich zwingen erst die Anforderungen des akustischen Mediums den Sport zu Beschleunigungsmaßnahmen. (Ein ähnlicher Zusammenhang dürfte zwischen Fernsehübertragung und Rückpassregel bestehen.) Mit der Abseitsregel träte Fußball also in eine medial vermittelte Realität ein.

Ein Fußballsport, der schon immer seine Direktübertragung im Radio simuliert, wird zum Bewegungskrieg – fortan müssen die Spieler die Benjamin'sche Rezeption in der Zerstreuung einüben. Wie rückständig die Wahrnehmung der Sportler gegenüber den beschleunigten Ereignissen war, zeigt der deutliche Anstieg der Tore, die nach 1925 pro Spiel fielen. Radio ist das Medium, das diese Tests exponiert. Ernst Jünger hat wie nur noch Walter Benjamin diesen Zusammenhang zwischen Sport und arbeitswissenschaftlichen Eignungstests erkannt.

Wie ein Kommentar zu den hier wiedergegebenen Bildern liest sich ein Paralipomenon Benjamins zum Kunstwerk-Aufsatz:

> Grundlage des Sports bildet ein System von Vorschriften, das menschliche Verhaltensweisen in letzter Instanz der Messung durch die elementaren physikalischen Maßstäbe zuführt: der Messung nach Sekunden und Zentimetern. Es sind diese Messungen, die den sportlichen Rekord etablieren. Die alte agonale Form verschwindet zusehens aus der modernen Sportübung [...] Damit ist der zeitgemäße Standort der Sportübung festgestellt. Er löst sich vom agonalen ab, um die Richtung des Tests einzuschlagen. Dem Test in seiner modernen Gestalt ist nichts geläufiger, als den Menschen an einer Apparatur zu messen. Gemessen an der Apparatur der Tests ist die sportliche ungemein primitiv. Aber zum Unterschied von der sportlichen Leistung kann die Leistung am mechanisierten Test nicht ausgestellt werden.[30]

Radio ist das Medium, in dem die Testleistung im Wort ausgestellt wird. In der Sportreportage tritt Das Wort ein in den Test-Zusammenhang von Schockrezeption und Reaktionszeit. Das Sprechen muss Vollzug einer erweiterten Apperzeption werden. Zeit des Ereignisses und Zeit des Sagens gehen eine Verbindung ein, die ihrerseits eine Reaktionsleistung abverlangt. Der ideale Reporter koppelt in seiner Rede das »Vor-Augen-Stellen« – die actualitas der Rhetorik bzw. die »Verlebendigung« der Ästhetik des 18. Jahrhunderts – mit den Reaktionszeitmessungen der Psychophysiologie. »Er [der Sprecher] muß mit wenigen Worten Bilder malen können, das unfaßbare Fluidum einer Stimmung sprachlich fassen, und er muß dies alles in Bruchteilen einer Sekunde tun können.«[31] Das Wort darf nicht zu spät kommen, ebenso wenig wie der Pass. *Timing* ist für den genialen Reporter ebenso das Geheimnis wie für den genialen Fußballer.

> Es gibt Einwurf für Deutschland! Einwurf: Bergmeier wirft, zwölf Meter vor der Eckfahne, wirft zu Kuzorra, der zurückgegangen ist, Kuzorra gibt zu Heitkamp zurück, der Meraner flankt auf das Tor los, Goodale ist zur Stelle und wehrt ab. Bergmeier läuft Flanke, flankt exakt auf den Elfmeterpunkt! – (aufbrausendes Geschrei) – Volleyschuß!! – (Aufschrei) *TOR!!! – TOR!!!* Achtung hier ist der Länderkampf Deutschland – England im deutschen Stadion zu Berlin, hier sind alle deutschen Sender, der Kampf steht in der zweiten Halbzeit, fünf Minuten nach Beginn der zweiten Hälfte, zwo zu zwo![32]

Ungeeignet, so Arno Schirokauer in einem sensationellen Text vom Januar 1927 über den »Sportsprecher«, sind Reporter mit zu langen Reaktionszeiten.

> Was zu fordern ist, zeige ich am besten an einem Fehler, mit dem die Ansage des [...] Derby im Juli vorigen Jahres schloß: Als das Rennen vorbei war, die Pferde kehrten zur Wage [!] zurück, erhob sich erst leise und fröhlich, dann mächtig und aufbrausend, jagend wie Springflut ein unendliches Gelächter, eine tolle und wahnsinnige Heiterkeit. Viel zu spät begann erst der Sportsprecher [...]: »Ich muß Ihnen hier erst etwas erklären. Das Publikum lacht; Ferro, auf dem Wege zur Wage [!] zurück, beißt in den Lorbeerkranz. Scheint Hunger zu haben – frißt an dem Lorbeerkranz.«
> Das war ein schwerer Fehler der Ansage.[33]

Der Reporter besteht vor dem Mikrophon – seiner Testapparatur – und dem Publikum – dem Examinator – nur, wenn seine Worte in Echtzeit mit der Geräuschkulisse interagieren. Das wird vor allem in Fällen deutlich, in denen diese imaginäre Interaktion scheitert, wie im folgenden – ziemlich drastischen – Beispiel einer misslungenen Sportreportage:

> Der Ball kommt sehr gut vors Tor, alle springen hoch, alle Gestalten recken sich, die Arme nach hinten gestreckt – – (plötzlicher langanhaltender Aufschrei der Menge) – – – – *Etwas Tolles ist inzwischen geschehen!* Es ist ein Tor geschossen worden für Hertha.[34]

Zwischen den zerebral ausgelösten Sprachzeichen (des Reporters) und den spinal ausgelösten »Naturzeichen« (der Menge) tut sich ein Abgrund auf. Eine Entfremdung wird merklich, die bewusst macht, was tatsächlich ja auch der Fall ist, dass der Reporter und »seine« Zuhörer an den Radioempfängern nicht an Ort, Zeit und Handlung des Dramas teilhaben. Die dionysische Reflexkopplung zwischen Akteuren, Chor, Chorführer und Zuschauern ist unterbrochen. Aber es gibt noch eine Art der Reaktionszeit, die den Begriff der Reaktion selber transzendiert. Es ist dies die Reaktion, die der Aktion antizipierend vorausgeht. Als Fehler der Apperzeption ist diese »höhere Form« der Reaktion schon lange in den Laboratorien der Experimentellen Psychologie bzw. der Psychophysik bekannt. Lichtreize werden eher gesehen, als sie tatsächlich gegeben werden, Zeichen schreiben sich wie von Geisterhand, bevor die Versuchsperson bewusst zum Schreiben angesetzt hat.[35] Solche Reaktionen, die an ihren gegen Null gehenden oder sogar negativen Reaktionszeiten erkannt werden, werden aus der Ergebnisstatistik einer Versuchsreihe eliminiert. Der Reporter jedoch, der schon vorausahnt, was in der nächsten Sekunde geschieht, der sagt, was erst geschehen wird, wird dadurch einerseits erst zum wahren Reporter und hört andererseits auf, bloß Reporter zu sein. Die Testperson, deren sprachliche Reaktion dem Reiz vorauseilt, ist vielmehr Dichter.

Ein solcher Dichter war Fritz Wenzel, der bereits genannte Sportreporter der Schlesischen Funkstunde. Im Jahr 1926 entdeckte er die Möglichkeit von Hörspielen außerhalb der Senderäume. Die Akteure des Hörspiels waren zwei 100-m-Läufer namens Körnig und Houben. Die Bühne waren die »Ostdeutschen Kampfspiele«, die die Schlesische Funkstunde übertrug. Es war die erste Übertragung einer Leichtathletik-Veranstaltung im deutschen Radio überhaupt, und Wenzels Reportage des 100-m-Laufes sollte den zukünftigen Status des Wortes in der Radioreportage definieren.

> (Totenstille) Fertig! Los! (Aufbrausen) – – Houben vorn!! (Tosen) – Körnig greift an! (Körnig!! Körnig!!) Kommt vorbei!! (rasender Jubel) Houben schwankt – Houben stürzt!! (Aufschrei!) – Körnig – allein vorn – schwankt!! (Aufschrei!) – stürzt durchs Ziel – als Sieger! (allgemeine Verwirrung).[36]

100-Meter-Sprints stellen Extremsituationen für den Kommentar dar, in denen der Sprecher ein Ereignis, dessen zeitliche Dauer nur wenige Sekunden beträgt, praktisch in Echtzeit schildern *muss*. Während es bei einem Fußballspiel oft keine Rolle spielt, ob der Kommentar ein paar Sekunden hinterherhinkt oder nicht (mit Ausnahme von Tor- oder anderen ereignishaften Situationen), führt beim Sprint jede Abschweifung und jede Reflexion zum Verpassen des gesamten Ereignisses. Grund einer solchen fatalen Abschweifung kann zum Beispiel der Nationalismus des Reporters sein, der, wie etwa beim legendären 100-m-Lauf der Olympischen Spiele in Berlin 1936, die Übertragung vollständig ruiniert.

> USA gegen Europa! Der Kampf beginnt! Miller steht bereit, Pistole in der Hand! Alle liegen in einer Linie. Kein Laut regt sich im gewaltigen Stadion, atemlos verfolgt die Menge jetzt den Start. Auf die Plätze, fertig, (Schuß) LOS! Wie eine Phalanx sind sie losgeschossen, der Holländer ist vorn, jetzt kommt schon Jesse Owens, zurück liegt Metcalf, Borchmeyer stampft verzweifelt! Auch der kleine Frank Wiecker vorne, unendlich weit – ins Ziel! – – – – – – Erster: Jesse Owens![37]

Während der Reporter aus Nationalismus meinte, berichten zu müssen, wo die deutschen Läufer liegen, verpasste er den Moment, in dem Owens und Metcalf die Ziellinie passierten.

## IV.

Das Ereignis, das die Reportage antizipierend herbeiruft, ist allein präsent im Geräusch. Im Fall von Autorennen sind die Autos als ihre Motorengeräusche gegenwärtig; in anderen Fällen aber, beim Torschuss, beim Boxen (z.B. Schmelings rechter Haken 1936, der Joe Louis zu Boden streckte), in der Leichtathletik, ist es allein in der Reaktion der Zuschauer anwesend. Die Reportage über das, was geschieht, ist also meist eine Kommunikationsbeziehung zwischen Sprecher und dem Geräusch der Masse, die einzig und allein im Radio existiert. Weil die Sportreportage im Radio dergestalt die Kommunikationssituation des antiken Dramas zwischen Vorsänger und Chor als »virtual reality« reproduziert, sind promovierte Literaturwissenschaftler wie Arno Schirokauer berufen, diese Beziehung in ihrer Wahrheit zu denken.

Diese Wahrheit des dichterischen Wortes wie die Wahrheit der Sportreportage liegt nicht darin, dass es oder sie ein Ereignis, eine Sache bezeichnet, also eine Präsenz nachträglich repräsentiert.

> Erklären taugt nicht; schneller als die schwer bewegliche und komplizierte Masse muß er [der Sportsprecher] das Wesentliche sehen, den fruchtbaren Moment erfassen, ihn ahnen; er darf niemals erklären, was war, er muß vorhersagen, was kommen wird.[38]

Das *Wesen der Sprache* des Radios liegt in der antizipierenden Apperzeption. »Ehe das Lachen der Zuschauermasse über eine Komik des Augenblicks zu uns dringt, müssen wir die Komik erfaßt haben, ehe der Jubelruf über den Sieg unser Ohr trifft, müssen wir den Sieger kennen.«[39] Die Antizipation des Reizes durch die Reaktion, die vorauseilende Apperzeption, wandelt die Testsituation in den Geburtsort des dichterischen Wortes um. »Das Wort«, wird Heidegger später sagen, »verschafft dem Ding erst das Sein.«[40] Ebenso verschafft der Pass in den freien Raum (beim Doppelpass etwa), der die Bewegung des Stürmers antizipiert, dem Spiel erst das Sein. Apperzeption des genialen Fußballspielers (Marke Bernd Schuster) und die Apperzeption des Dichters (Marke Stefan George) sind verwandt. Das dem Ereignis vorauseilende Wort des Reporters und der Pass in den freien Raum entsprechen einander. Daher ist der Vorschlag, den man in einem Beitrag der Zeitschrift *Funk* von 1928 lesen konnte, künftige Sportreporter aus dem Kreis der Dichter und Rezitatoren zu rekrutieren, durchaus konsequent.[41]

Antizipierende Reaktion kehrt den Zeitsinn des Zeichens um: das im Radio ausgestellte Wort geht dem Ereignis voraus als Zeichen einer gegenüber der Masse erweiterten/geschärften Apperzeption, deren Examination am Empfänger einen neuen Begriff von Unterhaltung definiert.

> Vor tausend Augen sieht sein [des Sportsprechers] Auge zuerst, aus kleinen Anzeichen sieht er visionär die Jagd entstehen, die Finten durchschaut er, den Angriff erkennt er in der Entwicklung; des echten Sehers Beruf ist der seine, aus Zeichen die Dinge zu deuten, das Werdende schon fertig und ganz zu sehen.[42]

Das ist beileibe nicht allein die Auffassung eines Literaturwissenschaftlers im Jahre 1 nach *Sein und Zeit*. In der Sache, wenn auch nicht im Diskurs, völlig solidarisch ist der Sportreporter Fritz Wenzel selber:

> Das Wort, das er [der Reporter] aus der Sekunde und der Stimmung heraus schafft, muß die verworrenen Geräusche zu völliger Klarheit, ja zu optischer Suggestion erheben. Er muß sich in alle Schwingungen der Geräusche hineinfühlen, sie benutzen, beschreiben, ausdeuten, ja selbst vorausahnen und vorausverkündigen.[43]

Heideggers Sprachphilosophie der 50er Jahre, könnte man meinen, ist während des Hörens von Sportreportagen entstanden.

> Das Wort zeigt jäh ein anderes, höheres Walten. Es ist nicht mehr nur benennender Griff nach dem schon vorgestellten Anwesenden, nicht nur Mittel der Darstellung des Vorliegenden. Dem entgegen verleiht das Wort erst Anwesen, d. h. Sein, worin etwas als Seiendes erscheint.[44]

Was Heidegger 1958 über »Das Wort« sagt, trifft das Wesen der Sportreportage unmittelbar – sei es die Reportage über den 100-m-Lauf zwischen Körnig und Houben, oder sei es die Schilderung der beiden italienischen Tore im Fußballländerspiel Italien–Deutschland in Bologna vom Januar 1933, denen das Wort »Tor« des Reporters erst »Anwesen« verleiht.

> Achtung, hier ist das Vittoriale in Bologna, hier ist der Fußball-Länderkampf Deutschland – Italien. Meine Damen und Herren, das Spiel steht eins zu null für Deutschland. Eckball! Malik ist zurückgegangen, wehrt ab zu Korbierski. Korbierski am Ball. Oh! Er kanoniert den Italiener an, der ihm gegenübersteht. Dann weite Vorlage nach rechts! Gasperri zieht über den Kopf! Wehrt ab! Unheimlich ballgewandt, wie die Italiener eben sind. Piccolo, aus Florenz, Leinberger im Nahkampf, die Italiener feuern einander an – den Ball – jetzt ist Fiavio, Vorlage zu Orsi, genaue Strategie, die Deutschen auseinander zu ziehen, vom Strafraum weg. Haringer, Meazza, Costadino schießt! Schießt Wendel an! Der Ball prallt zurück, sonst wär's ein Tor! Wiederum Angriff der Italiener – Volleyschuß Meazza! –

> *Noch einmal!! – TOR!!!* (Torschrei der Menge – -) – - - - Achtung! Länderkampf Deutschland – Italien! – Die italienischen Stürmer küssen einander ab – der Länderkampf steht eins zu eins!
> [...].
> Aber der deutsche Innensturm bleibt hängen vor der Strafraumlinie. Abwehr von Gianni! Hoher Ball nach links, Leinberger verliert den, äh, Bergmeier verliert den Ball vor den nachsetzenden italienischen Läufern – Bertolini – schon ist der freistehende Orsi wieder am Ball – Grahmlich hat zuviel im Innenraum zu tun! – *Fiavio: flankt! – Meazza köpfbereit! – Trifft Costadino!! – - TOR!!!* (Torschrei der Menge – -) – - – Meine Damen und Herren, alles was recht ist! Der Hexenkessel von Bologna ist erwacht![45]

Ein solches Wort, das dichterische Wort wie das Radio-Wort des Sportreporters, hat mithin die Form des Rufes. Es benennt nicht das im Ohr als Gehörtes bereits (von der Übertragung) vorgestellte Anwesende, es ruft das Ereignis allererst ins Sein.

Und weil das Sportereignis im Radio meist im Aufschrei des Massenpublikums haust, ruft der Sportreporter das Ereignis durch den Ruf, der an die Masse ergeht. Und daher ist der Sportreporter mehr als ein Dichter. Er ist Führer. Schirokauer:

> Aufgabe des Sportsprechers ist: Vorsänger zu sein, Führer durch die Erschütterungen des Wettkampfs. Nach seinem Ruf soll als tausendfach dröhnende Bestätigung der Chor, die Menge, die brüllende Bestie sich entsetzen, jubeln, feiern, jauchzen.[46]

1929 wünschte sich ein Journalist, der Alfred Braun für eine Radiozeitschrift interviewte, alle Funkreporter sollten nach dem Vorbild von Sportreportern ausgebildet werden. »Es fehlen uns auf den anderen Gebieten die Funkreporter, die wir bereits als Sportsprecher bei Uebertragung sportlicher Veranstaltungen haben [...] Man sollte meinen, daß das, was auf diesem Gebiete möglich ist, auch auf dem großen Gebiete des Lebensspieles möglich sein muß.«[47] Der Mann blieb nicht unerhört. Nicht zufällig wahrscheinlich begann der erste Wahlkampf, der massiv mit den Medien Lautsprecher und Radio geführt wurde, am 11. Februar 1933 im Berliner Sportpalast. Weil Hitler allein im schalltoten Raum vor dem Mikrophon versagte, lieh Goebbels seinen Auftritten die Form der Reportage. Hitlers Wahlkampfreden inszenierten *live* im Sportpalast die virtuelle Realität der Kommunikation zwischen Sportreporter und Masse im Radio, die nur am Empfänger erfahrbar ist. Was am 11. Februar 1933 und bis März 1933 noch mindestens sechs weitere Male im Radio lief, war mithin Radio. Daher auch die Verdoppelung des Sportreporters zu einem Führer in der Arena, nach dessen Ruf die brüllende Bestie jauchzt, jubelt und tobt, und zu einem

Reporter Goebbels, der den Führer ansagt. 1927 hatte Schirokauer gefordert, dass das Hörspiel/die Sportreportage die Überwindung der Demokratie in der Kunst sein solle. Doch der Sport fiel aus; stattdessen stieg der Sportreporter aus dem »Off«.

1 Anonym, »Dr. Carl Diem über Rundfunk und Sport«, *Funk* 1 (1924), 70.
2 Anonym (Anm. 1), 70.
3 Vgl. Michael Geyer, *Deutsche Rüstungspolitik 1860–1980*, Frankfurt/M 1984, 120.
4 Carl Diem, »Sport und Funk«, *Funk* 3, 1926, 292.
5 Anonym (Anm. 1), 70.
6 Vgl. Friedrich Kittler, *Grammophon Film Typewriter*, Berlin 1986, 149.
7 Lee de Forest, *Father of Radio. The Autobiography of Lee de Forest*, Chicago 1950, 350 f.
8 Vgl. Wolfgang Hagen, »Der Radioruf«, in: Martin Stingelin, Wolfgang Scherer (Hg.), *HardWar / SoftWar. Krieg und Medien 1914 bis 1945*, München 1991, 257.
9 Wolfgang Kaupisch, Alfred Braun, Gespräch mit dem früheren Chefreporter der Berliner Funkstunde zum 70. Geburtstag des ehemaligen Reichsrundfunkkommissars Dr. Hans Bredow, 26. 11. 1949. Tondokument, Deutsches Rundfunk-Archiv (DRA), Nr. 49.7069.
10 Alfred Braun, »Die Aufgaben des Sprechers«, *Funk* 2 (1925), 3.
11 Braun (Anm. 10), 3. Für die Hörer, die sich nicht selbst mit dem Radiogerät verwechseln und eine innere Einstellung nicht zu brauchen meinen, ist gemäß Braun die Ansage nichts anderes als »irgendein Geräusch«, das ihnen »zur Einstellung ihres Empfängers« dient. Die Alternative zur inneren Einstellung ist mithin das Testsignal. Einstimmung des Hörers oder Abstimmung des Empfängers.
12 Werner Menzel, »Die Tugenden des Sprechers«, *Funk* 4 (1927), 65–66, hier: 65.
13 Vgl. Fritz Ernst Bettauer, »Wege und Irrwege des Mikrophons«, *Funk* 4 (1927), 265–266, hier: 265.
14 P. Gehne, »›Achtung! Hier Flugzeug D 370!‹. Die Vorführungen ›Funk und Flug‹ auf der vierten Großen Deutschen Funkausstellung«, *Funk* 4 (1927), 315–317, hier: 315.
15 Anonym, »Startbericht vom Nordpol-Flug«, *Funk* 5 (1928), 158.
16 Vgl. Kaupisch, Braun (Anm. 9). Vgl. ebenfalls: Anonym, Vierundzwanzig Stunden vor dem Lautsprecher. Chamberlins Ozeanflug im Rundfunk. – Eine Nacht der Spannungen, *Funk* 4 (1927), 195–196, hier: 195.
17 Hans Schäfer, »Die gerichtete Funkentelegraphie im Felde und der Richtempfang«, *Prometheus* 31 (1920), 35–38, 43–45, 51–52, hier: 51.
18 Vgl. Theodor W. Adorno, »Über den Fetischcharakter in der Musik und die Regression des Hörens«, *Zeitschrift für Sozialforschung* 7 (1938), 321–356, hier: 348.
19 Vgl. Stefan Kaufmann, *Kommunikationstechnik und Kriegführung 1815–1945. Stufen telemedialer Rüstung*, München 1996, 284.
20 Vgl. Paul Laven, »Aus dem Erinnerungsbrevier eines Rundfunkpioniers«, in: Gerhard Hay (Hg.), *Literatur und Rundfunk 1923–1933*, Hildesheim 1973, 5–39, hier: 21.
21 Vgl. Fritz Wenzel, »Die Übertragung sportlicher Wettkämpfe«, *Funk* 3 (1926), 224.
22 Vgl. Laven (Anm. 21), 22.
23 Fritz Wenzel, »Die Übertragung sportlicher Wettkämpfe«, *Funk* 4, 1927, 234.
24 Vgl. Henning Eichberg, *Leistung, Spannung, Geschwindigkeit. Sport und Tanz im gesellschaftlichen Wandel des 18./19. Jahrhunderts*, Stuttgart 1978, 114 f. Ganz zu schweigen von der Situation vor 1878, wo jeder Spieler abseits war, der sich vor dem Ball befand.
25 O-Ton-Transskription der Rundfunk-Reportage vom Fußballspiel Hertha BSC gegen Tennis Borussia am 27. April 1930. DRA-Nr. 93 U 5592/8.
26 O-Ton-Transskription der Rundfunk-Reportage vom Fußballländerspiel Deutschland gegen Dänemark (4:2) am 21. September 1931. DRA-Nr. 74 U 3256/10. Ko-Kommentator war Paul Laven.

27 O-Ton-Transskription der Rundfunk-Reportage vom Fußballländerspiel Italien gegen Deutschland (2:1) in Bologna am 1. Januar 1933. DRA-Nr. 52.13865. 63 U 3009.

28 Vgl. Horst Bredekamp, *Florentiner Fußball. Die Renaissance der Spiele: Calcio als Fest der Medici*, Frankfurt/M. u. a. 1993.

29 Vgl. Eichberg (Anm. 25), 107.

30 Walter Benjamin, »Paralipomena, Varianten und Varia zur ersten Fassung von Das Kunstwerk im Zeitalter seiner technischen Reproduzierbarkeit«, *Gesammelte Schriften*, hg. Rolf Tiedemann, Hermann Schweppenhäuser, Frankfurt/M 1980, I.3, 1039–1044, hier: 1039f.

31 Menzel (Anm. 12), 65.

32 O-Ton-Transskription der Rundfunk-Reportage vom Fußballländerspiel Deutschland gegen England (3:3) am 16. Mai 1930. DRA-Nr. 52.13263. 63 U 3009. Der Reporter berichtet das Tor für Deutschland nahezu in Echtzeit.

33 Arno Schirokauer, »Der Sportsprecher«, *Funk* 4 (1927), 23.

34 O-Ton-Transskription der Rundfunk-Reportage vom Fußballspiel Hertha BSC Tennis Borussia (Anm. 26).

35 Vgl. Theodor Fechner, *Elemente der Psychophysik*, 3. Aufl., Leipzig 1907. Wilhelm Wundt, *Grundzüge der physiologischen Psychologie*, 6. Aufl., Leipzig 1908, Bd. I.

36 Fritz Wenzel, »Die Übertragung sportlicher Wettkämpfe« (Anm. 22), 224.

37 O-Ton-Transskription der Rundfunk-Reportage vom 100-m-Lauf, Olympische Sommerspiele 1936 in Berlin, 3. August. DRA-Nr. C 282. 63 U 3020.

38 Schirokauer (Anm. 34), 23.

39 Menzel (Anm. 12), 65.

40 Martin Heidegger, »Das Wesen der Sprache«, in: *Unterwegs zur Sprache*, 7. Aufl., Pfullingen 1982, 157–216, hier: 164.

41 Vgl. W.M., »Wettkampf der Rundfunkreporter«, *Funk* 5 (1928), 102.

42 Schirokauer (Anm. 34), 23.

43 Wenzel, »Die Übertragung sportlicher Wettkämpfe« (Anm. 22), 224.

44 Heidegger, »Das Wort«, in: *Unterwegs zur Sprache* (Anm. 41), 217–238, hier: 227.

45 O-Ton-Transskription der Rundfunk-Reportage vom Fußballländerspiel Italien gegen Deutschland (Anm. 28). Die Reaktion des Reporters antizipiert die der Zuschauer jedes Mal um Sekundenbruchteile.

46 Schirokauer (Anm. 34), 23.

47 Anonym, »Der rasende Funkreporter. Alfred Braun, Leiter der Funkstunde Berlin, über Augenblicksreportage im Rundfunk«, *Die Funkgemeinde* (1929), Nr. 3, 5–10, hier: 10.

OLIVER THOMAS DOMZALSKI

# Ballett im Radio

*Ein Lob der Konferenzschaltung*

## *Prolog*

Mit meinem ersten eigenen Radio – einem schwarzen Koffergerät, das in meinem Bett stand – entdeckte ich im Alter von etwa 13 Jahren die Bundesliga. Aber wie das mit einer ersten Freundin so ist: Die wahre Ursache und den Wert des Fiebers, das mich da allsamstäglich zwischen 16.55 und 17.20 Uhr erfasste, begriff ich noch nicht. Ich nutzte das Radio zunächst nur deshalb, weil die »Sportschau« noch unentdeckt oder verboten war; der Fernseher war gerade neu im Haus, sein Gebrauch streng rationiert. Als mein Apparat dann kaputtging, wechselte ich umstandslos und bereitwillig das Medium. Ich wandte mich Ernst Huberty und seiner »Sportschau« zu – auch deshalb übrigens, weil es einfach nicht gepasst hätte, auf der für Hugo Wolf und Richard Strauß reservierten, elterlichen Marantz-Stereoanlage Fußballübertragungen zu hören.

Von nun an führte mein Kofferradio eine Aschenputtel-Existenz – als ungeliebter Spannungskiller und als Notlösung für schlecht geplante Samstage: »Sport und Musik« auf SFB 2 hörte ich nur, wenn ich wusste, dass später am Nachmittag kein Fernseher in Reichweite sein würde. An allen andern Spieltagen versuchte ich panisch, bloß keine akustischen Informationen über Spielstände und -ergebnisse aufzuschnappen, um mir nicht die Vorfreude zu nehmen – und das, obwohl doch zwischen 17.48 und 18.30 gerade mal drei miserabel kommentierte (Holger Obermann!) Filmberichte gezeigt und die übrigen Ergebnisse gleich zu Beginn der Sendung schnöde verraten wurden. Bundesliga im Radio – das war damals gut für die Ferien (per Weltempfänger kommt die Meisterschaft mühelos über die Alpen), für die Studienaufenthalte in Zürich und Florenz, für Autoreisen. Aber es war kein Wert an sich.

Viel später erst fand die Läuterung statt. Zum einen kam SAT 1 mit der ausgedehnten Fußballshow »ran«, die viel zu viel vom Samstagabend verschlang. Zum anderen kam Tochter Milena, und der Fernseher musste am Vorabend ausgeschaltet bleiben. Und außerdem stellte sich Altersweisheit ein, die mich erkennen ließ, welchen Schatz das Radio hier seit jeher bereit hielt – die Konferenzschaltung.

Wer an einem Sonntag durch eine italienische Stadt schlendert, dem ist das Bild vertraut: Am Nachmittag machen die einheimischen Familien einen Spaziergang. Die Kinder sind picobello angezogen und die Mamma achtet auf peinlichste Sauberkeit. Der Papa allerdings schert sich wenig um Weib und herausgeputzte Kinder. Er presst ein kleines Radio ans Ohr. Daraus dringt erregtes Gequäke. Als »Corrispondenti« bezeichnete Verbal-Kalaschnikows präsentieren die Spiele der Serie A mit 3000 heiser herausgebrüllten Silben pro Minute live aus den Stadien.

In Deutschland liegen die Dinge etwas anders: Die Väter vermeiden den Dauerkonflikt zwischen Familienansprüchen und Fußballneigung und seilen sich am Samstagnachmittag lieber ab – selbstverständlich zur Erledigung höchst dringender und zugleich geräuscharmer Tätigkeiten: das Auto waschen oder dran rumschrauben, in der Garage rumkruschteln oder den Hobbykeller aufräumen. Rasenmäher und Kettensäge bleiben still. Seit der Erfindung des Kopfhörers wird notfalls sogar das schlafende Baby durch den Wald geschoben – aber nur, wenn keine kommunikationsbedürftige Mutter mit will. Schließlich muß man ungestört Radio hören. Vor allem zwischen 16 Uhr 55 und 17 Uhr 20.

Jeder, der samstags um diese Zeit schon einmal das Radio eingeschaltet hat, weiß: Auf mehreren Kanälen läuft Fußball, unüberhörbar live aus den Stadien und mit aufgeregten Reportern am Mikrofon, die atemlos einige Spielsequenzen schildern (»Und Deisler bringt die Flanke von rechts punktgenau in den Strafraum findet aber keinen Mitspieler und der Angriff ist abgefangen und sofort geht es in die Gegenrichtung und ein langer Ball von Effenberg und der Ball ist im Aus ...«), um dann rätselhafterweise von einem Kollegen abgelöst zu werden, der mit anderer Stimme und anderen Spielernamen, aber ebenso vielen »unds« etwa dasselbe sagt – so jedenfalls mag es dem Laien erscheinen. Aber der hat ohnehin längst weitergeschaltet und ahnt nichts davon, dass Millionen seiner Mitbürger gepackt an ihren Radiogeräten hängen. Und dass die Zelebrierung dieser Messe wichtig genug ist, um sogar die 17-Uhr-Nachrichten einfach wegfallen zu lassen.

Die Idee stammt von den Sportredakteuren des Norddeutschen und des Westdeutschen Rundfunks. Bereits am allerersten Spieltag der neugegründeten Liga, am 24. August 1963, wurden die Reporter aus den Stadien in Münster, Gelsenkirchen und Bremen zusammengeschaltet. Da sie noch mit ganz banalen Telefonapparaten aus den Stadien berichteten, wurde die Verbindung seinerzeit mithilfe der umständlich zu beantragenden »Konferenzschaltung« hergestellt – einer Einrichtung, die von der Bundespost eigentlich für fernmündliche Geschäftsbesprechungen zwischen mehr als 2 Teilnehmern entwickelt wurde. Der Name allerdings blieb.

Schon bald berichtete das Radio dann an jedem Spieltag während der letzten 20–25 Minuten live von sämtlichen um 15:30 beginnenden Bundesligabegegnungen. Das waren zunächst acht Spiele, mit der Aufstockung der Bundesliga auf 18 Mannschaften 1965 dann sogar neun Partien. Nach der Erfindung der Freitagabendspiele, der Sonntagsspiele, der Samstagabendspiele schmolz die Zahl im Verlauf der Jahre allerdings bedrohlich zusammen – in der Saison 2000/2001 manchmal auf kümmerliche vier Begegnungen. Dank des neuen Spielplans für die Saison 2001/02 hat die Konferenzschaltung in der laufenden Saison jene Aufwertung erfahren, die ihr längst gebührte: Samstags um 15.30 werden im Regelfall wieder sieben Spiele ausgetragen. Und die unverwüstliche Popularität der Hörfunkreportagen war im August dieses Jahres ausschlaggebend dafür, dass SAT 1 mit seinem Versuch, den Fernschfußball erst ab 20.15 Uhr zu zeigen, so grandios scheiterte: Millionen TV-Gucker desertierten zum Radio und boykottierten »ran«.

Selbstverständlich gab es Fußballübertragungen im Radio schon lange vor 1963. Herbert Zimmermanns Reportage vom WM-Finale 1954 (*»Halten Sie mich für verrückt! Halten Sie mich für übergeschnappt!«*) ist Legende – und übrigens ein großes Werk der Literatur. Aber eine solche Einzelreportage, in der ein Berichterstatter sich und die Zuhörer 105 Minuten lang mit einem einzigen, alles entscheidenden Spiel verbindet, ist etwas ganz anderes. Die Konferenzschaltung allein bietet die geeignete Form, um die Gleichzeitigkeit und Interdependenz der Meisterschaftsspiele abzubilden, die im Ligamodus des »Jeder gegen jeden« organisiert sind. Samstags nachmittags sind Zuhörer und Reporter nicht nur am jeweiligen Ort des Geschehens präsent, sondern im Geiste stets auch in einer Hand voll anderer Stadien zu Gast. Dies spielt insbesondere zum Ende der Saison eine Rolle, wenn die ausschlaggebenden Spiele stattfinden. In den vergangenen drei Jahren erlebte das Radio am jeweils letzten Bundesligaspieltag – wie auch schon in früheren Spielzeiten – wahre Sternstunden. Die dramatischen Kämpfe gegen den Abstieg, zuletzt in den Jahren 1999 und 2000, und um die beiden letzten Meistertitel haben sich vor allem den Radiohörern in unvergeßlicher Weise ins Gedächtnis gegraben. Weil das Radio leistete, was kein anderes Medium je wird schaffen können: Es erzeugte Gleichzeitigkeit – also die Einheit von Zeit und Handlung trotz separierter Räume. Denn die Entscheidungen – sowohl die über die Meisterschaft als auch die über den Abstieg – fallen selten in einem einzigen Spiel. Sie sind vielmehr Resultat einer Kombination von Spielausgängen. So hing beispielsweise am 29. Mai 1999 die Antwort auf die Frage, ob Eintracht Frankfurt (erwartungsgemäß) absteigen würde, nicht nur von ihrem eigenen Heimspiel gegen Kaiserslautern ab – ein hoher Sieg musste auf jeden Fall her –, sondern auch davon, dass entweder Rostock in Bochum oder Nürnberg daheim gegen Freiburg verlieren würden.

Nun: Das bloße Resultat des Abstiegskampfs am letzten Spieltag 1998/99 – Frankfurt siegt 5:1, Rostock 3:2, Nürnberg verliert 1:2 und steigt ab – liest sich etwa so nüchtern wie der Versuch, die Dramatik des »Othello« zu vermitteln mit den knappen Worten »Mann verdächtigt seine Frau fälschlich der Untreue und tötet zuerst sie und dann sich selbst.« Es war die Dramaturgie der Spielverläufe und die durch das Medium gewährleistete Simultaneität, die daraus eine Tragödie antiken Zuschnitts machten: Die Nürnberger konnten sich bis etwa 20 Minuten vor Schluss trotz Rückstandes gegen Freiburg sicher fühlen. Kein Mensch glaubte, dass die Frankfurter tatsächlich mit vier Toren Differenz gegen Kaiserslautern siegen würden. Noch unwahrscheinlicher war, dass die chronisch auswärtsschwachen Rostocker ihren Rückstand in Bochum noch in einen Sieg umwandeln würden. Dass genau dies Unglaubliche geschah, konnte in all seiner Dramatik nur das Radio vermitteln. Weil die Reporter selbst erst nach und nach – in exakter Synchronie mit ihren Zuhörern – begriffen, an was für einer dramatischen Aufführung sie da gerade beteiligt waren. Zeit für mediale Inszenierungen gab es nicht. Die Reporter tauchten in den emotionalen Strudel des Geschehens ein – allen voran der Franke Günter Koch, der den Abstieg seiner »Clubberer« mit fassungslosem Entsetzen und authentischer Verzweiflung vermeldete. Hört man sich die CD des WDR an, die nach dieser Konferenzschaltung der Saison 1999 gepresst wurde, bekommt man bis heute – jedes Mal neu und trotz Kenntnis der Ergebnisse – eine Gänsehaut, so bei Günter Kochs mittlerweile kanonisierten Ausrufen »*Wir melden uns vom Abgrund!*« und »*Ich will das nicht mehr sehen!*« Welches andere Hörspiel würde einem auch noch in der Wiederholung die Tränen in die Augen treiben, und wo sonst wäre Gleichzeitigkeit so perfekt, dass sie einen selbst noch in konservierter Gestalt unmittelbar zu packen vermag?

Da kann das Fernsehen mit seinen zusammengeschnittenen Berichten nicht konkurrieren – zumal sich der Zuschauer selbst dann, wenn ihm die Resultate des Nachmittags nicht geläufig sind, niemals dem Wissen entziehen kann, eine Konserve vorgesetzt zu bekommen. Die Spieler haben das Stadion längst verlassen, wenn er vor dem Fernseher Platz nimmt und sich Spannung vorspielen lässt. Und diese Spannung soll zudem noch mit dem unzulänglichen Mittel des Nacheinander erzielt werden – ein Filmbericht nach dem anderen, wo alle Spiele in Wahrheit doch um 15 Uhr 30 begonnen haben. Eben gleichzeitig.

Eine geradezu verwirrende Steigerung dieser Gleichzeitigkeit ergibt sich übrigens, sitzt man mit seinem Radio tatsächlich in einem der besagten Stadien – eine Verdoppelung des Geschehens, der sich am letzten Spieltag der Saison in der Regel mindestens die Hälfte der Zuschauer verschreibt. Das Spiel unten auf dem Rasen ist zugleich dauerhaft und, in seiner Brechung durch die Rundfunkübertragung, transitorisch. Wahrlich eine interessante Erfahrung in Sachen Schizophrenie, die man beispielsweise ein Jahr nach der oben beschriebenen Konferenz des letzten Spieltags 1999 erneut im Frankfurter Waldstadion machen konnte. An diesem 17. Mai 2000 war die Konstellation eine andere: Nachdem klar war, dass Rostock sich (erneut) retten würde, kämpften unten auf dem Platz die Frankfurter Eintracht (erneut) und der SSV Ulm in einer hochspannenden zweiten Halbzeit um die Existenz. Gleichzeitig zitterten jene, die noch ein Ohr dafür hatten – die meisten Anwesenden hatten allerdings nur noch Augen für die taumelnde Eintracht und allenfalls ein Kopfschütteln für die Leverkusener übrig, die gerade in Unterhaching lächerlichst die Meisterschaft vergeigten , am Radio mit: Auf vier anderen Plätzen tobte der Kampf um die Europacup-Plätze, dessen Momentaufnahmen in surrealer Weise das Geschehen auf dem Rasen überlagerten und durchwirkten. Zwischendurch wunderte man sich, dass die Akteure dort unten überhaupt noch Konzentration für das Spiel aufbrachten, wo doch gerade Kaiserslautern in Führung gegangen war und damit Hertha BSC die Tür zur Champions League geöffnet hatte, welche die Berliner allerdings mit dem eigenen Hintern wieder zuschlugen. Kehrte man zwischen den Einblendungen aus Stuttgart (»*Liebe Radieschenzupfer und Autoputzer am Radio, ich erkläre Ihnen nochmal die Konstellation.*«), Berlin (zwischendurch bei Punkt- und Torgleichheit mit Stuttgart wegen der weniger geschossenen Tore auf Platz 7, am Ende glücklich Sechster und damit wenigstens UEFA-Cup-Teilnehmer), Kaiserslautern und Wolfsburg (auch noch mal kurz mit im Spiel um einen UEFA-Cup-Platz) mal wieder mit den Augen auf den Frankfurter Rasen zurück, kamen einem die Spielszenen dort wie fetzenhafte Einblendungen und Ausschnitte vor. Das Bewusstsein, Augenzeuge eines kompletten und für sich stehenden Fußballspiels zu sein, löste sich gänzlich in den Interferenzen und Interventionen aus dem Äther auf.

Die Konferenzschaltung folgt einer strengen Choreographie: Etwa im Minutentakt geht es reihum durch die Stadien, die Abfolge kann nur durch Tore – »*Tor in Dortmund! Tor in Dortmund, Jochen Hageleit!*« – sowie durch Elfmeter, Platzverweise oder den Schlusspfiff unterbrochen werden.

Insbesondere an langweiligen Spieltagen tun die Reporter das ihre, um den vertrauten Eindruck des Immergleichen zu verstärken. Für ihre Phrasen gilt dann dasselbe wie für den Rasen: Sie präsentieren sich in gewohnt guter Verfassung und sind glänzend bespielbar – vom eröffnenden »*Nach wie vor steht es null zu null*« über die atemberaubende Feststellung »*Noch tasten sich die Mannschaften ab*« und den gut abgehangenen Cliffhanger »*Diese Situation nehmen wir noch mit*« bis zur Feststellung »*Der Kuchen ist gegessen*« bzw. »*Die Messe ist gelesen*« und zur militärisch knapp geschnarrten Floskel »*Weiter in Hamburg*« oder auch »*Zurück ins Funkhaus*«. Der Elfmeter wird natürlich stets vom »*ominösen Punkt*« aus geschossen, auf den der Schiedsrichter zuvor »*ohne zu zögern gezeigt hat*«.

Gerne greift man zu den »*äußerlichen Bedingungen*«, wird ein Vorwand gesucht, um sich in der öffentlich-rechtlichen Phrasenkiste zu bedienen. Und da diese Kiste bekanntlich klein und flach ist, werden alle Reporter in nahezu identischer Weise fündig: »*Die Zuschauer können sich bei bitterer Kälte immerhin am frühen Tor von Jeremies erwärmen.*« (Karl-Heinz Kas aus München) – »*Was bisher zu sehen ist, vermag die Zuschauer kaum zu erwärmen bei diesem Wetter.*« (Tom Bayer aus Gelsenkirchen) – »*Die einzigen, die bei diesem Wetter heiß sind, sind die Ulmer Spieler.*« (Oliver Frick aus Stuttgart; alle am selben Tag). Auch sehr beliebt: »*Beide Mannschaften haben gewaltig Rost angesetzt in der Winterpause.*« (Edgar Endres).
Zu den charakteristischen Eigenheiten der Konferenzschaltung gehören schließlich auch der erregte Einwortsatz:

»*DasistnichtmehrnurPechdasistschonUnvermögen.*« – »*UnddannKruse undToooooooorundzweizueinsdannliegensiealleaufdemTorschützen*«–»*Jetzt kommensieindenStrafraumundjetztfordernsieElfmeterundWinnieSchäfer renntwütendandenPlatzabernichtsistHerthaimGegenzugnachdemdieKarlsruherimmernochprotestierenaberEckeEckeundTooooooooooor!*«

Den Phrasen und den Stilblüten der Konferenzschaltung – »*Kahn ist derzeit in einer unbestechlichen Form*« (Sabine Töpperwien) – hat Ror Wolf in seinem Hörspiel »Schwierigkeiten beim Umschalten« übrigens ein Denkmal von bleibendem Wert gesetzt.

Aber damit genug der Häme. Die Konferenzschaltung ist ja kein Sprachspiel mit ganz eigenen Marotten, vielmehr lebt sie davon, dass demokratisch und egalitär verfahren wird: Am allsamstäglichen Gesamtkunstwerk dürfen große Meister wie Günter Koch (Bayerischer Rundfunk) ebenso mitwirken wie charismafreie Beamte vom Schlage eines Dirk Schmitt (Hessischer Rundfunk), lokale Sumpfblüten wie Wolfgang Mönch (Sender

Freies Berlin), militante Berufsbayern wie Karl-Heinz Kas (Bayerischer Rundfunk; »*Die Bayerne könnan ein Toa machne*«) oder auch Sabine Töpperwien (Westdeutscher Rundfunk), die Königin der sinnentstellenden Betonung und des unmotivierten Schreis. Erst das Zusammenwirken aller Korrespondenten und ihrer regionalen wie persönlichen Eigenheiten ergibt den typischen, für sprachkundige Zuhörer immer auch ein bißchen wohligquälenden Soundmix dieses Balletts im Radio.

Die Konferenzschaltung ist das letzte nicht moderierte Gespräch im medialen Raum. Um 16.55 klinken sich die Studiomoderatoren der einzelnen Funkhäuser aus und überlassen den Äther der freien, wilden Konversation der Reporter. Man fällt einander ins Wort – »*Rote Karte in Rostock! Hans-Peter, einen Augenblick! Rote Karte in Rostock!*« –, bettelt verzweifelt um Gehör – »*Hallo Hamburg! Hallo Bremen! Hier in Dortmund ist etwas passiert!*« – und hört einander nicht: Sabine Töpperwien quasselt noch weiter, als selbst die Hörer in Neuseeland schon mitgekriegt haben, dass ihr Kollege Hendrik Vogt aus Bremen gerne ein Tor vermelden würde.

Ein großer Künstler des Radios ist Werner Hansch gewesen – bevor er sich vom Fernsehsender SAT1 einkaufen ließ. Seit der Metaphernfreund aber gegen real existierende Fernsehbilder anschmieden muss, gerät ihm ein Bild ums andere daneben. Er wirkt wie ein gefesselter Riese – und ihn im Fernsehen anhören zu müssen ist so traurig wie ein Theaterabend bei der Abschiedstournee eines einst großen Schauspielers durch die Provinz. Sein Schicksal zeigt *ex negativo*, wie anspruchsvoll die Aufgabe der Radioreporter tatsächlich ist und was die Angehörigen dieser Berufsgruppe allsamstäglich leisten. Die Fußballreporter müssen ein Bild im Kopf erzeugen (und es nicht nur durch knappe Worte begleiten). Ihre Sprache muß reicher, genauer und bildhafter sein als die der Fernsehleute. Etwa so: »*Die Flanke kommt auf Agostinos Heldenbrust, der läßt den Ball abperlen, schaut den Bremer Torwart böse an und drischt die Kugel dann aus 9 Metern ins Netz.*« (Günter Koch im August 2000). Sie müssen den medialen Raum allein mit Worten füllen, wo anderen (vorgegebene) Bilder beistehen. Man kann es natürlich auch umgekehrt ausdrücken, wie es der leidenschaftliche Ruhrpott-Reporter Manfred Breuckmann vom WDR kürzlich in einem Interview getan hat, als er sinngemäß sagte: Mein Privileg ist es, die Bilder selbst zu machen.

Anders als das Fernsehen »zeigt« ein guter Radiomann seinem Zuhörer nicht nur das gesamte Spielfeld, sondern auch das Geschehen drumherum. Den Reportern steht frei, alles zu schildern, was sie von ihrem Stadionplatz aus sehen – sie müssen sich nicht aus der Enge eines Ü-Wagens heraus auf den Ausschnitt beschränken, den der TV-Kucker gerade sieht. Abseitssituationen, Flankenwechsel, taktische Aufstellungen, Fouls abseits des Spielgeschehens, aber auch Vorbereitungen zu Spielerwechseln, erregte Trainer am Spielfeldrand und Zuschauerreaktionen können so Teil der Live-Reportage werden – und zwar, das ist entscheidend, ohne dass der Zuhörer befürchten muss, gerade etwas anderes, Wichtigeres zu verpassen. Das Fernsehen kann immer nur *ein* Bild zeigen – der Radioreporter hat das Ganze im Blick und kann, ohne von der Geistesgegenwart der Bildregisseure und Kameraleute abhängig zu sein, blitzschnell vom Fanblock »umschalten« in den Strafraum.

Dass die Berichte live gesendet werden, bedeutet auch den Zwang zur Wahrhaftigkeit. Das dramaturgische Arbeitsmittel der »ran«-Sendung auf SAT1, die künstliche Spannungserzeugung durch manipulative Wiedergabe, ist dem Radio verwehrt. Stöhnen die Zuschauer, wie der unbestechliche Lautsprecher übermittelt, im Stadion bereits enttäuscht auf, kann der Reporter nicht mehr so tun, als sei der Ball noch heiß und die Torchance noch intakt. Auch über schwache Passagen und schlechte Spiele können sich die Rundfunkleute nicht hinwegmogeln, indem sie vermeintliche »Höhepunkte« auswählen. Die zeitweilige Ödnis des Bundesliga-Alltags muss das Radio im Verhältnis 1:1 abbilden – kann doch nicht jeder die gähnende Langeweile des berüchtigten »Sommerfußballs« so meisterhaft vermitteln wie Günter Koch im August 2000: »*Die Zuschauer schauen zur Uhr – noch eine Viertelstunde; sie schauen zur Flasche – die ist schon lange leer, und sie bewundern die tadellose Laufleistung des Schiedsrichters. Die Spieler sind alle im Schatten.*«

Verfolgt man solche Radiosendungen, ist sofort klar: heute bleibt der Fernsehapparat kalt. Der vergebliche Versuch eines Reporters, minutenlangem Ballgeschiebe an der Mittellinie etwas Spannung abzugewinnen, macht die Konferenzschaltung zur verläßlichen Warnung vor dem masochistischen Akt, sich diese Belanglosigkeiten in »ran« ein zweites Mal zu Gemüte zu führen. (Allenfalls, so erfährt der Hörer aus dem Radio, sollte er sich irgendwann und irgendwo drei der fünf Bayern-Tore und einen kuriosen Elfmeterpfiff aus Freiburg ansehen).

Womit wir bei einem weiteren, nicht zu unterschätzenden Vorzug der Konferenzschaltung sind: Sie spart enorm Zeit. Es genügt in der Regel, von 16:55 bis 17:20 Radio zu hören (die angebliche Auflage der Kirch-Gruppe, die Live-Einblendungen im Radio auf 40 Minuten pro Spieltag zu beschränken, erweist sich mithin als völlig unproblematisch). Vorher laufen auf den beteiligten Sendern meist schreckliche Sendungen namens »Sport und Musik« oder »Sportplatz«, in denen unbedarfte, schlecht informierte und gewöhnlich unaufmerksame Moderatoren die Zeit zwischen sporadischen Live-Einblendungen aus den Stadien zu überbrücken trachten. Dieser undankbaren Aufgabe stellen sich beispielsweise die unfähigsten aller deutschen Sportredakteure, diejenigen des Hessischen Rundfunks, indem sie bedauernswerten, halbprominenten Gästen wie etwa dem Ersatztorwart des Amateurvereins SV Wehen dumme Fragen stellen (»Wie sehen Sie das Spiel morgen?«) oder sinnloserweise Kommentare zu allen Zwischenständen entlocken (»Bayern in Bochum nach 8 Minuten noch immer 0:0 – für Sie eine Überraschung?«). Unterstützt werden diese Folterknechte ihrer gewöhnlich äußerst geduldigen Zuhörer von nicht minder talentierten Musikredakteuren, denen der Samstagnachmittag die Gelegenheit gibt, ihren offensichtlichen Hass auf alle Fußballfans durch die schlechtest denkbare Musikmischung auszuleben.

Also: 25 Minuten Radio reichen. Sie vermitteln mit größerer Spannung, was sich den Fernsehsendungen nur in zerdehnter, werbespotdurchsetzter Länge entnehmen lässt – und das auch noch unter Aufopferung einer sozial- und familienverträglichen Gestaltung des Samstagabends. Denn das Fernsehen, das sich früher mit 42 Minuten am späten Nachmittag begnügte (die »Sportschau« wurde von 17:48 bis 18:30 ausgestrahlt), griff mit der Zeit und der Privatisierung immer weiter aus, wandte sich den sportlichen Ereignissen des Tages immer länger und immer später zu. In der Saison 2001/2002 flimmern die ersten ohne Decoder empfangbaren, ausführlicheren Spielberichte nun schließlich ab 19:00 Uhr ins Wohnzimmer. Da hat sich beim Radiohörer der Puls bereits wieder beruhigt, der während der Live-Sendung nachmittags hochgegangen war.

Live – das heißt Bundesliga in Echtzeit. Nur die Konferenzschaltung deckt die geheimen Gesetzmäßigkeiten der Liga auf, die sich dem Fernsehglotzer auf immer entziehen: Am letzten Oktoberspieltag 1999 etwa gab es drei Elfmeter – alle wurden um 16:56 Uhr gepfiffen. Das Fernsehen verteilt diese Trias auf drei weit auseinanderliegende Berichte – im Radio hingegen wird die ursprünglich geplante Sequenz der Schaltungen binnen weniger Sekunden dreimal unterbrochen für den dramatischen Ruf *»Elfmeter! Elfmeter in …«*.

Ein weiteres Beispiel: Im nachträglichen Fernsehbericht dauerte es beim Spiel des SSV Ulm gegen Bayer Leverkusen im März 2000 keine Minute, bis aus dem Spielstand von 0:5 ein 0:8 geworden war. In der Realität und am Radio hingegen hatte das Hirn des fußballverrückten Zuhörers jeweils ausreichend Zeit, den ganzen gespeicherten Datenschrott abzurufen, der sich dort seit Jahrzehnten ansammelt, bevor es wieder einen neuen, historischen Zwischenstand aus Ulm gab.

Nach Ze Robertos Tor zum 0:6 begann die Assoziationsmaschine erstmals zu rattern. Die Bayern verloren so 1974/75 in Offenbach und eine Saison später in Frankfurt, oder? Aber bald stand es 0:7. Da war doch was mit Bayerns höchster Heimniederlage – gegen Schalke? Und Gladbach daheim gegen Bremen ebenfalls, oder nicht? Ze Robertos 0:8 verwies dann auf Joachim Ringelnatz. Dem Reimzwang geschuldet, schmiedete der einst über seinen vom Fußballwahn besessenen Protagonisten den paradoxen, aber heimniederlagengerechten Vers: »Er siegte immer, null zu acht.« Mit Bernd Schneiders Tor zum 0:9 waren wir bei Tennis Borussias Rekordniederlage, 1976/77 bei den Bayern – und vor allem bei der höchsten Heimniederlage der Bundesligageschichte, der von Tasmania 1900 Berlin gegen den damals noch so genannten Meidericher SV (1965/66).

Mit dem Ulmer Ehrentreffer allerdings war das datenverstopfte Hirn dann überfordert. Ein 1:9? Auch noch zu Hause? Gab's sowas überhaupt schon mal? Erst der Blick in die unbezahlbare Bundesliga-Anthologie »Als die Ente Amok lief« verriet: Ein 1:9 daheim hatte sich bisher nur die Mannschaft geleistet, die dieses Omen im Nomen trägt: Borussia Neunkirchen 1965/66 gegen 1860 München. Solche Erinnerungsarbeit bedarf der Muße. Und die verschafft das Radio, weil es nicht beschleunigt.

Den vorerst letzten Höhepunkt seiner Vermittlung von Dramen in Echtzeit setzte das Radio zum Saisonschluss 2000/2001, als es zwischen Bayern München und Schalke 04 um die Deutsche Meisterschaft ging. An diesem Tag zeigte sich ein weiterer Vorzug der Konferenzschaltung und des Mediums Radio an sich: seine Eignung für Peripatetiker. Denn die Spannung an diesem 19. Mai wäre im Sitzen überhaupt nicht zu ertragen gewesen; sie war es nur, indem man wie ein eingesperrtes Tier im Wohnzimmer oder im Garten oder auf einem Kinderspielplatz hin und her tigerte. Dabei sah zunächst alles wieder einmal so normal aus: Nach 89 Minuten hatte man sich in Gelsenkirchen bei sonnigem Wetter und fröhlich-resignativer Stimmung längst damit abgefunden, dass es nur die Vizemeisterschaft sein würde, weil man selbst zwar (mühsam) den erforderlichen Sieg gegen Unterhaching sichergestellt hatte und mit 5:3 führte, sich aber die Bayern gleichzeitig im Hamburg nicht mehr die Butter vom Brot nehmen zu lassen schienen, sondern das zur Meisterschaft noch fehlende Unentschieden – ein 0:0 – gegen den HSV hielten. Bis zur 90. Minute. Da ging der HSV plötzlich in Führung, was Schalke zum Deutschen Meister machte – jedenfalls dann, wenn sich das Zwischenergebnis aus Hamburg durch Schlusspfiff und Reportermeldung als Endergebnis bestätigen würde. Darauf warteten Millionen Zuhörer am Radio – und ein Mann am Mikrophon. Manfred Breuckmann vom WDR rief seinem Hamburger Konferenzschaltungskollegen Bleick flehentlich und in Form einer Geisterbeschwörung zu: »Wir brauchen das Endergebnis, Alex, bitte!«

Im Nachhinein liest sich dieser Satz nicht weniger schicksalstrunken als die letzten Worte Robert F. Scotts in seinem Südpol-Tagebuch. Denn was folgte, war die Katastrophe – das Spiel in Hamburg dauerte 94 Minuten, und nur die Radiohörer erfuhren, was im Gelsenkirchener Parkstadion niemand mehr wahrnahm: Bayern München gelang mit dem letzten Schuss der Bundesligasaison 2001/2002 noch der Ausgleich.

Schalke 04 war vier Minuten lang Meister gewesen. Und diese vier Minuten – ein Zeitraum, den das Fernsehen in der Regel auf 20 Sekunden reduziert, seziert, zerreißt, fragmentiert – dauerten im Radio exakt vier Minuten. Kein Regisseur war da außer der Realität. In Gelsenkirchen hatte man währenddessen bereits begonnen, mit einem Feuerwerk die Meisterschaft zu feiern. Nur Manfred Breuckmann nicht. Er wartete auf das Schlussresultat aus Hamburg – und als er es bekommen hatte, verstummte der Reporter. Man hörte aus dem Äther nur noch das im Stadion sich ausbreitende, den Jubel erstickende Entsetzen – und dazwischen die explodierenden Böller des absurd gewordenen, nicht mehr zu stoppenden Feuerwerks. Die Konferenzschaltung, die doch vom Reden lebt, hatte die einzige dem Ereignis angemessene Form gefunden – das Schweigen des Reporters im weißen Rauschen des Äthers.

RENÉ AGUIGAH

# Die Phantasie der Schallarchive

*Über das Radio von Walter Filz*

»On voit un chiffonier qui vient, hochant la tête,
Buttant, et se cognant aux murs comme un poëte...«
*Charles Baudelaire*

Bizarrer Zufall der Programmplanung: Am Vorabend des 11. September 2001, ausgerechnet, lief im Westdeutschen Rundfunk das Hörspiel »Kong konkret«, eine akustische Adaption jener Fabel vom Riesengorilla, der die zentralen Wolkenkratzer Manhattans bestieg – das Empire State Buildung im Originalfilm von 1933, im Remake von 1976 einen der Türme des World Trade Center. »Kong konkret« ist die erste von drei Sendungen, in denen Walter Filz von monströsen Bestien erzählt. Auf King Kong folgen Godzilla und der Weiße Hai – der eine entstieg den Fluten des Pazifik, um erst Tokio und später, in der Verfilmung von Roland Emmerich, die Hochhäuser von New York zu verwüsten, der andere ist, nicht nur an der amerikanischen Ostküste, zum Sinnbild für das aus dem Nichts emportauchende Böse geworden. »Triple Trauma« hat Filz seinen Dreiteiler genannt; die Ausstrahlung der zweiten und dritten Folge wurde wegen der schmerzhaft realen Anschläge auf New York und Washington verschoben.

Am Morgen danach schrieben sich die Feuilletonisten den Schock von der Seele und buchstabierten jene Wendung aus, die schon während der Ereignisse mehr als einem Fernsehkommentator über die Lippen ging: Alles wie im Kino. Eine Katastrophe, die »schon längst in unseren Bildwelten spukte« (*taz*), genauer: in jener »Spielart, die man als Kino der Attraktion bezeichnet« (*FR*), noch genauer: eine Katastrophe wie »im Trailer für den nächsten Demolition Blockbuster« (*taz*), und daher hätte es nicht überrascht, wenn irgendwann »grüne Männchen durchs Bild gelaufen wären« (*FAZ*). Also, die »Bilder, die wir da zu sehen bekamen auf den Bildschirmen, waren vertraut« (*SZ*), die »Referenz ist das Kino« (*FR*), der Unterschied war »kaum mehr wahrnehmbar zwischen diesen Aufnahmen und einer Kinosequenz von Industrial Light & Magic« (*SZ*), allerdings: »Man hatte das – man verzeihe den Ausdruck – tausendmal besser gesehen« (*FAZ*).

Die unablässig betonte Isomorphie der Dokumentations- und Kinobilder wurde mit einschlägigen Beispielen aus der Filmgeschichte belegt – »Independence Day«, »Towering Inferno«, immer wieder »King Kong« und »Godzilla« –, und einmütig mündeten diese Aufzählungen in das Bekenntnis schierer Ungläubigkeit über die Ereignisse von New York: Das konnte doch nicht wahr sein. War es aber doch. Und so schrieb am nächsten Tag mehr als eine Zeitung, die Realität, einerseits, hätte am 11. September über die dunkelste Phantasie, andererseits, gesiegt – die tatsächlichen Bomben über die Traumfabrik von Hollywood. Es war das »Ende der Fiktionen« (*FAZ*). Was aber sollte das sein, ein Ende der Fiktionen?

Walter Filz' »Kong konkret« beginnt mit einer tiefen, Vertrauen erweckenden Stimme, mit einem Märchenerzähler, der sagt: »Im Film ist alles wie in Wirklichkeit.« Ist es das? Folgt jetzt abermals die Litanei, die Fiktion und Realität in eins setzt? – »In Wirklichkeit ist alles schon gesagt, nur in anderem Zusammenhang. Auch alles Folgende ist schon gesagt worden, in Berichten, Reportagen, Interviews, Diskussionen. Gesagt und gesendet. Nichts wurde neu aufgenommen. Nichts bezieht sich wirklich auf King Kong. Nur in Wirklichkeit bezieht sich auf King Kong – alles.« So schlängelt der Text des Märchenerzählers dahin, vergisst schon im zweiten Satz die Bedeutung des ersten, um schließlich aufgezeichnete Äußerungen anzumoderieren; echt sollen sie sein und dann mit dem Film vom Riesengorilla assoziiert werden: Da ist sie, die Unterscheidung zwischen Realität und erfundenem Stoff. Und so erweist sich der Märchenerzähler als behutsamer als jene, die Wirklichkeit und Film nur noch verwechseln.[1] Geschichten, die von tatsächlichen *Ereignissen* handeln, und solche, die von erdachten handeln, zu unterscheiden, ist auch Jahrtausende nach Aristoteles unvermeidlich. Das ändert freilich nichts an der Einsicht, dass, neben dem Wirklichen und dem Unwirklichen, die *Sprache* der Fiktion etwas Drittes ist; dass sie, wie Michel Foucault vor fast vierzig Jahren schrieb, »jede Prosa und jede Poesie, jeden Roman und jede Reflexion unterschiedslos durchqueren« kann.[2] Man darf ergänzen: auch jedes Hörspiel und jedes Radiofeature.

In Wirklichkeit beginnt »Kong konkret« übrigens kurz vor dem Einsatz des Märchenerzählers. Das allererste Wort hat Sabine Christiansen, ihre nordische, leicht näselnde Stimme begrüßt die Zuhörer: »Das wollen wir heute diskutieren.« Es ist der erste von mehr als dreihundert Originaltönen, die dem Zuhörer in den folgenden gut fünfzig Minuten um die Ohren fliegen; rund 120 Stunden Archivmaterial aus Radio und Fernsehen wurden für die Trilogie abgehört, 25 Stunden ausgewählt und auf 600 Seiten transkribiert. »Kong konkret« ist, wie jedes Hörspiel von Walter Filz, eine gigantische O-Ton-Collage. Sie ist nicht nur das Ergebnis akribischer Fleißarbeit, nicht nur sprüht ihre Komposition vor Witz, darüber hinaus stellt die Form als solche die Frage nach dem Verhältnis zwischen Fiktion und Wirklichkeit. Die Töne liegen in Schichten nacheinander, nebeneinander, übereinander, sie rauschen vorbei, manche werden wiederholt, alles ist virtuos gruppiert, mit einem Wort: Die Collage fiktionalisiert. Und doch insistieren dieselben Töne auf ihrer spezifischen Authentizität: »Der Affe in echt«, lautet der Untertitel. Fast nichts wurde neu aufgenommen, das heißt, wer zu hören ist, hat längst unabhängig vom Hörspielautor ausgesagt, und zwar vor offenem Mikrophon. Wenn diese »King Kong«-Adaption noch von Horror handelt, dann vom Horror der öffentlichen Rede.

Aber der Reihe nach. Der Märchenerzähler (gesprochen von Wolfgang Kühne) wendet sich mit den äußeren Daten ans Publikum: »Die Zeit ist 1932, Kinozeit.« Die ohnehin schlichte Handlung der Vorlage wird auf ein Minimum reduziert und von einem Jungen (Konstantin Bülau) eher protokolliert als erzählt und in kleinen Einsprengseln über das Stück verteilt: Amerikanischer Filmregisseur geht auf Expeditionsreise, an Bord eine schöne Frau, auf unbekannter Insel finden sie einen Riesengorilla, der nach New York verschifft wird, wo er entkommt und so lange Unheil anrichtet, bis er von Kampfflugzeugen getötet wird. Während die beiden Erzählerfiguren also das dürre Skelett bereitstellen, geben die O-Töne das Fleisch ab. »Wie bekommen wir Fortschritt nach menschlichem Maß?«, lautet Sabine Christiansens Frage, die jeden Teil der Trilogie eröffnet – eine Art Leitfrage, denn jedes Monster wird an ein bestimmtes Thema gekoppelt: King Kong und das Medium Film, Godzilla und die Atomforschung, der Weiße Hai und der Massentourismus, drei Vektoren des Fortschritts aus den dreißiger, fünfziger und siebziger Jahren.

Nun wäre allein die Behauptung der Geburt von Horrorfilmen aus dem Geiste ihrer zeitgenössischen Phantasmen noch nicht besonders originell; dass etwa die japanische Echse ohne Atomwaffentests im Pazifik, keine zehn Jahre nach Hiroshima, ihren Kopf nicht aus dem Wasser gehoben hätte, macht schon der Film selbst zum Thema. Filz geht weiter. Er benutzt die vorgegebene Handlung als Hohlraum und stopft ihn mit seinen Archivfunden aus. Das gilt noch für die kleinsten Handlungsschritte: Wenn das Filmteam auf der Insel landet, sagt ein namenloser Moderator: »Draufhalten, kurz und schmerzlos«, und keiner weiß, ob er Kameras oder andere Schusswaffen meint; wenn der Affe durch New York rast, kommt eine rheinische Passantin zu Wort: »Unser jüngster Sohn hat ihm eine Banane gegeben«; wenn das junge Mädchen im »Weißen Hai« in den Atlantik springt, verbreitet ein Sportreporter anzügliche Stimmung: »Mit 18 Jahren ist sie ja noch entwicklungsfähig.« Erst wenn der Autor kurz davor ist, sich auf seinen lustvollen Abwegen zu verlieren, pfeift ihn der Erzähler gleichsam zurück: »Dann ist Tokio verwüstet, und das Monster geht wieder ins Meer zurück«, heißt es in der »Godzilla«-Sendung, »aber es kann jederzeit wiederkommen«. Danach ernste Männerstimmen aus den Tiefen der Radiogeschichte: »Die militärische Lage ist unklar«, »Abschreckung durch einen raschen und massiven Vergeltungsschlag«, »Die Zeit ist gekommen, wo das ganze Volk der 100 Millionen Japaner zusammenstehen muss«. »Godzilla generell« wäre am 11. September ausgestrahlt worden.

Es ist nicht das einzige Mal, dass man bekannte Töne hört, für sich genommen klingen eine ganze Reihe von ihnen vertraut. »Teufelswerk oder Heilsweg« – wer wüsste zu sagen, ob die Radiostimme über das Atom- oder Biozeitalter spricht? Filz' Kunst besteht darin, das Vertraute seltsam unvertraut zu machen, ohne es allerdings einer letzten Wertung zuzuführen. Kino, Hörfunk und Fernsehen finden sich alle auf demselben Niveau wieder: in Form des O-Tons. Filz' Radio funktioniert als allesfressende Medienverwertungsmaschine. Es stellt, vornehmer gesagt, die Topoi seiner Quellen aus, manchmal beiläufig, dann wieder pointiert, aber immer weiß der Autor, dass er sich im Radio nicht wirklich über sie erheben kann. Filz thematisiert, wie Medien Themen thematisieren, er unternimmt eine Beobachtung zweiter Ordnung, er fragt, wie Medien Realität konstruieren und nicht, wie sie sie verzerren – wenn man so will, die Umsetzung der Medientheorie Luhmanns mit den Mitteln des Radios.

Kurz nach der Hälfte von »Kong konkret«, wenn das geschwätzige Personal bereits über Tierhaltung, Traumdeutung, Dokudramen, die Versuchungen des Regisseurs und andere Botschaften aus der Tiefe diskutiert hat, da ist es abermals Sabine Christiansen, die eine Schalllawine ins Rollen bringt: »Wie und wo setzen wir die Grenzen?«, fragt sie, und es ist gleich, ob es sich bei dieser »Schlüsselfrage des Jahrhunderts« um Atomforschung, Massentourismus oder Gentechnik handelt. Hauptsache: »Ich habe auch den Eindruck, es geht in der Tat um das Überschreiten von Grenzen« (Hertha Däubler-Gmelin), »das überschreitet eine Grenze, die wir nicht überschreiten sollten« (Wolfgang Schäuble), aber »wo ist die Grenze?« (Christiansen), »da – da – da« (Schäuble). »Wir sollten nicht zuviel versprechen, sondern versuchen, Grenzpfähle aufzustellen«, sagt Jürgen Rüttgers noch, bevor er, »Wop! Wop! Wop!«, von einem Grenzpfähle einhämmernden Beat zum Schweigen gebracht wird. Nach den Monstergeschichten des

»Triple Trauma« hört man Christiansen und ihre honorigen Gäste nicht mehr mit denselben Ohren.

Walter Filz ist 1959 geboren, seit 1983 arbeitet er fürs Radio, seit 1997 autark im eigenen Studio. Er schreibt gewöhnliche kulturjournalistische Stücke, komplexe Features und seit Mitte der neunziger Jahre auch Hörspiele. Er ist nicht nur Autor, sondern auch Regisseur, Tontechniker und -ingenieur seiner Sendungen, meist belegt er eine Sprecherrolle selbst, manchmal schreibt er auch die Musik dazu – vielleicht ist in ihm ein Stück brechtscher Radioutopie Wirklichkeit geworden. Sicher ist: Wenn er in seinem Studio im Kölner Stadtteil Ehrenfeld sitzt, macht er nichts als Radio, von biographischen Notizen, die ihn auch als Fernsehautor ausweisen, sollte man sich nicht irritieren lassen. Es kann kein Zufall sein, dass in einem seiner Features zu hören ist, wie er schon als Zweijähriger das Wort »Mikrophon« aufs Tonband spricht. Mit dieser Passion – oder sollte man sagen: Konsequenz? – hängt zusammen, dass in »Triple Trauma« jede Ambition fehlt, mit dem Gruselpotenzial des Kinos mithalten zu wollen, es gibt keine Bestien aus akustischem Pappmaché. Als Filz dieses Jahr für sein Stück »Pitcher« (WDR 2000) den Hörspielpreis der Kriegsblinden erhielt, fand er in seiner Dankesrede dafür die lakonische Formel: »Ich habe Kino am liebsten im Kino.«[3]

Dahinter verbirgt sich nicht unbedingt eine elaborierte Hörspielästhetik, aber doch eine markante Position. Filz wendet sich gegen die verbreitete, zu Werbe-, Schul- und sonstigen Zwecken eingesetzte Sentenz, Hörspiel sei »Kino im Kopf«. Diese verfehle aber, so der ebenso schlichte wie zutreffende Einwand, die Spezifik des Mediums. Denn Geräusche im Radio evozierten gerade keine konkreten Bilder, schwarze oder grüne Telefone, eher seien sie Zeichen, die Begriffe übermittelten, das Telefonklingeln ein »Sound-Icon«. Dieser angedeuteten Hörspielsemiotik stehe eine zähe Tradition gegenüber, die dem Sehen vulgäre Oberflächenreize zuordne und ihm das Hören als den Fein- und Edelsinn entgegenhalte, »der uns bis in die Ultraschallbereiche transzendenter Wahrheiten horchen lasse«. Die Stimme als Sitz der Seele, das Gehör als ihr privilegierter Zugang, damit müsse Schluss sein – so lautet die angewandte Phonozentrismuskritik des Walter Filz. Eine prägnante, nicht unbescheidene Rede, die den »epigonalromantischen« Überbau ausgerechnet bei einer Reihe früherer Kriegsblinden-Preisträger, von Günter Eich (1953) über Ludwig Harig (1987) bis Werner Fritsch (1993), also im kleinen, aber feinen Kanon des deutschsprachigen Hörspiels, sucht – und findet.

Nun hat Walter Filz sein eigenes zentrales Stilmittel, die O-Ton-Collage, keineswegs neu fürs Hörspiel entdeckt. Besagter Ludwig Harig etwa hat 1969 ausschließlich authentisches Tonmaterial vom Staatsbegräbnis Konrad Adenauers verwendet, um die Floskeln zum Hörbild gefrieren zu lassen. Es war die Zeit, in der sich das Neue Hörspiel positionierte, ein Jahr zuvor hatten Ernst Jandl und Friederike Mayröcker den Hörspielpreis der Kriegsblinden erhalten. In den theoretischen Traktaten jener Zeit kam dem O-Ton eine politisch-emanzipatorische Rolle zu – ein spätes Echo auf Brechts Forderung, der Rundfunk müsse, wenn er sich vom Distributions- zum Kommunikationsapparat wandeln wolle, den »Hörer als Lieferanten organisieren«.[4] Filz' Beziehung zu dieser Erbschaft ist ambivalent: Wenn der damals junge Hörspieltheoretiker Friedrich Knilli bereits Anfang der sechziger Jahre die Umsetzung eines diesseitigen, »totalen Schallspiels« forderte,[5] so ist das gar nicht so weit entfernt von dem, was Filz seit seinem Feature »Zur Ästhetisierung des Katzenfutters im ausgehenden 20. Jahrhundert« (WDR 1990) zusammenbaut: Sprache, Musik und Geräusche klingen gleichberechtigt nebeneinander, allerdings in einem Schnitttempo, das die Hörer der ausgehenden Adenauer-Ära ebenso schwindeln gemacht hätte wie ein Film von Quentin Tarantino. Wenn aber Klaus Schöning O-Töne in offizielle und nicht offizielle scheidet, in solche die von Medien schon verbreitet sind, und andere, ist er dem Filz-Hörer keine große Hilfe.[6] Die Telepräsenz der ungezählten Talkshows, in denen alle und jeder sich äußern, ist für Filz' Radio ebenso unhintergehbar wie Luhmanns zum Gemeinplatz geronnene Weisheit, dass wir eben alles, was wir wissen, aus den Massenmedien wissen. Vom normativen Ballast der Theoretiker des Neuen Hörspiels hat er sich freigeschwommen. Die Stimme des Politikers wird in der Filz'schen Collage genauso verwendet und ver-rückt wie die der Hausfrau aus Marmagen, die erklärt, sie könne sich ein Leben ohne Tupperware nicht mehr vorstellen.

Und dennoch ist das Radio von Walter Filz keine unkritische Apparatur. Sein Hörspiel »Pitcher« erzählt die Geschichte eines bekannten, aber mittlerweile ausrangierten Sprechers (Joachim Kerzel), der vom herrschenden Stimmenkartell nur noch »stille Jobs« bekommt: Man folgt dem Mann ins Erzgebirge, wo er einen Sounddesigner ausfindig machen soll, der gealterte Stimmen wieder aufpolieren, das heißt: pitchen kann. Man erfährt tatsächlich etwas über die Gepflogenheiten des Soundgeschäfts und den Verbrauch von Stimmen, denn auch wenn der Plot erfunden ist, beharren die O-Töne – und die Anmoderation – doch wieder auf ihrer Echtheit: ein Sounddesigner, der erklärt, wie lange daran gefeilt wird, bis das »Paff« des Toasters frisch und das »Rums« der zufallenden Autotür satt klingen. Die Komik des Stücks lebt vom Aufeinanderprallen von Originalton- und Studioaufnahmen; einerseits die bemerkenswerte Stimme Joachim Kerzels, die man whiskygetränkt nennen würde, gehörte sie einem Film-Noir-Detektiv, andererseits der penetrant authentisch gesächselte Dialekt der O-Töne, und dazwischen der Hyperrealismus eines künstlichen Vogelzwitscherns.

Deutlicher wird Filz' Kulturkritik in seinen Features, wenn denn Kritik die Kunst des Unterscheidens und nicht die Pflicht zum Pessimismus meint. Zwei, drei disparate Phänomene werden nebeneinander gestellt und zu einer These zusammengeschnürt. Katzenfutter und menschliche Erotik zum Beispiel, die Stimme Gottes, die der Flughafenlautsprecher und die inneren Stimmen der psychisch Kranken, das Fernsehquiz und das bürgerliche Theater im Sinne Lessings. In dem Stück »Gak. Glibber Global« (WDR 1999) kommt seine Kunst des Klebens zu sich selbst. Die Geschichte des Kunststoffes als amerikanischer Traum, industrielle Forschung an Haftbändern, Götterspeise aus Bielefeld, das alles pappt Filz sorgfältig zusammen – nur um die Behauptung vorzutragen, dass sich die Struktur unserer Welt dahingehend verändern werde, dass bald alles mit allem »federnd stabil verbunden« sei? Eher schon, um einen für die jüngste Moderne konstitutiven Stoff eindringlich vorzuführen – und aus Spaß an der Selbstreflexion.

Walter Filz' Eltern haben einen Sammeltick. Wenn man dem Feature »Die Sachensammlung« (DLR Berlin 1996) glauben darf – und man darf, denn Filz ist Kulturjournalist und schreibt seine Features auf der Basis einer »gewissen Faktenlage«, wie er sagt –, dann haben sie ihre Wohnung voll gestellt mit liebenswerten Dingen, die so richtig keiner braucht. Und so verknüpft Filz die Fülle der elterlichen Räume, ganz poetisch, mit der Leere in den Werken des Künstlers Yves Klein. Diese Eltern haben ihrem Sohn die Sammelleidenschaft vererbt, so viel steht fest. Sein persönliches Archiv, malt man sich nach stundenlangem Hören aus, muss es an Größe und Komplexität mit Luhmanns legendärem Zettelkasten aufnehmen können. Er muss sich in seiner Sammlung ausgezeichnet zurechtfinden, denkt man, anders sind seine dezent ausgestellten Selbstzitate nicht zu erklären. Er muss immer wieder gierig auf neue Geräusche, Wortfetzen, Wortmüll sein, gierig sie mit dem Ohr zu durchstreifen und sie schließlich neu zusammenzubauen.

In der Literatur hat das 19. Jahrhundert den Raum der Imagination vom Traum in die Welt der Bücher verlagert, zeigte Foucault einst am Beispiel

Flauberts: »Schon einmal gesagte Wörter, genaue Bestandsaufnahmen, Massen an minderen Informationen, winzig kleine Teilstücke von Dokumenten und Reproduktionen von Reproduktionen tragen in der modernen Erfahrung die Mächte des Unmöglichen. Nur noch das emsige Rumoren der Wiederholung wird uns übermitteln können, was nur ein einziges Mal stattfindet. Das Imaginäre [...] erstreckt sich zwischen den Zeichen, von Buch zu Buch, im Zwischenraum des nochmals Gesagten und der Kommentare; es entsteht und bildet sich im Zwischen-den-Texten. Es ist ein Phänomen der Bibliothek.«[7] – Für Walter Filz, 130 Jahre später, ist die Arbeit über den Büchern allerdings nur Vorarbeit. Denn seine Phantastik ist ein Phänomen der Schallarchive.

1 Ein Beispiel von ungezählten für die alles und nichts sagende These, Fiktion und Realität seien dasselbe, ist etwa das Buch des amerikanischen Journalisten Neal Gabler: Das Leben, ein Film. Die Eroberung der Wirklichkeit durch das Entertainment, Berlin: Berlin Verlag 1999.

2 Michel Foucault: Distanz, Aspekt, Ursprung, in: Ders.: Schriften in vier Bänden. Dits et Ecrits. 1954–1969, Bd. 1, hg. v. Daniel Defert/François Ewald, übers. v. Michael Bischoff/Hans-Dieter Gondek/Hermann Kocyba, Frankfurt a. M: Suhrkamp 2001, S. 381.

3 Walter Filz: Metaphysische Moorbäder. Kurze Bitte: Die Rettung des Hörspiels vor dem Ächz, in: epd medien, Nr. 49, 23. Juni 2001. Der Text ist auch zugänglich unter http://www.epd.de/medien/2001/49leiter3.htm.

4 Bertolt Brecht: Der Rundfunk als Kommunikationsapparat, in: Gesammelte Werke in 20 Bänden, Frankfurt a. M.: Suhrkamp 1967, Bd. 18: Schriften zur Literatur und Kunst 1, S. 129.

5 Friedrich Knilli: Das Hörspiel. Mittel und Möglichkeiten eines totalen Schallspiels, Stuttgart: Kohlhammer 1961.

6 Vgl. Klaus Schöning: Der Konsument als Produzent?, in: Ders. (Hg.): Neues Hörspiel O-Ton. Der Konsument als Produzent. Versuche. Arbeitsberichte, Frankfurt a. M.: Suhrkamp 1974, S. 25.

7 Michel Foucault: Nachwort [zu Flaubert, G., Die Versuchung des Heiligen Antonius], in: Ders.: Schriften in vier Bänden, a. a. O., S. 402f.

KATHRIN RÖGGLA

# der akustische fichte

## *1. lesen*

das gibt es also auch, die geschichte einer stimme – man kann sie hören, wie sie sich über jahre hinweg entwickelt hat, zumindest bruchstückhaft. man kann sich fragen, wann was gekommen ist: das leicht affektierte, hamburgische, gut artikulierte, sanfte, fordernde, das kippende, kurz all die nuancen, die eine stimme ausmachen. was ist wann daraus verschwunden? was hat sich wann überlagert? ist alleine die jeweilige situation bestimmend oder ist tatsächlich eine art biographie hörbar aus den unterschiedlichen aufnahmen, die ich so zur verfügung habe: die »star club«-lesung vom 2.10.1966, die »st.pauli-interviews« aus dem jahr 1969, gesprächsmitschnitt vom juni 1979, und einige features vom ende der 70er bis anfang der 80er. immerhin eine zeitspanne von beinahe zwanzig jahren eines nur 51-jährigen lebens. professionell war diese stimme jedenfalls so ziemlich von anfang an. zumindest von dem ersten tondokument an, dem life-mitschnitt der legendären »star club«-lesung in eben jenem hamburger beat-club, dem ort, an dem sich die beatles formiert haben.

doch die legendäre »star club«-lesung gibt es ja mehrmals. zunächst mal als nummer 56 der philips twen-serie, heiß gesucht in sammlerkreisen, nicht so sehr wegen hubert fichte, so der popforscher johannes ullmeier, mehr wegen der beat-gruppe »ian and the zodiacs«, die mit fichte gemeinsam aufgetreten sind – die legendäre »star club«-lesung gibt es auch als »zeit«-artikel: »sie machten gemeinsame sache, sie dementierten das angebliche schisma zwischen der sub-, pop-kultur, die ihre kleidung und sprache und umgangsformen hat, und der seriösen, der höheren, der dunkel gekleideten ›eigentlichen‹ kultur... die diskrepanz schien fast ausgelöscht. der dichter fand zwanglos ein neues publikum«,[1] meinte dieter e. zimmer in der »zeit«, die damals noch mehr popkulturelle definitionsmacht gehabt haben muss – immerhin ist sie für fichte der auslöser gewesen, die »palette«,[2] seinen roman über das gleichnamige »szenelokal« zu schreiben, zumindest habe ein zeit-artikel aus dem oktober 64 über jenes lokal den gedanken erzeugt:

»sowas kannst du besser.« und in der »zeit« bestätigt dann auch ein ehemaliger palettianer die authentizität von fichtes »palette«. ja, fichte sei drei jahre lang in die palette gekommen und habe da mitgeschrieben, »was nur so aus uns heraussprudelte, ob erlebtes oder erfundenes, ganz egal…«.[3]

die legendäre starclub-lesung aus der »palette« kommt zunächst aber in der »palette« selbst vor und wird darin zur sicherheit selbst schon mal legendär: »zweitausend menschen. auf st. pauli, die nie sonst ein buch in die hand nehmen.« und: »ich stehe also vor euch und lese aus meinem buch. … ich möchte auch mal die fünf beatles sein: – hier ist mein sound. ich steh vor euch. das mach ich.«[4] doch was ist da eigentlich wirklich passiert? vertrauen wir den dokumenten!

zum geschlechtsverkehr kommt es jedenfalls nicht, zumindest zu keinem auf dem life-mitschnitt hörbaren. es werden aber auch keine anderen geräusche produziert, die obszön wirken könnten, da wird höchstens laut gelacht. doch, was das betrifft, da scheiden sich schon wieder die geister. denn die legendäre »star club«-lesung hört man ja heute nicht alleine, man hört sie zu zweit, und das nimmt dann unterschiedliche wege: der eine hört mehr das hamburgische der stimme, der andere mehr den kinderschauspieler darin. zunächst hören wir beide aber »ian and the zodiacs« »jäckideejack« spielen, »ein großer hit damals«, so lothar, danach erst beginnt fichte aus dem anfang des buches zu lesen.

dass die zuhörer die ganze sache eher lustig finden, bringt mich auf den gedanken, sein publikum müsste szene-fremd sein, so obszön und fremd wirke das laut herausgelachte dem text gegenüber – aber nein, lothar ist sich sicher: »das sind die palettianer!« und lacht selbst ein wenig windschief, was er auch darf, denn schließlich hat er die »palette« 1968 bei ihrem erscheinen schon begeistert gelesen und habe ganze passagen auswendig können –

aber das unterschiedliche hören geht schon weiter, denn lothar hört nicht so wie ich die verve in fichtes stimme, das ein wenig zu angestrengte des vorlesenden in einem raum mit schlechter akustik, den man erst mal erobern muss. dieses etwas forciertere nehme ich als gegensatz zu seiner sprecherartigen stimme im feature wahr, das lothar noch nicht kennt, und das etwas monotonere, gleichbleibend dringlichere als gegensatz zu seiner stimme als redender. auch ist zu bemerken, wie die musik stärker präsent ist, sie kommt einfacher besser rüber. doch das publikum kümmert das nicht, es ist ganz ohr, als fichte das »paletten-abc« liest, lacht über die slangausdrücke, lacht an seinem abc entlang – bei den wörtern für polizist, bei »senatscowboy, blauer« klatschen alle, und er muss eine pause machen.

selbst »dann würden die tunten immer noch ausgelacht, wenn sie beim regen im gebüsch stehen am dammtorbahnhof und sich gegenseitig die uhr aufziehen« finden alle ultrakomisch, bei einem platzt das lachen richtiggehend heraus, und fichte muss wieder raum lassen für den applaus. das kann er gut, diesen dialogmoment mit dem publikum auskosten, das hätte ich dann doch gerne gesehen –

doch das unterschiedliche hören geht schon weiter, denn lothar erinnert sich: dass der starclub ein eigenes label gehabt und regelmäßig life-mitschnitte publiziert habe. jetzt haben sie die noch mal als cd rausgebracht,[5] und in dem booklet sei zu lesen, was aus den leuten alles geworden ist. das finde er ganz schön eigentlich, aber die fichte-cd sei bei twen rausgekommen, einer zeitschrift, die jürgen möllemann, ja, der »ich mach's jetzt nochmal!«-möllemann anfang der 80er jahre noch mal rauszubringen versucht habe. »das waren zeiten«, erzählt lothar, »da haben zeitschriften labels gehabt, sogar die hörzu hatte eines, das dann ne rolling stones platte rausgebracht hat, die jetzt heiß gesucht wird.«

– aber 2000 leute, das glaube er nicht, das wäre ja das doppelte metropol!

– andererseits – dass die »star club«-lesung eigentlich ein flop gewesen sei, das könne er sich nicht vorstellen: dass »es« nicht funktioniert habe, und die ganze angelegenheit eine bloße promo-aktion von rowohlt gewesen sein soll. denn sowas gab es auch damals schon, ja, man glaubt es nur nicht in zeiten, in denen die werbeindustrie so tut, als würde sie alles zum ersten mal bewohnen. jedenfalls geschlossen zu dem zeitpunkt ihrer veröffentlichung: die reale »palette«.

## *2. sprechen*

das unterschiedliche hören funktioniert meist über differenz, d. h. es fällt einem auf, was einem fremd ist, ungewohnt, z. b. nehmen in deutschland alle meinen »österreichischen« und in österreich meinen »deutschen« akzent wahr, oder man stolpert über die spezifität eines wortschatzes, das zeittypische beispielsweise, wie semantische verstärker, die der sprechende fichte mit den worten: »unendlich«, »unheimlich«, »ungeheuerlich« einsetzt. diese verstärkung aus einer negation heraus, meint lothar, sei sehr zeittypisch, ein produkt der 60er und 70er jahre, »hört man heute gar nicht mehr«.

zum unterschiedlichen hören braucht man aber gar nicht jemand zweiten, das kann man auch alleine, denn beim wiederholten hören ändert sich schon eine menge in der wahrnehmung. und wenn man dann seine eindrücke nicht notiert hat, geht einem viel verloren. trotzdem weiß ich, dass ich beim ersten hören von fichtes stimme – das war sein feature »gott ist ein mathematiker« über afrikanische psychiatrie und kräuterheilkunst – nicht dachte: »kinderschauspieler!« ich dachte mehr: »knochentrocken!« und: »der liest ja nur!« und war erstaunt. denn schließlich ist ein feature ja mehr als ein text, zumindest was anderes, da geht es doch um akustik, also auch um unterschiedliche sounds, d. h. geräusche, klänge, töne, alle art von stimmen, interferenzen, überlagerungen, technische filter. ein feature, das ist doch eine collage, das sind abgemischte o-töne, jedenfalls eine barocke akustik und nicht nur eine barocke musikeinspielung. und das ist es aber: monteverdi zwischen knochentrockenem text – das kann nur aus den urzeiten des hörspiels stammen, ist zu vermuten, doch »gott ist ein mathematiker« ist anfang der 80er jahre entstanden, wie das booklet der cd verrät, die 2000 bei dem kölner label supposé[6] erschienenen ist. das booklet verrät aber auch, dass hubert fichte nicht nur eine stimme war, er war auch ein bild, besonders, wenn die fotografin leonore mau ihn fotografiert hat, mit der er die meisten reisen gemeinsam unternahm. wie gestochen sieht er aus, beinahe eine ikone. ja, ein bisschen fotoromanze liegt da in der luft!

und doch äußert er so was wie eifersucht auf das medium der fotografie in seiner »geschichte der empfindlichkeit«,[7] ja, es zeigt sich überhaupt ein gespanntes verhältnis zu den versuchen audiovisueller medien, sich der literatur zu bemächtigen. und so finden sich in dem gespräch von 1979 abfällige bemerkungen über die durchs fernsehen laufenden autoren, heftig abwehrende gesten, wie in folgender bemerkung fichtes:

– wir haben ja eine ungeheure äh ah lesefeindliche epoche. es wurden nie so viele bücher produziert, noch nie so viele bücher gekauft wie im augenblick. trotzdem glaube ich, dass – die medien, alle medien arbeiten eigentlich aus lesefeindlichkeit heraus für lesefeindliche äh – hörer, leser, zuschauer …

man kann sich der mühe nicht entziehen, wenn man es mit literatur zu tun hat und das muss man auch in allergrößter härte sagen, diese texte leider zu lesen … man kann literatur nicht in ein lutschbonbon in irgendetwas, was ich … ich weiß nicht, etwas schickes verwandeln, was alle unsere medien tun. … es ist sicher amüsanter … vorgelesen zu bekommen. aber das hat mit literatur nichts zu tun. … literatur sind buchstaben und nachdenken …«

und genauso hört sich das feature dann an, wie »buchstaben auf'm papier« – erstaunlich, wenn man an all die o-töne denkt, die sich in seinen texten wiederfinden, die ganze mündlichkeit darin, und zudem wie er über audiovisuelle medien schreibt, über filmschnitt, takes und stroboskopeffekte, dem verhältnis von medientechniken und geschichte, auch die eigene medialität in seinen texten reflektiert, aber in seiner radioarbeit das dann nicht umsetzt. sozusagen nicht genuin arbeitet sondern medienfremd. aber das sind ja zwei paar schuhe, kann man dann am telefon erfahren, wie man am telefon überhaupt so einiges erfahren kann zu fichtes ästhetik.

## *3. forschen*

ja, man könnte telefonieren, habe ich mir wohl gesagt, und eigentlich hätte ich gerne direkt mit fichte gesprochen, doch ihn bekommt man ja nicht an den apparat, wen ich aber an den apparat bekomme, ist merleau-ponty, d.h. merleau-ponty, wie ihn karin gerade liest, den merleau-ponty von »das mittelbare sprechen und die stimmen des schweigens«, der nicht von medien, sondern von unterschiedlichen weisen der körperlichen entäußerung, der interaktion mit der welt und den anderen spricht.
– wunderbar, unterbreche ich karin, das passt ja genau zu fichtes ästhetik, wenn er literatur in ihrer theatralität und in ihrem kommunikativen rahmen wahrnimmt – naja, meint sie, merleau-ponty spricht erstmal von sprache im allgemeinen, eben eine bestimmte weise der interaktion, die tradiert ist, d. h., man betritt beim sprechen einen bereich, den man nicht in der hand hat, der einen übersteigt. und so hört sich das am telefon an: »ein sprachlicher ausdruck steht immer vor dem hintergrund anderer sprachlicher ausdrücke, und ist immer nur eine falte im unermesslichen gewebe des sprechens.«[8] ich bin beeindruckt.
– also kein unmittelbares sprechen?
– ja, das sprechende subjekt drückt sich nicht aus, ein bewusstsein bedeutet immer entäußerung.
– und: es gibt keine authentizität, die durch das sprechen verloren gehen würde.
– also: immer schon inszenierung?
  und: intersubjektiv – kreuzung der sprachlichen gesten.
– eine geste macht man nicht allein.
– sag ich ja.

literatur nun reproduziere die sprache als sprache, führt karin fort, und da gibt es bestimmte strategien, sagt sie und verlässt ein wenig merleau-ponty. »zum beispiel« die sache mit der mündlichkeit in der schrift: »man glaubt, es mit unmittelbarkeit, nähe und authentischem zu tun zu haben, dabei erlebt man nur effekte, die durch einen hochartifziellen prozess erzeugt sind mittels sprachlicher strategien.«

- »und wie sehen die aus?«
- na, das dialektale wäre die billigste variante, das umgangssprachliche nachzumachen, sprachverschleifungen...
- das pointenhafte, kurze, der sprachwitz, die schnelligkeit der dialoge...
- oder das verweigern der bündelung einer sprachfigur, das offene!
- das spiel mit dem zufall. evozieren von beiläufigkeit...
- wahrscheinlich gibt es auch eine eigene tradition des mündlichen im schriftlichen.
- wo man doch sonst nur von schriftlichen traditionen spricht.
- obwohl in der mündlichkeit auch das gefühl von aktualität, von momenthaftigkeit erzeugt wird.
- aber hallo.

trotzdem musste auch fichte erstmal zuhören und mitschreiben, bevor er loslegen kann mit seiner mündlichkeit im text. drei jahre, wenn es sein muss, wie in der »palette«, um einen ort zu kennen, um die gesten, rituale, inszenierungen zu verstehen. das gehört zu seinen üblichen tätigkeiten, zu seinem selbstverständnis als autor: die übertragungen sprachlicher äußerungen vom akustischen in den schriftlichen bereich und umgekehrt: transkribieren und vorlesen beispielsweise oder interviews machen, nachdem man schriftlich fragen formuliert hat. kurz: schnittstellen zwischen mündlichkeit und schriftlichkeit auszuloten auf dem feld der literatur. und das nicht nur am schneidetisch, sondern mittels langjährigem einsatz: der autor bewegt sich in die szene hinein, die er porträtiert. und wenn er interviews macht, werden sich mit der zeit seine fragen ändern, die art und weise, wie er auf diese leute zugeht, wird sich ändern. er wird wissen, worauf es ankommt, und manches aus dem blick verlieren. und nicht nur die szene, auch er wird sich durch diesen vorgang verändern. es entsteht ethnologie als entwicklungsroman.

## *4. fragen*

fichte beim befragen kann man erleben auf den »st. pauli interviews«,[9] die ebenfalls im letzten jahr bei supposé herausgekommen sind, dem kölner label vom »kleinen griechenmarkt«, das auch die stimmen ciorans, von försters, flussers oder theweleits als ansprachen, reden, gespräche publiziert.

die »st. pauli interviews« sind hubert fichtes interviews mit mitarbeitern und mitarbeiterinnen des palais d'amour, welche in printform 1972 bei rowohlt erschienen sind,[10] nachdem sie bei wdr und ndr gesendet wurden. hier gibt es keinen text, der zuerst geschrieben, dann akustisch umgesetzt wird. hier ist man von anfang an akustisch, und inszeniert das dann nicht nach. nachgemachte gespräche findet man erst am ende als track fünf, aber noch bin ich am anfang und einfach nur erstaunt, wie schnell fichte das macht, wie er die fragen immer weiß, immer lückenlos weiterfragen kann, in angemessen eindringlichem tonfall, kaum merkbar insistierend. und es menschen gibt wie ulli, wolli, sandra und johnny, die lückenlos zu antworten wissen. da entsteht kein stottern und stolpern, kein gestammel, sich unterbrechen, peinliches verstummen, höchstens ein mißverständnis, das sofort wieder von fichte aufgefangen wird. und dabei wurde kaum geschnitten, was man hören würde, dazu sind zu viele hintergrundgeräusche da. es sind gespräche wie beruhigte pingpong-spiele über moralische vorstellungen, geschäfts-, aber auch lektüreerfahrungen, so glatt verlaufend, dass man das gefühl hat, es wurde geprobt. zumindest sind seine gesprächspartner von den fragen nicht überrascht, und haben ihm vielleicht schon oft darauf geantwortet, möglicherweise in denselben räumen, von denen man eine idee bekommt durch das ticken einer uhr, durch rauschen, durch ein glockenspiel oder plötzliche musik von »draußen« oder musik »drinnen«, bargeräusche, telefonklingeln und gläserklingen. jemand schenkt aus. mit sicherheit basieren die gespräche auf wiederholtem fragen, vorfragen, zwischenfragen, die erst den fragekatalog entstehen ließen, der möglicherweise auch schriftlich vorlag, aber absolut kein proustscher war.

der proustsche taucht erst bei track fünf auf, wenn sie aus der transkription der interviews vorlesen, fichte und wolli – ja, wolli liest mit. das ist dann quasi doppelt gemoppelt: das dokumentarische wird zum literarischen im produktionsprozeß, und das literarische wird wieder aufgeladen mit dokumentarischer authentizität durch die art der performance. doch, so zumindest mein eindruck, wolli liest besser, d. h. authentischer, denn fichte sitzt ein wenig in seiner sprecherstimme, seiner vorlesestimme drin, als wäre er nicht ganz in der gesprächssituation, sondern schon mehr im literarischen text. fichte und wolli also lesen die stelle, in der fichte wolli die fragen stellt, die man schon proust im proust'schen fragebogen gestellt hat, als er noch kein proust'scher fragebogen war – und fichte liest prousts antworten, und wolli wollis, und so wiederholt man die befragungssituation in mehrfacher hinsicht.

einen »virtuellen schriftsteller« habe fichte in wolli als gegenüber gehabt, so hans mayer in seinem text über die »interviews im palais d'amour«[11]: er habe im gegensatz zu den andern befragten einen produktiven widerstand zu fichtes methode der befragung gesetzt. zu hören ist wirklich, wie er die fragen oftmals nicht»versteht«, oder sie kommentiert, zurückfragt, und neins in rascher folge setzt, die man als etwas abwimmelndes interpretieren könnte. das macht aber auch sandra, die in der art und weise, wie sie spricht, sich doch etwas distanzierter verhält, zickig könnte man sagen, gar nicht so, wie hans mayer schreibt – als würde sie die situation allein als eine »angenehme form der öffentlichkeit« empfinden.

dass der widerstand gegen die befragung nicht stärker ausfiel, liegt sicher an den investitionen fichtes, monetärer und anderer art: am vermögen zu warten, am wiederkommen, der fähigkeit, abfuhren erhalten zu können, nochmals hingehen, neu ansetzen, einladen, insistieren. wir verhalten uns heute ja eher so, als wäre jede information sofort erhältlich, die vorstellung von geheimwissen in ganz profanem sinn ist nicht mehr vorhanden. gerade auf sexuellem gebiet wird ständig nur noch durchgerufen und nach einem statement zu diesem und jenem thema verlangt, und der befragte macht mit, als hätte er ein interesse, etwas auf diese weise bekannt zu geben. wahrscheinlich aber unterliegen wir heute wirklich ganz dem foucaultschen sprechzwang, alles bekannt zu geben, wenn es um sexualität geht, ständig auszuplaudern. angeblich machen das jetzt schon schüler und schülerinnen – was man so hört von schreibwerkstätten in schulen: dass die ihre sexuellen wünsche in anwesenheit des anderen geschlechts, in anwesenheit des lehrpersonals bekannt gäben, ohne dem gefühl einer eigenen obszönität ausgeliefert zu sein. obszön kommt einem heute höchstens das »vulgärpolitische« verlangen der lehrer von 1979 vor.

## *5. gefragt werden*

nur aneinander vorbeireden können sie ja nicht, denkt man sich anfangs, und behält doch unrecht. man muss doch mal in kontakt treten, heißt das doch kontakt-studium, was sich im juni 1979 in calw als begegnung von hubert fichte mit lehrern und lehrerinnen abgespielt hat. ein missverständnis alleine das schon, ist am ende zu erfahren, als fichte darum bittet, den begriff »kontakt-studium« übersetzt zu bekommen, denn den würde er nicht mehr verstehen, »so nach dem gespräch«, möchte man hinzufügen, aber das gehört zu den spekulationen, die man beim transkribieren automatisch unternimmt. aber es habe nichts mit kontakt im kommunikativen sinn zu tun, das ist »was technisches«, verstehe ich vor lauter knacken und rauschen kaum die antwort des lehrers am band, und das alleine blieb es dann auch.

in den siebzigern wurde es wohl unter lehrern üblich, medientechniken anzuwenden, bzw. dinge aufzunehmen, technisch abrufbar zu machen. entstanden sind dann total verrauschte raumaufnahmen voller knistern, knacken mit gar keiner aussteuerung. und wie hört sich ein raum voller lehrer 1979 an?

es ist zu hören: husten, klatschen, stühlerücken, wischen, klappern, lachen.

es ist zu hören, wie es schwierig ist mit den lehrern, wie der erfahrungshintergrund der schule immer wieder auf fichte prallt, neben dem andersartigen aufeinanderprallen der leicht betulich-schwäbischen oder badischen sprechweisen der lehrer, und dem leicht hamburgischen, leicht – sehr leichtgekünstelten, wohlartikulierten sprechen von fichte. nach einer weile sitzt man ja in einer stimme drin. man hat sich eingewohnt sozusagen und versteht langsam mehr, es wird mit der zeit einfacher, semantik aus dem rauschen zu holen. durchs transkribieren bekommt man auf materiale weise mit, was geredet wird und wie mündliches denken funktioniert. man erfährt es als dialogisches denken, das aus gemeinsam und gegeneinander entwickelten gedankengängen entsteht. man bekommt mit, wie seine struktur aussieht, die mündliche syntax mit all ihren einschüben, unterbrechungen, ellipsen, parataxen, den verstärkern, füllseln, die im schriftlichen nicht gebräuchlich sind. und die spezifität des wortschatzes einer jeden person. die spezifischen inszenierungsformen. ja, es ist zu hören wie der ehemalige kinderschauspieler auch die freie rede beherrscht, wie er gezielt pausen setzt, die stimme hebt: »der homosexuelle hat … noch … größere schwierigkeiten dabei –« beschleunigt, lauter wird oder langsamer, und damit aufmerksamkeit erzeugt, selbst bei einer scheinbaren verschluderung des satzes. die modulationen, akzentuierungen lassen diese freie rede als inszenierung erscheinen, besonders in jenen momenten, in denen fichte zitiert, sich plötzlich einen anderen sprachgestus gibt.

doch zu hören ist auch, wie alles ein wenig zerfasert, die lehrer ohne rechte rhetorik dastehen. und wie das zeitkolorit am band sitzt und nicht runterkommt von ihm. und die ins vorurteil abhauenden lehrer, die sind zu hören! ja, sie ist auch akustisch zu haben, diese berufskrankheit der lehrer:

die ängstlichkeit vor den schülern im plural. immer den konsens suchend. das können sie heute wahrscheinlich auch noch gut, dieses ständige fürchten, dass das jemand nicht verstehen könnte. und was man nicht versteht, darf nicht sein. das ist falsch. sie sagen:

– man wisse nicht, ob man fragen dürfe –
– dem leser würde eine große arbeit aufgebürdet, denn fichte beobachte »das« von außen, aber »das wichtige« passiere eigentlich innen drinnen im menschen, und der leser müsse »ständig das irgendwie« in seiner vorstellung ergänzen.
– man bezweifle, dass der leser die vorstellungen, »die anscheinend in ihrem kopf vorgegangen sind« auf seite 47 vermittelt bekomme.
– auch fehlten verbindungssstücke: »da ist kein zusammenhang gegeben«.

– für welchen leserkreis er schreiben würde?
– man nehme ihm das nicht ab, dass er sich für seine leser nicht interessiere.
– und warum er dann schreibe?
– man würde trotzdem unterstellen, dass er sich auf eine masche »ziemlich« eingrenzen lasse: »sie kriegen scheinbar nicht in einen verlag rein, was irgendeine aussage, politisches beinhaltet.«
– man unterstellt, dass fichte unpolitisch sei. denn die politische aussage liege nur in der beschreibung, es würden aber keine forderungen gestellt, »was ja auch eine möglichkeit wäre, literatur zu verfassen«.
– auch das kapitel mit der atomkraft wirke »eher ganz desillusionierend«.
– man wolle ihn nicht langweilen, aber »aus der sicht der frau« …
– und ob er als homosexueller das buch geschrieben habe?
– man bezweifle, dass mit seinem buch »das vorurteil von den homosexuellen weggenommen« werde, weil er »bestimmt ganz wenige leute« habe, »die sich wirklich intensiv damit auseinandersetzen«.

– man sei sich »immer« in der schülersituation vorgekommen, d. h. man habe alles mögliche unternommen, nur, um ihn nicht lesen zu müssen, was zur folge hatte, dass man – also: »ich konnte mit dem buch nichts anfangen.«
– man fühle sich durch »tausend stellen«, denen man nicht gewachsen ist, in seinem identifikationsprozess mit der hauptfigur behindert.
– »da fällt so viel durch bei mir als leser.«
– man habe stendhal und kleist und proust nicht parat und könne mit den stellen nichts anfangen, wo diese zitiert würden.

- »sie zitieren die einen autoren, andere autoren zitieren andere, dann müsst ma alle kennen.«
- er schreibe für einen exklusiven lesekreis, für eine ganz bestimmte klientel: »für den normalbürger gar nicht erreichbar«.
- vielleicht sei das vorurteil zustande gekommen, dass man ihn für »reichlich arrogant« befunden habe, »vielleicht kam da die schwierigkeit zustande«.
- man habe das buch angefangen zu lesen und wurde richtig aggressiv. »bis seite 50 war ich wirklich aggressiv.«
- und: »wenn ich ein schüler gewesen wäre, hätte ich das buch glaube ich nicht zu ende gelesen. ich hätte den unterricht über mich ergehen lassen.«

so lautet der schwierigkeitskatalog der lehrer. sie sind verärgert, wenn einer mit zitaten kommt, die sie nicht kennen, und auch das ist zeitkolorit: die dinge, die man nicht zu kennen braucht. 1979 waren es eben stendhal, kleist, proust. zu hören ist, wie die lehrer sich recht sicher sind in ihrer irritation, in ihren vorstellungen von verständlichkeit. doch selbst die ehrlichkeit der lehrerin, die sich gegen ende zu ihrer wut bekennt, die fichtes literatur bei ihr auslöst, zu der ich mich mühsam durchtranskribiert habe, vorbei an abstrakten schüler-leser-konstruktionen, selbst diese ehrlichkeit kann einem gegenseitigen verständnis nicht wirklich helfen. nein, eine konsensmaschine ist es nicht, das gespräch.

fichte sagte am ersten tag sätze wie: »ich finde, literatur biedert sich zu sehr an«, »also, ich möchte hier sagen, ich hab überhaupt keine lust, den engagierten liebenswürdigen autor, den aufstrebenden autor zu spielen«, »ich halte das problem der homosexualität für ein hochpolitisches«, »ich halte die palette für ein hochengagiertes buch … aber in den partikeln des engagements engagement-los«, »ich finde es sehr gefährlich, wenn wir anfangen, veranlagungen als voraussetzungen für bücherverständnis zu setzen. und ich finde es in hohem maße diskriminierend«, »ich habe zehn jahre lang landwirtschaft gemacht«, »sie sollten kleist und stendhal kennen«, »ich glaube, man kann über literatur nicht reden, wenn« und: »wenn sie ein buch aufschlagen, können sie doch annehmen erstmal, dass der schriftsteller sich bemüht hat«, sowie: »dieser ensetzliche dilettantismus, entsetzliche schleim, diese absolut antiaufklärerische tendenz, die sich in diesem land breitmacht«, sagt fichte am ersten tag, am zweiten tag vergibt er namen.

## *7. inszenieren*

fichte tauft die lehrer schnell. er denkt sich eben namen für sie aus, benennt sie und weist ihnen rollen zu. er gibt ihnen so komische namen wie bruno, jürgen, hella, adalbert, susi und sagt ihnen: »wer jetzt nicht still ist, wird ins klassenbuch eingeschrieben!« bruno, jürgen, hella, adalbert und susi sind zunächst erstaunt, wehren sich dann auf lehrerart: »jetzt müssen wir ihre utopie mal verlassen – wenn sie vor einer neunten klasse stehen...«, was fichte ihnen nicht durchgehen lässt: »du bist ja gar nicht dran, bruno.« die lehrer und lehrerinnen sind zunächst erstaunt, zu was sie da mutieren, wie sie da plötzlich in rollen drin sind. und zwar andere rollen als sonst, wird ihnen bewusst, so wie sie lachen. fichte lacht nicht mit. er beteiligt sich an ihrer unsicherheit nicht. er hält seinen part durch.

er vergibt namen. er sagt: »aber sieh mal bruno, du bist jetzt hier in der neunten klasse, und wir müssen uns überlegen, ob wir dich in die zehnte übernehmen.« und: »jürgen...« (alles lacht), »lass jürgen ausreden, hella!« (alles lacht nochmal.) das können sie, die lehrer, mehrmals lachen. sie finden es komisch, ist zu hören, was ihnen geschieht. und man ist doch nur dabei, ein gedicht von hoffmannswaldau zu interpretieren, und beim close reading die unterschiedlichen lesevorgänge zu erkennen. und die lehrer lachen immer noch. sie lachen immer noch, wenn er sagt: »hans-peter, daaaas weißt du noch nicht. äh, ich werde mit eurem biologielehrer mal sprechen, dass er euch über die hormonellen vorgänge beim geschlechtsverkehr unterrichtet.«

und: »susi, du bist doch in der lage, dass du in vierzehn tagen darüber eine abschlussarbeit, einen aufsatz schreiben musst. ich bin oft der meinung, dass ein gedicht in fünf minuten auf uns einen großen zauber ausübt und wir den nicht zerstören sollten. nun sind wir hier gezwungen, durch die art unseres zusammenseins und durch die art des berufes, den du einmal ausüben wirst, zu überlegen, wie vermittle ich literatur.«

»und susi! du wirst dir in deinem leben nicht abgewöhnen können, dinge, die auf dich sinnlich zukommen, analytisch zu erfassen. und das wird möglicherweise das problem sein, mit dem du dich in den nächsten jahren, bis du zum studium kommst und deinen beruf ausübst, befassen wirst.« mit diesem futur müssen die lehrer und lehrerinnen dann zurechtkommen.

nochmals hätte ich gerne mit fichte gesprochen, doch er spricht noch immer nicht mit mir, er vergibt immer noch namen. er wiederholt sich. aber das ist das band, da ist nichts zu machen, man muss sich eben an das halten, was man kriegt. obwohl – mit irgendeiner radio-zeremonie könnte man ihn sicher an den apparat bekommen, könnte man ihn irgendwie als eine ansammlung spezifischer, im äther befindlicher geräusche angeln, denn so viel steht ja fest, jeder satz, den man sagt, kreist auf ewig als schallwelle durchs all. also muss der komplette fichte noch rund um uns sein. so praktisch.

*die bänder von 1979 von fichte stammen von hartwig behr, dem ich dafür danken möchte. weiteren dank an karin krauthausen, klaus sander, johannes ullmeier und lothar wildhirth.*

1 zit. nach: Protest! Literatur um 1968. Hg. von Ulrich Ott und Friedrich Pfäfflin. Marbacher Kataloge 58. 2. korr. Aufl., Marbach am Neckar: Deutsche Schillergesellschaft, 2000, S. 256.

2 Fichte, Hubert. Die Palette. Reinbek: Rowohlt, 1968. Neuausgabe: Frankfurt am Main: S. Fischer, 1978.

3 a.a.o., Protest! Literatur um 1968…, S. 253.

4 ebd., Kapitel 76, S. 329–336.

5 Star-Club-Records sind bei Polygramm im Vertrieb.

6 www.suppose.de

7 die »geschichte der empfindlichkeit« war fichtes auf 19 bände angelegtes literarisches projekt, an dem er seit den 70ern arbeitete und das er aufgrund seines frühen todes nicht fertig stellen konnte. 16 bände sind bisher im s. fischer verlag erschienen.

8 Merleau-Ponty, Maurice. Das mittelbare Sprechen und die Stimmen des Schweigens. In: Das Auge und der Geist. Philosophische Essays, hg. u. übersetzt von Klaus Werner Arndt, Hamburg 1984, S. 72

9 erschienen 2000 bei supposé.

10 Fichte, Hubert. Interviews aus dem Palais d'amour. Reinbek. Rowohlt, 1972.

11 in: Text+Kritik, Heft 72. Hg. von Heinz Ludwig Arnold. Göttingen: edition text+kritik, 1981, S. 62–66.

DIRK ASENDORPF

# Die Technik ist da, der Inhalt fehlt

*Die Zukunftswerkstätten des Radios*

Nicht die Öffentlichkeit hatte auf den Rundfunk gewartet, sondern der Rundfunk wartete auf die Öffentlichkeit, und um die Situation des Rundfunks noch genauer zu kennzeichnen: Nicht Rohstoff wartete auf Grund eines öffentlichen Bedürfnisses auf Methoden der Herstellung, sondern Herstellungsmethoden sehen sich angstvoll nach einem Rohstoff um. Man hatte plötzlich die Möglichkeit, allen alles zu sagen, aber man hatte, wenn man es sich überlegte, nichts zu sagen.
*Bertold Brecht: Festrede über die Funktion des Rundfunks (1932)*

Was Bertold Brecht vor 70 Jahren über den Rundfunk gesagt hat, gilt heute für das digitale Radio: Die Technik ist da, was noch fehlt, ist ein Inhalt, für den sie sinnvoll genutzt werden könnte. Dabei bietet das digitale Radio technisch alle Voraussetzungen für die Verwirklichung des Traums, den Brecht in seiner Radiotheorie formuliert hatte: »Der Rundfunk wäre der denkbar großartigste Kommunikationsapparat des öffentlichen Lebens, ein ungeheures Kanalsystem, das heißt, er wäre es, wenn er es verstünde, nicht nur auszusenden, sondern auch zu empfangen, also den Zuhörer nicht nur hören, sondern auch sprechen zu machen und ihn nicht zu isolieren, sondern ihn in Beziehung zu setzen.« Heute würde man sagen: ein interaktives, multimediales Medium.

Doch ist das wirklich die Zukunft des Radios in seiner digitalen Form? Zunächst fällt auf, dass die Digitalisierung des Hörfunks noch gar nicht stattgefunden hat. Die analoge Schallplatte ist schon vor 20 Jahren von der digitalen CD abgelöst worden, das Telegramm vor zehn Jahren von der E-Mail und die VHS-Kassette muss ihren Platz gerade der digitalen DVD räumen. Doch Radio hören wir noch immer auf UKW. Ausgerechnet das älteste elektronische Medium wird als letztes den Schritt in die Digitalisierung machen. Dabei wird die Technik für eine Digitalisierung des Radios schon seit 1988 entwickelt und seit einigen Jahren können fast überall in Deutschland digitale Programme empfangen werden, nur gemerkt hat das noch niemand. Rund 100 digitale Radioprogramme werden in Deutschland ausgestrahlt, doch während die Zahl der UKW-Empfänger hierzulande auf bis zu 500 Millionen geschätzt wird, sind bisher kaum mehr als 10 000 digitale Empfangsgeräte im Einsatz. Und das, obwohl die Rundfunkgebührenzahler – ohne es zu wissen – über 200 Millionen Mark für die Entwicklung des Digitalradios ausgegeben haben. Mindestens noch einmal so viel wurde an öffentlichen Forschungsmitteln vergeben und von der Industrie in die Systementwicklung gesteckt.

Die Technik für den Antennen-Empfang von digitalem Hörfunk heißt DAB (Digital Audio Broadcasting) und stammt aus einer Zeit, als der Begriff Multimedia noch nicht erfunden war. Und so ist DAB eigentlich nichts anderes als ein technisch veränderter Übertragungsweg für das klassische UKW-Programm. Doch welchen Nutzen DAB eigentlich für die Hörer haben könnte, ist trotz vieler Pilotprojekte, Forschungsarbeiten und Marktstudien bis heute nicht recht klar. Also machen die Anbieter digitaler Empfangsgeräte keinen Umsatz und der Preis dieser Geräte sinkt nicht. Unter 1000 Mark ist bisher kaum ein DAB-Empfänger zu bekommen. Der einzige Vorteil, den er derzeit bietet, ist eine gegenüber UKW etwas bessere Tonqualität. Davon ist im Auto natürlich nichts mehr zu hören. Und im Auto wird schließlich am meisten Radio gehört. Auch bei dem kleinen Transistor in Küche und Hobbykeller oder dem Radiowecker im Schlafzimmer, die den Großteil der stationären Empfangsgeräte ausmachen, spielt Klangqualität offenbar keine besondere Rolle. Hörbar würde der Unterschied zwischen UKW und DAB nur bei der Hifi-Anlage im Wohnzimmer. Und die wird in den meisten Fällen sowieso mit Hörfunkprogrammen in bester UKW-Qualität aus dem Kabel oder der Satellitenschüssel gespeist.

Trotzdem wird das Digitalradio kommen. Und das nicht etwa, weil gerade eine 20 Millionen Mark teure Werbekampagne für den DAB-Standard anläuft. Das Digitalradio kommt deswegen, weil es langfristig auf den heiß umstrittenen Frequenzbändern Platz schafft für mehr Programme. Schon hat die Automobilindustrie angekündigt, dass sie ab 2004 Mittelklassewagen serienmäßig mit DAB-Empfängern ausstatten will. Und 2003 will die Initiative Digitaler Rundfunk, ein von der Bundesregierung eingesetztes Beratergremium, den Termin für die Abschaltung des analogen UKW-Hörfunks festlegen. Angepeilt wurde bisher ein Zeitpunkt irgendwann zwischen 2010 und 2020, es kann aber auch noch länger dauern. Denn eigentlich sind die Deutschen mit ihren UKW-Radios vollauf zufrieden. Um sie zur Anschaffung neuer Empfangsgeräte zu bewegen, müssen sich die Sender schon etwas einfallen lassen.

»Es müssen schlüssige und wirtschaftlich tragfähige Konzepte für neue Dienste entwickelt werden, die die zusätzlichen technischen Möglichkeiten nutzen und für den Verbraucher einen Mehrwert darstellen«, forderte denn auch Kurt Beck, Ministerpräsident von Rheinland-Pfalz und Vorsitzender der Rundfunkkommission der Länder, und fuhr fort: »Nicht technische Spielereien, sondern Innovationskraft und unternehmerischer Mut sind hier gefordert.« Doch welchen »Mehrwert« könnte denn digitales Radio überhaupt haben? Drei Antworten sind auf diese Frage immer wieder zu hören: Klangqualität, Verkehrsnachrichten und Zusatzinformationen zur Musik.

Von der besseren Klangqualität ist nur dann etwas zu hören, wenn der Digitalempfänger auch an eine sehr hochwertige Hifi-Anlage angeschlossen ist. Als Werbeargument eignet sie sich deshalb kaum. Besser sieht es da schon mit den Verkehrsnachrichten aus. Digitalradio ermöglicht es nämlich, Verkehrsnachrichten neben dem laufenden Programm zu senden und nach eng begrenzten Regionen aufzuteilen. Wer nicht im Auto sitzt, muss sie überhaupt nicht hören, und wer gerade fährt, bekommt nur die Verkehrsmeldungen angesagt, die ihn wirklich betreffen. Wird das Ganze direkt mit Messapparaten an den Autobahnbrücken kombiniert, könnte das DAB-Radio schon vor einem Stau warnen, der sich gerade erst bildet. Ähnliche Angebote sind technisch allerdings auch über UKW möglich. Außerdem sind sie eines der Hauptargumente, mit denen demnächst auch für den neuen Mobilfunkstandard UMTS geworben werden soll.

Ein exklusives Angebot könnte das Digitalradio mit Zusatzinformationen zum laufenden Programm machen. Ein Display am Radio würde dann während der Nachrichten auch die Börsenkurse anzeigen, und parallel zur Musik würde das CD-Cover mit Informationen zum Titel des Stücks, dem Interpreten und der Band-Besetzung eingeblendet. »So etwas ist für junge Leute sehr wichtig«, weiß Michael Bus, Leiter der Abteilung Programmstrategie beim SWR. Der Haken dabei: Gerade diese jungen Hörer haben am wenigsten Geld, um sich einen teuren DAB-Empfänger zuzulegen.

Schmerzlich hat der SWR diese Erfahrung mit seiner 1997 rein digital gestarteten Jugendwelle »DasDing« machen müssen. Mehr als 1000 Hörer konnte das digitale Programm nie erreichen. Erst seit es auch über UKW abgestrahlt wird, ging die Einschaltquote steil nach oben. Immerhin wird »DasDing« auch weiterhin über DAB verbreitet. Das unterscheidet die Jugendwelle von anderen Programmen, deren digitale Version mangels Hörerschaft inzwischen wieder abgeschaltet wurde.

»Das Schlimme bei der Digitalisierung ist, dass die Technik die Vorgaben macht«, klagt SWR-Programmstratege Bus, »das Pferd wird vom Schwanz her aufgezäumt.« Eigentlich sollten zunächst die Redaktionen darüber nachdenken, welche Zusatzangebote journalistisch sinnvoll und machbar wären, meint er. Doch dafür müsse in der Ausbildung der Redakteure »noch sehr viel passieren«. Denn bisher haben die wenigsten Radiomacher eine Vorstellung von den multimedialen Möglichkeiten eines digitalen Mediums. »Das gilt übrigens auch für die Hörer«, ergänzt Bus, »die Zahl der Aktivnutzer ist unter ihnen ja sehr gering.« Radio sei eben ein »Tagesbegleitmedium«, stellt auch die ARD-Hörfunkkommission in einem internen Positionspapier zu den technischen Herausforderungen der Zukunft fest und folgert: »Auf absehbare Zeit, möglicherweise noch für Jahrzehnte, wird die UKW-Ausstrahlung das technische Rückgrat der Radionutzung bleiben.«

Ist die Zukunft des Radios also schon wieder beendet, bevor sie überhaupt richtig begonnen hat? Ein vorschnelles Ja wäre die falsche Antwort auf diese Frage. Tatsächlich wird nämlich innerhalb und vor allem auch jenseits der etablierten öffentlich-rechtlichen und privaten UKW-Programme an einer Vielzahl von Ideen für das Radio der Zukunft gearbeitet. An manchen Stellen hat es – fast unbemerkt von der deutschen Öffentlichkeit – sogar schon begonnen.

Zum Beispiel in Afrika. 3000 Kilometer über dem Kongo steht seit Ende 1998 der »AfriStar«, ein Satellit für die Ausstrahlung der digitalen Radioprogramme von »Worldspace«. Damit hat sich der charismatische Äthiopier Noah Samara seinen Traum erfüllt: »Unser digitales Satelliten-Radio bringt das Licht des Wissens nach Afrika.« Fast eine Milliarde Dollar hat der unermüdliche Samara gesammelt, um mit insgesamt drei Satelliten bis zu 80 Radioprogramme nach Afrika, Asien und Lateinamerika zu bringen. Alles, was man zum Empfang benötigt, ist ein spezielles Kofferradio mit einer kleinen, aufklappbaren Satellitenantenne. Bei freier Sicht nach Süden funktioniert der Empfang sogar noch in Norddeutschland. Glasklar sind dann zum Beispiel »Radio Sud«, ein Privatradio aus dem Senegal, der staatliche Rundfunk aus Kongo Brazaville, mehrere Musik-Programme oder auch die Afrika-Dienste von BBC und Bloomberg zu hören. Wer will, kann zusätzlich seinen PC direkt an das Radio anschließen und so auch ausgewählte Internet-Angebote gebührenfrei empfangen.

»Die Letzten werden die Ersten sein«, sagt Noah Samara über sein Projekt. Ausgerechnet auf dem technologisch rückständigsten Kontinent hat Worldspace gezeigt, welche Möglichkeiten im digitalen Hörfunk stecken. 400 000 Empfangsgeräte sollen bis Ende des Jahres verkauft werden – zu

Preisen, die heute noch zwischen 300 und 1200 Mark liegen, bei größerer Verbreitung aber schnell sinken werden. Das Marktpotenzial schätzt Worldspace auf rund 200 Millionen Haushalte in Afrika, Asien und Lateinamerika. Schließlich bietet das digitale Satellitenradio überall dort, wo UKW bisher nicht verbreitet ist, erstmals den Empfang einer breiten Palette nationaler und internationaler Bildungs-, Informations- und Musikprogramme in erstklassiger Tonqualität.

Die Zukunft des Radios hat auch in Dolldorf begonnen, einem winzigen Dorf im norddeutschen Flachland. Mit weitem Blick über ein Weizenfeld bis hin zu den äsenden Rehen am Waldrand arbeitet hier der Radiojournalist Klaus Jürgen Schmidt. Er ist Gründer von »Radio Bridge Overseas«. Dieser unabhängige Zusammenschluss von Hörfunk-Journalisten im südlichen Afrika hat seine Zentrale eigentlich in Harare, der Hauptstadt von Zimbabwe. Doch seit dort der Bürgerkrieg droht, hat Klaus Jürgen Schmidt seinen Arbeitsplatz nach Dolldorf verlegt. Mit einer Standleitung ins Internet kann er seine Arbeit hier genauso gut erledigen wie im Studio in Harare.

Die Journalisten von Radio Bridge Overseas übermitteln ihm die Manuskripte und O-Töne aus Afrika jetzt per Datentransfer über das Internet. Am PC mischt Schmidt sie im niedersächsischen Dolldorf zusammen. Falls Musikeinblendungen gewünscht sind, holt er sich auch diese aus dem Internet. Die fertigen Sendungen stehen interessierten Sendeanstalten in Afrika, Europa und den USA dann auf der Website der Radio-Brücke zum Abruf zur Verfügung. Für Länder, in denen der Internetzugang für die Übertragung von Audiodateien noch nicht gut genug ist, lässt »Radio Bridge Overseas« die Programme auch über den Worldspace-Satelliten ausstrahlen. Interessierte Radioanstalten können sie dann mitschneiden und in ihre eigenen Programme auf UKW, Kurz- oder Mittelwelle übernehmen.
»Hier an meinem kleinen PC kann ich inzwischen besser und schneller arbeiten als in einem Studio, für das man vor ein paar Jahren noch 200 000 Mark ausgeben musste«, sagt Schmidt. So wie er gehen inzwischen immer mehr freie Radiojournalisten dazu über, ihre Beiträge zu Hause zu produzieren. Der MP3-Komprimierungsstandard ermöglicht es, die fertigen Sendungen ohne Qualitätsverlust vollelektronisch in die Sendeanstalten zu schicken – oder sogar direkt über das Internet zu verbreiten.

Im Internet verwischt die Trennung zwischen Sender und Empfänger. Mit einem PC, einer Soundkarte und einem gewissen technischen Geschick kann jeder sein eigenes Hörfunkprogramm anbieten. Über 300 deutschsprachige Internet-Sender tummeln sich deshalb schon heute im Netz, jede Woche werden es mehr. Neben allerhand Newcomern sind inzwischen auch viele traditionelle Radioprogramme im Internet verfügbar, aus Deutschland zum Beispiel der Auslandssender Deutsche Welle und die beiden nationalen Hörfunkprogramme Deutschlandfunk und Deutschlandradio.

Wer im Internet Radio hört, ist kein Hörer mehr, sondern »User«. Anders als das klassische Radioprogramm bieten die meisten Internet-Radios zusätzliche interaktive Elemente. Der Hörer ist nicht mehr gezwungen, dem Programmablauf so zu folgen, wie er ausgestrahlt wird, sondern kann sich aus allen Angeboten sein persönliches Radioprogramm zusammenstellen. Pop, Jazz, Weltmusik oder Klassik – für jeden Musikwunsch gibt es ein eigenes Spartenangebot. Und neben dem reinen Ton werden hier schon längst Hintergrundinformationen übermittelt: vom Titel des Musikstücks bis zum Foto des CD-Covers. Hat mir eine Musik besonders gut gefallen, muss ich nicht mehr in den Plattenladen gehen. Per Mausklick kann ich mir die gerade gehörte Musik nachträglich noch auf die Festplatte speichern und anschließend auf CD brennen.

Internet-Radio ist kein Medium mehr, das sich eindeutig von Fernsehen und Zeitung unterscheiden lässt. Beim Radio wird zwar weiterhin das Hören im Vordergrund stehen, auf Text und Bild muss man aber nicht verzichten. Bisher war Radio das schnellste, aber auch das flüchtigste Medium. »Das versendet sich sowieso«, heißt es gerne unter Radiojournalisten, wenn eine ungenaue Formulierung oder eine falsche Zahl in einen Beitrag gerutscht ist. In Zukunft wird das so nicht mehr gelten, denn digitales Radio kann im Internet genauso archiviert und überprüft werden wie Gedrucktes. Das wird die Arbeit von Radiojournalisten verändern. Sie werden sich von der Vorstellung trennen müssen, dass sie nur fürs Ohr arbeiten. Wer fürs digitale Radio produziert, wird auch Texte und Bilder in seine Beiträge integrieren müssen. Mobiler Internetzugang ermöglicht das Senden wie das Empfangen schon heute von fast jedem Ort der Welt aus.

Und so hat die Zukunft des Radios auch bei Lech Banach begonnen. Der polnische Arzt arbeitet seit Jahren in Umtata, Hauptstadt des ehemaligen Homelands Transkei im südafrikanischen Hinterland. Auf heimatliche Klänge muss er trotzdem nicht verzichten. Auf seinem Schreibtisch steht ein Computer, und aus dem ist den ganzen Tag das polnische Staatsradio zu hören. »Mein Sohn arbeitet dort«, sagt Lech Banach, »jedes Mal wenn ich aus 10000 Kilometern seine Stimme höre, ist das eine große Freude für mich.« Internet-Radios sind das ideale Medium für die Diaspora. Nicht nur der polnische Arzt in Südafrika, auch die senegalesische Künstlerin in Deutschland oder der indonesische Student in den USA können am Internet-Radio aktuellen Kontakt mit ihrer Heimat, ihrer Sprache und Musik halten. Schon ist die Rede davon, dass manche vom Aussterben bedrohte Sprache, deren Sprecher über viele Länder verstreut leben, im Internet zu neuem Leben erweckt werden könnte.

Noch lässt allerdings die Klangqualität des Internet-Radios deutlich zu wünschen übrig. Wer nur per Modem oder ISDN mit dem Netz verbunden ist, bekommt kaum mehr als Mittelwellenqualität zu hören und muss dafür auch noch fast zwei Mark pro Stunde an Leitungsgebühren zahlen. Auch viele rechtliche Fragen rund um die Internet-Verbreitung von Radioprogrammen sind noch offen. Wer kann in der virtuellen Welt für die Einhaltung von Urheberrechten haftbar gemacht werden? Gelten hier noch nationale Gesetze zum Schutz vor Verleumdung, Pornographie oder Gewaltverherrlichung? Fragen dieser Art müssen dringend beantwortet werden, denn mit zunehmenden Bandbreiten beim Netzzugang – daran kann kein Zweifel bestehen – wird die Bedeutung des Internet als Vertriebskanal für den Hörfunk der Zukunft stark zunehmen.

Auch an der Technischen Universität Braunschweig wird intensiv über die Zukunft des Radios nachgedacht. Hier, am Institut für Nachrichtentechnik, hat Ulrich Reimers ein System entwickelt, das es ermöglicht, Radio und Fernsehen gemeinsam digital zu verbreiten – egal ob per Antenne, über Satellit oder im Kabel. DVB (Digital Video Broadcasting) heißt der technische Standard, und er bietet auf dem gleichen Frequenzband doppelt so viel Hörfunksendern Platz wie DAB. Millionen von DVB-Empfängern sind schon heute im Einsatz, für den digitalen Fernsehempfang per Antenne vor allem in Großbritannien. Doch auch in Deutschland lassen sich mit einer digitalen Satellitenschüssel Hunderte Fernsehsender und 190 Hörfunkprogramme empfangen.

Während der Expo ist der Antennenempfang im DVB-Standard in Niedersachsen, Hamburg und Bremen in einem Modellversuch erfolgreich getestet worden, im kommenden Jahr wird er in den Regelbetrieb übernommen. Bis zu 32 digitale Fernseh- und noch weit mehr Radioprogramme können dann mit einer kleinen Zimmerantenne empfangen werden – eine Perspektive, die den Betreibern von Kabelnetzen gehörige Bauschmerzen macht. Für den DVB-Systementwickler Ulrich Reimers ist klar: »Hörfunk kann heute nicht mehr separat von den anderen elektronischen Medien gesehen werden.« Sein eigenes Hörverhalten ist dafür ein gutes Beispiel: »Wenn ich abends im Büro arbeite, höre ich meine Musik übers Internet. Zu Hause im Arbeitszimmer habe ich eine Hifi-Anlage, die an einen DVB-Satellitenempfänger angeschlossen ist. Aber wenn ich unterwegs bin, höre ich Autoradio auf UKW.«

Und schließlich hat die Zukunft des Radios auch in Walldorf begonnen, am hessischen Hauptsitz der weltweit operierenden Software-Schmiede SAP. Wenn Stephanie Röhl dort morgens an ihren Arbeitsplatz in der Marketingabteilung kommt, dann gilt ihre Aufmerksamkeit zunächst nicht dem Bildschirm mit all seinen interaktiven Angeboten im Inter- und im firmeneigenen Intranet. »Als Erstes greife ich zum Telefon und wähle die Nummer des SAP-Radios«, sagt sie. Zehn Minuten dauern die täglich aktualisierten Firmen-News, die dort zu hören sind. »Es ist unheimlich schön, sich morgens erst mal hinzusetzen und das Neueste zu hören«, sagt Stephanie Röhl, »das SAP-Radio ist einfach viel besser konsumierbar als unser Intranet.«

Diese Erfahrung darf wohl verallgemeinert werden. Zwar ermöglicht es die neue, digitale Technik, aus dem Einweg-Medium Radio den Kommunikationsapparat zu machen, von dem Bertold Brecht schon vor 70 Jahren geträumt hat. Doch Radiohörer scheinen daran kein großes Interesse zu haben. Sie wollen gar nicht ins Programm eingreifen, sondern wünschen es sich als angenehme akustische Begleitung im Auto, am Arbeitsplatz oder bei der Hausarbeit. So wurde der technisch in vielen deutschen Kabelnetzen bereits vorhandene Rückkanal bis heute nicht aktiviert.

Als Massenmedium wird das Radio ein reines Unterhaltungsprogramm bleiben. Dafür ist die Digitalisierung überflüssig, doch kommen wird sie trotzdem. Und das ermöglicht mancher Minderheit, ihr eigenes Radio neu zu erfinden. Der Abschied vom UKW-Monopol wird dem Radio eine Vielzahl von Übertragungswegen im Äther, im Telefonnetz, per Satellit, in Kabel und Internet eröffnen. Manche werden nur in eine Richtung funktionieren, manche den Empfänger auch zum Sender machen. Und alle werden sie neben dem »Kino fürs Ohr« auch Bilder, Text und Daten übertragen. Das Nachdenken über die Inhalte, mit denen die verschiedenen technischen Möglichkeiten des digitalen Radios sinnvoll gefüllt werden könnten, hat gerade erst begonnen. Sicher scheint heute nur: Das Radio hat nicht eine einzige Zukunft, es hat viele Zukünfte.

# Forum

Manfred Bauschulte
*Die Gräser und Körper laden zum »Frühstück im Freien«*

Franco Fortini
*Die Vernunft der Gräser*

Stefanie Golisch
*Das kurze Leben der Antonia Pozzi*

Antonia Pozzi
*An der Schwelle zum Herbst*

Heinrich Detering
*Drei Gedichte*

Aleš Šteger
*Da geschah es*

MANFRED BAUSCHULTE

# Die Gräser und Körper laden zum »Frühstück im Freien«

*Ein Porträt des italienischen Schriftstellers Franco Fortini (1917–1994)*

Was ich in Gedichten unternommen habe, weiß ich nicht und verstehe ich nicht. Die Sprache kommt nicht aus mir heraus. Sie kommt von außen. Auf halbem Weg, wie ein bewaffneter Feind. Die Sprache ist keine Sprache der Mutter, sondern des Vaters, eine Sprache des Gesetzes, wie sie vor mir Generationen von Florentinern, die in die Pergola ihres mittelmäßigen Infernos eingetaucht waren, mit der ganzen Rhetorik ihrer Intelligenz gesprochen haben. Aber die Leidenschaft und die Phantasie, die Musik und das Mitgefühl habe ich von der Mutter.«

Ein solches widerspruchsvolles Verhältnis zur Sprache und Wirklichkeit charakterisierte die Haltung des »scrivere difficile«, die dem literarischen Werk des italienischen Schriftstellers Franco Fortini seinen spannungsreichen Ausdruck verlieh. Dieses »scrivere difficile« läßt sich oberflächlich betrachtet als bloßes Etikett verstehen, das ihm von der publizistischen Öffentlichkeit in Italien angeheftet wurde und gegen das er sich stets wehrte. Andererseits aber entsprach diese Haltung einer schriftstellerischen Intention, die er bis zur Vollendung verkörperte, denn sie markierte die hohe Kultur des Dissens, die er in politisch-ideologischen wie literarischen Diskussionen pflegte. Nicht zuletzt aber erklärt diese Haltung den Nimbus des Schwerverständlichen, der über seinem dichterischem Werk liegt. Letzteres nämlich steht unter den Vorzeichen tief greifender Konflikte, die sich durch die Macht- und Gewaltverhältnisse in der Geschichte auftun und sich im Sprechen wie im Handeln der Menschen manifestieren.

Franco Fortini wurde im Jahr 1917 als Sohn einer katholischen Mutter (Emma Fortini del Giglio) und eines jüdischen Rechtsanwaltes (Dino Lattes) in Florenz geboren und trug seit 1940 als »nom de plume« den Namen der Mutter. Nach einem Studium der Jurisprudenz, Kunstgeschichte und Literatur im Florenz der 30er Jahre wurde er 1941 zur Armee einberufen. Der fehlgeschlagene Versuch, die eigene Kaserne zum Aufstand gegen die deutsche Besatzung zu bewegen, erzwang 1943 seine Desertion in die Schweiz, von wo er sich ein Jahr später der Partisanenrepublik im Valdossala anschloß. Seit 1945 in Mailand ansässig, entfaltete er, zunächst als Mitarbeiter von Elio Vittorinis legendärer Nachkriegszeitschrift »Politecnico«, beinahe 50 Jahre lang vielfältige und stupende literarische Aktivitäten. Im Jahr 1946 erschien sein erster Band mit Gedichten aus der »resistenza«: »Foglio di via« (»Marschbefehl«), der zum Teil von Hans Magnus Enzensberger (»Poesie«, Frankfurt/M. 1963) und dem früh verstorbenen Südtiroler Lyriker Norbert C. Kaser (Werke Band 1, Innsbruck 1988) ins Deutsche übersetzt wurde.

Neben seiner vielseitigen Übersetzertätigkeit – er übersetzte Paul Eluard, André Frenaud, Simone Weil, Marcel Proust u.v.a. aus der französischen Sprache, gemeinsam mit seiner Frau Ruth Leiser, Peter Huchel, Alfred Döblin, Bertold Brecht, Franz Kafka und nicht zuletzt Goethes »Faust« aus dem Deutschen –, arbeitete Franco Fortini in den 50er und 60er Jahren als literarischer Berater für die Verlage Einaudi und Mondadori. Seit 1970 lehrte er als Professor an der Universität Siena Geschichte der Literaturkritik. Nach seinem Tod 1994 wird der gesamte Nachlass und seine Bibliothek im »Centro Studi Franco Fortini di Siena« aufbewahrt, das sein weit gespanntes Schaffen dokumentiert.

In den tagespolitischen und intellektuellen Debatten Italiens nach 1945 vertrat Franco Fortini neben Elio Vittorini, Raniero Panzieri u.a. kritische Positionen der Linken, die er in Artikeln, Glossen und Zwischenrufen der sozialistischen Presse publizierte: ein radikaler Zeitgenosse, vor allen Dingen nach 1968 ein unbequemer Kritiker der militanten autonomen Bewegungen. Aber nicht nur in politischen, auch in literarischen Debatten etwa mit Pier Paolo Pasolini, Italo Calvino dominierte der harsche, scharfe Ton. Franco Fortinis letzter Essayband »Attraverso Pasolini« (Turin 1994) versammelte all jene Texte, die diesen jahrzehntelangen Streit über die Aufgabe und Rolle des Schriftstellers in der Kulturindustrie und Gesellschaft begleiteten. – In seinem Nachlassroman »Petrolio« (Turin 1992/Berlin 1994) zeichnet umgekehrt Pier Paolo Pasolini ein Porträt von Franco Fortini. In Form einer »parodia seria« beschreibt er den marxistischen Autor F., der auf einem antifaschistischen Fest einen hermetischen und verwirrenden Vortrag über den Zusammenhang von »Merci« (frz.) und »Merci« (Waren) verliest, den das Publikum mit Pfiffen stört und mit Unverständnis quittiert.

Das Bildnis dieser schillernden Persönlichkeit des Dissens erhält durch das dichterische Werk, das in 50 Jahren entstanden ist, seine spannungsreichsten Konturen. Von den Gedichtbänden »Foglio di via« (1946) über »Poesia e errore« (1959) bis zu »Una volta per sempre« (1963) steht seine Lyrik, die Erfahrungen der »resistenza« fortsetzend, im Zeichen einer Auseinandersetzung mit den Schrecken und Zerstörungen des Zweiten Weltkriegs. Figuren der Erinnerung an die leidvollen Kämpfe begegnen Figuren der Antizipation und Zukunft. Im Geist Brechts und Lu Xuns knüpfen seine Gedichte epigrammatisch und sarkastisch an die häßlichen Seiten der Geschichte an. Die Oberflächenspannung des Schreibens wird dominiert von der Forderung nach einer »integralen Politizität« (Pier V. Mengaldo), die sich jeder falschen Versöhnung widersetzt. Das heute bereits klassische Gedicht »Brecht übersetzend« (1963) birgt viele Elemente seines poetischen Schaffens aus dieser Phase:

> Ein starkes Gewitter
> ballte sich am Nachtmittag über den Dächern,
> ehe es sich in Blitzen und Wasser entlud.
> Ich fixierte Zeilen aus Zement und Glas,
> wo Schreie, vermauerte Klagen und Gebeine waren,
> auch von mir, der ich überlebe. Aufmerksam bald die Schlacht
> um die Dachziegel, bald das dürre Blatt betrachtend,
> hörte ich es sterben
> das Wort eines Dichters oder sich verwandeln
> in eine andere, sich entfernende Stimme. Die Unterdrückten
> sind unterdrückt und ruhig, die Unterdrücker sprechen
> ruhig in die Telephone, der Haß ist höflich, ich glaube
> nicht mehr zu wissen, wer schuldig ist.
>
> Schreibe, sage ich mir, hasse
> die da mit Freundlichkeit ins Nichts führen,
> die Männer und Frauen, die sich zu dir gesellen
> und glauben, nicht zu wissen. Unter die Namen
> der Feinde schreibe auch den deinen. Nachdrücklich
> hat sich das Gewitter verzogen. Die Natur
> ist zu schwach, um Schlachten nachzuahmen. Die Dichtung
> bewegt nichts. Nichts ist gewiß, aber schreibe.

In der 2. Hälfte der 60er Jahre vollzieht sich ein Wandel der dichterischen Haltung. In dieser Zeit übersetzt Franco Fortini gemeinsam mit seiner Frau Goethes »Faust« (Teil I und II, Mailand 1970) ins Italienische. Aber auch die politischen Kämpfe dieser Jahre tragen zu dem deutlichen Ausdruckswandel bei, den der Gedichtband »Questo muro« (Mailand 1973) erkennen läßt. In dem lyrischen Register, das schon immer abrupt klassische Aussageformen mit profanen Mitteilungssätzen, allegorische Figuren mit einfachen Notaten kombinieren konnte, tritt nun die Sprache der menschlichen Physis an die erste Stelle. Die lyrische Sprache umkreist weiterhin die Erosion gesellschaftlicher Gewalten, aber an ihr zeigt sich jetzt nachdrücklich, wie Zerstörung und Verfall, Mitgefühl und Zorn den gefahrvollen Ort des menschlichen Körpers in der Wirklichkeit umreißen.

Seit »Questo muro« und mit »Paesaggio con serpente« (Turin 1983) entfaltet das dichterische Werk von Franco Fortini einen ständigen Dialog zwischen Vergangenheit und Zukunft, zwischen der Welt der Insekten und Gräser und der der Menschen. Das menschliche Subjekt unterliegt in seinem Sprechen und Tun einem gnadenlosen Prozess der Verwandlung von Geschichte in Natur und umgekehrt. Die menschliche Physis in ihrer Gegenwart scheint die einzige Möglichkeit zu bieten, um auf einer besonderen, eigenen Zeitachse von der Simultaneität und den lebendigen Formen der Erscheinungen zu sprechen. Die Körper in der Wirklichkeit werden zu Gradmessern einer Verwandlung durch Gewalt und Zerstörung, aber auch der verbleibenden Hoffnung und Wiedergeburt. Das Gedicht »Wir können nicht...« (»Poesie inedite«, Turin 1995/1997) kann programmatisch für diesen Zusammenhang stehen:

Wir können nicht die Trägheit eines Körpers ändern,
indem wir die Verhältnisse verändern, die ihn umgeben.
Alles ist verwandelt, die Städte sind verschwunden,
die Summe der individuellen Kräfte
geht gegen Null. Die Alten töten die Jungen,
die Jungen zeugen Alte. Wir können nicht
die Trägheit eines Körpers ändern,
indem wir die Verhältnisse verändern. Nichts ist stärker
als ein anderer Körper. Um die Menschen zu verwandeln,
braucht es Körper von Menschen. Um die Toten
zum Reden zu bringen, muß man
ihren Mündern Leben einhauchen.

Franco Fortini, der in seinen Gedichten von Beginn an die Widersprüche zwischen Sprache und Handlung, Geschichte und Dichtung dergestalt behandelte, als bildeten sie die beiden Seiten (»die beiden Hände«) eines Widerstandes in der Wirklichkeit, spitzt diese spannungsreiche Antithese in seinem lyrischen Spätwerk in einem kritischen Gegenentwurf zum »Posthistoire« zu. Er erkennt in postmoderner Beliebigkeit, Gleichgültigkeit und Willkür einen selbstmörderischen Umgang mit der Geschichte, dem er all jene »schwachen messianischen Kräfte« gegenüberstellt, von denen Walter Benjamins »Geschichtsphilosophische Thesen« im Anklang an die Paulus-Briefe sprechen.

Die späten Gedichte von Franco Fortini mit ihren schillernden Streifzügen und irrlichternden Momentaufnahmen zeigen, wie lebendige Kräfte,

Pflanzen, Spinnen und Ameisen, lebende und tote Menschen auf einer Schöpfungsachse angesiedelt sind, die jede Linearität ausschließt und extrem gebrochen ist. Die Physis erschließt sich in Gestalt ihrer lebendigen Vergangenheit die Zukunft im Namen einer Schöpfung, deren Vernunft den Gräsern ebenso eigen ist wie den Menschen. Ein Proust'sches Bild aus der »wiedergefundenen Zeit« zieht sich wie ein Leitfaden durch das späte Werk und kann dessen kryptische Konstellationen von Leben, Sterben und Wiederauferstehen in der Schöpfung illustrieren: »Victor Hugo sagt: ›Das Gras muß sprießen und die Kinder müssen sterben‹. Ich aber behaupte, das grausame Gesetz der Kunst besteht darin, daß die Wesen sterben und daß wir selbst sterben und dabei alle Leiden bis auf den Grund ausschöpfen, damit das Gras nicht des Vergessens, sondern des ewigen Lebens sprießt, der derbe, harte Rasen fruchtbarer Werke, auf dem künftige Generationen heiter und ohne Sorge, um die, die darunter schlafen, ihr ›Frühstück im Freien‹ abhalten können.«

Das Gesetz der Kunst, von dem Marcel Proust spricht, ist für Franco Fortini das grausame Gesetz der Wirklichkeit, das in allen seinen Verwandlungsformen niemals als abgeschlossen gelten darf, sondern – der Interpretation und Darstellung bedürftig – ewig-zukünftig ist. Sein letzter Gedichtband »Composita solvantur« (Turin 1994) zeigt angesichts von Alter und Verfall, Gewalt und Zerstörung eine grausame Wirklichkeit, die dennoch von ihren fragilsten und schwächsten Elementen zusammengehalten wird. Das Seufzen und die Wehen der Schöpfung (von dem in Paulus' Brief an die Römer 8,22 ff. die Rede ist) gehen bis zum Zerreißen in die Oberflächenspannung des lyrischen Schreibens ein. Die späten Gedichte insistieren auf den subtilsten Signaturen von Messianität. Der Akut des lyrischen Sprechens instrumentiert eine hochartifizielle Nachahmung von Leid und Schmerz. In Korrespondenz mit einem Geist der Schöpfung, der von sich aus und unabhängig von ihnen mit unaussprechlichem Seufzen für die Kreaturen eintritt, setzt dieser Akut in der Zeit des Jetzt auf einen lebendigen Rest und ruft dazu auf, die kleinsten Wahrheiten zu schützen – in der Hoffnung, dass künftige Generationen ohne Sorge ihr »Frühstück im Freien« abhalten werden.

FRANCO FORTINI

# Die Vernunft der Gräser

*Vier Gedichte*

## *Qualcuno è fermo...*

Qualcuno è fermo, lontano, riparte, dove
la strada svolta nel bosco tra pietre e siepi.
Poi rieccolo, tra le vigne, piú lontano. Non vede
o, se vede, non conosce piú.
Che sera
senz'ombre, erbe, la vostra. Enorme è l'albero
in aria, su chi va...
E mai non era nostra
la schiuma dello stagno
o il ruvido lentischio, nulla avevamo compresso,
non il sentiero, non il paese chiuso
dove non c'era anima viva
e tocca invano ai selci il passo
del segnato da Dio.

Fra poco sarà buio, sarà l'urlío
d'aria, dei cani alla catena e
delle piccole fiere le veloci
le disperate imprese.
Ma prima di rispondere di no,
ecco, guardiamo ancora, vi prego, i prati
dove in pianto eravamo passati,
le vigne e di alti nidi immenso l'albero!
E fedeli chiediamo di portare
un'altra volta ancora
ai mormorii della fedele mezzanotte
l'intelletto delle erbe e il nostro.

### *Einer bleibt stehn…*

Einer bleibt stehn in der Ferne, geht weiter, wo
die Straße zwischen Steinen und Hecken in den Wald biegt.
Da ist er wieder zwischen den Weinreben, noch ferner. Er sieht nicht,
oder, wenn er sieht, erkennt er nicht mehr.
Wie schattenlos
der Abend, Gräser, der Eure ist's. Ungeheuer erhebt sich der Baum
in die Luft, wer ihn besteigt…
Und niemals gehörte er uns
der Schaum auf dem Teich
oder der raue Mastixbaum, nichts hatten wir verstanden,
nicht den Weg, nicht das verlassene Dorf,
wo keine Seele mehr lebte,
und der Schritt des von Gott Gesandten
das Pflaster vergeblich berührt.

Bald wird es dunkel sein, wird Geheul
die Luft erfüllen von angeketteten Hunden und
dem so geschwinden wie verzweifelten Treiben
der kleinen wilden Tiere.
Aber bevor wir mit Nein antworten,
betrachten wir noch einmal, ich bitte euch, die Wiesen,
über die wir weinend gingen,
die Weinreben und von hohen Nestern so riesig den Baum!
Als Vertraute rufen wir
einmal noch
zu den Geräuschen der vertrauten Mitternacht
die Vernunft der Gräser und die unsrige herbei.

### *Le piccole piante…*

Le piccole piante mi vengono incontro e mi dicono:
»Tu, lo sappiamo, nulla puoi fare per noi.
Ma se vorrai entreremo nella tua stanza,
rami e radici fra le carte avranno scampo.«

Ho detto di sí a quella loro domanda
e il gregge di foglie ora è qui che mi guarda.
Con le foreste riposerò e le erbe sfinite,
vinte innumerabili armate che mi difendono.

### *Dimmi, tu conoscevi…*

Dimmi, tu conoscevi, è vero, quanto sia indegna
questa vergogna di vecchiezza?
Con la punta del sandalo hai messo in fuga
lo scorpione mentecatto.
I microcircuiti gli scattano, arranca
verso la cunetta ancora molle.

E i cari amici che ora è qualche anno
non vennero in vacanza, li hai piú veduti? Davvero
li avevi conosciuti? Meravigliosa
la maestà di tanta sorte.
La nostra debolezza era dunque cosí forte.
Lo scorpione tentenna la sua rabbia,
il suo programma.

Ma ti prometto, avrai il sonno, avrai la fede nel padre,
e nel tuo sonno onnipotenti fiumi
dove sarai felice, neri di notte. Al traghetto
batte fra le canne della riva una vedova barca pensosa.
Lo scorpione ha serrato nel nido di rena
la mente, rattratto riposa.

## *Die Pflänzchen…*

Die Pflänzchen treten mir entgegen und sagen mir:
»Du, das wissen wir, kannst gar nichts für uns tun.
Aber wenn du möchtest, kommen wir in dein Zimmer,
Zweige und Wurzeln finden ihr Heil in all dem Papier.«

Ich habe diesem ihrem Ansuchen gerne entsprochen,
und jetzt beobachtet die Herde der Blätter mich hier.
Mit Wäldern geh ich zur Ruh und erschöpfte Gräser,
zahllose Besiegte mit ihren Waffen, beschützen mich.

## *Sag mir, wusstest du…*

Sag mir, wusstest du, ist es wahr, dass diese Scham
des Alters so unwürdig ist?
Mit der Spitze der Sandale hast du
den schwachsinnigen Skorpion vertrieben.
Die kleinen Schaltkreise brennen ihm durch, er hinkt
in den noch nassen Rinnstein.

Und die teuren Freunde, die schon seit Jahren nicht mehr
in die Ferien kommen, hast du sie je wieder gesehn? Wirklich,
hast du sie gekannt? Erstaunlich,
die Erhabenheit von so viel Schicksal.
Unsere Schwäche war folglich so mächtig.
Den Skorpion schüttelt seine Wut,
sein Programm.

Aber ich verspreche dir, du wirst schlafen, an Gottvater glauben
und in deinem Schlaf allmächtige Flüsse besitzen,
in denen du glücklich sein wirst, schwarz vor Nacht. Gegen die Fähre
schlägt im Uferschilf ein verwaistes Boot gedankenvoll.
Der Skorpion verschloss in einem Nest aus Sand
zu einer steif gewordenen Ruhe den Verstand.

*Se volessi un'altra volta...*

Se volessi un'altra volta queste minime parole
sulla carta allineare (sulla carta che non duole)
il dolore che le ossa già comportano

si farebbe troppo acuto, troppo simile all'acuto
degli uccelli che al mattino tutto chiuso, tutto muto
sull'altissima magnolia si contendono.

Ecco scrivo, cari piccoli. Non ho tendine né osso
che non dica in nota acuta: »Piú non posso.«
Grande fosforo imperiale, fanne cenere.

aus: »Composita solvantur« (Turin 1994)

*Wenn ich einmal noch...*

Wenn ich einmal noch auf dem Papier diese wenigen Worte
(auf dem Papier, dem das nicht schmerzt) einreihen wollte,
würde der Schmerz, den die Knochen schon ertragen,

zu heftig werden und zu sehr den hohen Vogelstimmen
gleichen, die am Morgen in der reglosen, der stummen
Frühe auf der höchsten Magnolie ihren Streit austragen.

Daher schreibe ich, ihr lieben Kleinen. Weder Sehnen habe ich noch
Knochen, die nicht in hohen Tönen sprächen: »Mehr kann ich nicht.«
Großer allmächtiger Verstand, mach daraus Asche.

[Übersetzungen aus dem Italienischen von Manfred Bauschulte.]

STEFANIE GOLISCH

# Das kurze Leben der Antonia Pozzi

Im Dezember 1938 fährt eine junge Frau, knapp 26 Jahre alt, mit dem Fahrrad hinaus vor die Tore Mailands, der Stadt, wo sie lebt. Morgens noch hat sie die Kinder in der Schule unterrichtet; nun sucht sie nach einem Platz zum Sterben. Als die Industrieanlagen spärlicher werden und sich dem Auge langsam der Blick auf die freien Felder öffnet, hält sie an, legt sich in den frisch gefallenen Schnee und schluckt Schlaftabletten, die seit langem bereitliegen. Man findet die Frau erst am nächsten Morgen und bringt sie ins Krankenhaus. Dort stirbt sie noch am selben Tag. Lange schon hatte sie mit dem Gedanken an den (Frei-)Tod gelebt, hatte ihn in ihren Gedichten wieder und wieder beschworen als letzten Ausweg aus einem Leben, das nach und nach unerträglich geworden war.

An einer *Lungenentzündung* sei seine Tochter Antonia *plötzlich und unerwartet* verstorben, ließ Roberto Pozzi, ein angesehener Mailänder Anwalt, Großbürger, Katholik und überzeugter Anhänger Mussolinis, die Mit- und Nachwelt wissen. Kein Schatten sollte auf sein *über alles geliebtes Kind* fallen, dessen Erziehung von je seine ganze Energie in Anspruch genommen hatte.

Der Freitod der Tochter – ein Schlag ins Gesicht des ehrgeizigen Vaters, der sich durch die extreme Geste jedoch um keinen Preis verstören lassen will, sondern nun alles daransetzt, *seine Antonia* noch einmal zu erschaffen: als das Idealbild eines jungen Mädchens aus gutem Hause, übersensibel und künstlerisch begabt, doch dabei weitgehend konform mit dem privilegierten gesellschaftlichen Umfeld, in das sie hineingeboren war. Gewohnt, die Menschen und Dinge dem eigenen Willen ohne Rücksicht zu unterwerfen, »ordnet« Roberto Pozzi in den folgenden Monaten den Nachlass seiner Tochter. Zuallererst verbrennt er ihr Testament. Der Vater vertieft sich in ihre Tagebücher und Briefe, stößt auf zahlreiche Hefte mit Gedichten, von deren Existenz er bislang nichts geahnt hatte. Die Verse Antonias müssen ihm, der kein literarisch ungebildeter Mann war, gefallen haben; und was ihm missfiel, ihm anstößig, zu problematisch oder formal gewagt erschien, strich er ohne lange zu zögern und füllte die Leerstellen nach eigenem Gutdünken. Es sind die dunklen Seiten seiner Tochter – bereits im Leben stets mit den äußersten Mitteln wiewohl ohne Erfolg bekämpft –, die er jetzt kraft des natürlichen Vorrechts des Lebenden gegenüber der wehrlosen Toten mit aller Gewalt ausmerzt, ja ausmerzen muss, vielleicht um nicht selbst über die Schattenlinie zu geraten, die seine Tochter überschritten hatte.

Das schmale Konvolut von Gedichten, das er kurz nach ihrem Tode bereits im Jahre 1939 unter dem schlichten – von Antonia selbst gewählten – Titel *Parole* (Worte) als Privatdruck herausgibt, ist ein Resultat seiner Zensur und Willkür. Als eine Art weiblicher Naturbursche, als inbrünstig die Erhabenheit der Bergwelt besingende, unschuldig-naive Dichterin präsentiert der Vater seine Tochter der Leserschaft. Noch ihre Schwermut und Lebensmüdigkeit geraten unter seinem selbstherrlichen Zugriff unweigerlich in die Nähe des Klischees: jenes nämlich von der zartbesaiteten *Tochter aus gutem Hause*, die mit dem Leben nicht fertig zu werden wusste und ihren *Weltschmerz* heimlich in Gedichten verarbeitete. Gesteigerte Empfindsamkeit und radikale Innerlichkeit verbunden mit einer profunden Naturverbundenheit – diese absichtsvoll gefühlige Mischung, die der Vater anrührt, bewegt sich exakt innerhalb der Grenzen des gesellschaftlich Tolerierten – zumal einer jungen Frau gegenüber, deren Ungenügen sich niemals in offenem Protest gegen das Milieu ihrer Herkunft entladen hatte. Denn dem äußeren Druck entzog sich Antonia Pozzi auf jene unauffällige und lautlose Weise, deren letzte Konsequenz ihr einsames Sterben in der Winterlandschaft war.

Erst seit ihre Gedichte in einer die Originalfassungen rekonstruierenden historisch-kritischen Ausgabe vorliegen (1989 bzw. 1998), ist es möglich, das von ihrem Vater überlieferte Bild zu korrigieren: Ihr Werk, eine Gratwanderung zwischen Tradition und Moderne, hin-und hergerissen zwischen dem brennenden Wunsch nach Schönheit wie Sinnfälligkeit und dem instinktsicheren Gespür für deren Scheinhaftigkeit, widerlegt die zwanghaft versöhnliche Version Roberto Pozzis Vers um Vers. Es ist gerade der Reichtum an innerer Spannung, der Riss im Gewebe fast all ihrer Gedichte, der sie heute als eine der wichtigsten italienischen Lyrikerinnen des 20. Jahrhunderts erscheinen läßt.

So unauffällig und scheinbar angepasst sich ihr äußerer Lebensweg vollzieht, so kompromisslos ist sie, was ihre Dichtung und deren wichtigste Inspirationsquelle, die Natur, betrifft. Nur allerhöchste Maßstäbe des Gelingens wollte sie gelten lassen und noch in ihren letzten Lebensmonaten

denkt Pozzi nicht daran, ihre Ansprüche auf das schlechthin Mögliche zu vermindern. Zwar stößt sie fortwährend an die Grenzen ihrer persönlichen und künstlerischen Selbstverwirklichung – sei es durch das autoritäre Gebaren ihres Vaters, sei es durch ihre Beziehungen zu Männern, die allesamt scheitern –, doch ist sie nicht bereit, solche Grenzen als naturgegeben hinzunehmen. Pozzis Anpassung war geschickte Camouflage, erst die perfekte Verstellung nach außen ermöglichte die ungestörte Entfaltung ihrer inneren Welt.

Der übermächtige Wunsch nach Selbstverwirklichung und Selbstauflösung zugleich lässt sie immer wieder aus dem mondänen Leben ihres Mailänder Elternhauses ausbrechen, das sie als Gefängnis empfindet. Im Valsassina-Tal, oberhalb des Comer Sees, wo die Familie in dem kleinen Dorf Pasturo ein Haus besitzt, das seit Antonias Kindheit als Sommerfrische dient, erfährt sie bei ihren einsamen Bergtouren jene Einheit von vollkommener Verwirklichung und radikaler Auflösung ihres Ich – ein überwältigendes, existentielles Erlebnis, das ihre Dichtung speist. Diese Naturerfahrung ist direkt und unvermittelt. Ganz und gar durchlässig für die Eindrücke und Empfindungen, wie sie die Natur spontan in ihr hervorruft, entstehen die Verse. Es sind Augenblicksgedichte, die – datiert und mit ihrem Entstehungsort versehen – zurückweisen auf ihren Ursprung. Fest verankert im subjektiven Erleben handelt es sich um lyrische Protokolle, in denen sich die Autorin rückhaltlos preisgibt. Und doch ist diese Lyrik bei aller jugendlichen Emphase weit entfernt vom emphatischen Impetus romantischer Naturbeschwörung – ebensoweit allerdings wie von jenem radikalen Bruch mit der Natur, wie ihn etwa der deutsche Expressionismus zu Beginn des vorigen Jahrhunderts vollzieht. Die Natur ist und bleibt für Antonia Pozzi Inbegriff der Vollkommenheit, zugleich bezeichnet sie eine schier unüberwindliche Schwelle, an der der Mensch zwangsläufig sein Scheitern erfährt.

In einer späten Tagebuchnotiz heißt es dazu einmal: »Heute abend am Ende einer langen asphaltierten Straße am Himmel ein Sonnenuntergang, in seiner Mitte ein Kirchturm, quadratisch wie ein Festungsturm. Aber selbst dieser Himmel wollte mich nicht, auch dieser Himmel war keine Lösung und es war nicht mein Himmel, noch war ich die seine.«

Die Spaltung ist, wenngleich die Natur immer wieder auch regelrecht beschworen wird, definitiv. Die Dichterin weiß um die Unmöglichkeit der Annäherung und doch ist der Versuch, in ihren Gedichten den Abgrund zu überbrücken, (über)lebensnotwendig, gekoppelt nämlich an jenes geheime Glücksversprechen, das nach Adorno aller Lyrik zu Eigen ist. *Worte* betitelt sie ihre Gedichte, *Worte,* die im sicheren Wissen um die Aussichtslosigkeit ihres Unterfangens das schlechthin Unnachahmliche auf ihre Weise dennoch nachahmen müssen.

Anders als kühlere Naturen erfährt Antonia Pozzi die verloren gegangene Sinnfälligkeit allerdings nicht als eine intellektuelle Herausforderung, sondern als unmittelbare Bedrohung des eigenen Lebens. Kurz vor ihrem Tode schreibt sie an einen Freund, den Schriftsteller Vittorio Sereni, den bitteren Satz: *Die Zeit der Worte ist vorbei.* Erst in dem Moment, der ihr das paradoxe Vertrauen in die Kraft der Worte endgültig nimmt, gibt Antonia Pozzi auf.

Bis zuletzt trägt sie sich mit literarischen Plänen: ein Roman, eine Art Familienchronik aus der Lombardei, schwebte ihr vor, auch von philologischen Studien ist bisweilen die Rede, hatte sie doch bei exzellenten Lehrern eine Philologiestudium an der Universität Mailand absolviert und in jenem illustren Kreis von Studenten um den Philosophen Antonio Banfi verkehrt, aus dem später bedeutende Schriftsteller und Philosophen hervorgehen sollten. Keines ihrer Projekte konnte sie noch verwirklichen, dennoch wäre eine Antonia Pozzi durchaus als Prosa-Autorin vorstellbar. Ihre Briefe, insbesondere aber ihre Tagebücher, bestechen durch eine scharfe Beobachtungsgabe und jene leise Ironie, wie sie nur eine hoch entwickelte Selbstreflexion hervorzubringen vermag. In einer wissenschaftlichen Arbeit über den jungen Flaubert, mit der sie ihr Studium abschloss und die posthum mit einem Vorwort Banfis versehen im angesehenen Mailänder Garzanti Verlag publiziert wurde, erweist sie sich überdies als kritische Analytikerin und einfühlsame Leserin zugleich. Dass sie beabsichtigte, sich neue literarische Formen zu erschließen, zeugt von einem Willen zur Distanzierung – Distanz gegenüber sich selbst und gegenüber einem Lyrismus, dessen innere Dynamik sich in zunehmendem Maße als Falle erweist. Zu diesem Aufbruch ist es nicht mehr gekommen – und so endet das kurze Leben der Dichterin Antonia Pozzi auf einem Feld unweit der Klosteranlage Chiaravalle vor den Toren Mailands: unversöhnt.

Vielleicht wären ihre Hefte niemals entdeckt worden und für immer in der Versenkung verschwunden, hätte der Vater nicht alles unternommen, um *seine* Version der Gedichte der Öffentlichkeit zugänglich zu machen. Nach der Publikation im Mondadori-Verlag in den frühen vierziger Jahren konzentrierte er sein Interesse auf die Übersetzung der Gedichte ins Englische, Deutsche und Französische. Fest überzeugt von Antonias Rang suchte er den Kontakt zur ersten Garde europäischer Lyriker wie etwa zu T. S. Eliot, der sich angetan zeigte, die Übersetzungsarbeit selbst allerdings nicht übernehmen wollte. Mehr Glück schien Roberto Pozzi zunächst bei der geplanten Übertragung ins Deutsche zu haben. In Nervi, einem exklusiven Badeort an der ligurischen Küste in der Nähe von Genua, wo die Familie die Wintermonate zu verbringen pflegte, hatte er in den frühen vierziger Jahren die Bekanntschaft Henry Benraths, eines heute weitgehend vergessenen, seinerzeit jedoch äußerst renommierten Dichters und Romanciers, gemacht, den Antonias Hefte faszinierten und der sich gerne mit den Übertragungen betrauen ließ. Die sehr freien *Umdichtungen* Benraths, der sich – auch er eine überaus problematische Künstlerpersönlichkeit – über die Maßen mit ihr identifizierte und die Gedichte in hohem Tone dem elegischen Pathos der eigenen Dichtung einverleibt, fanden am Ende jedoch nicht die Zustimmung Roberto Pozzis. Eine Einwilligung zur Publikation in Deutschland hat er nachdrücklich verweigert. Die Kriegswirren taten das Ihre, um das Projekt scheitern zu lassen.

Zu Beginn der fünfziger Jahre legte der kleine Wiener Amadeus-Verlag schließlich die Übertragungen eines gewissen Ernst Wiegand Junker vor. Auch dieser Kontakt war offenbar über einen gemeinsamen Bekannten – in diesem Falle den Germanisten und Rilke-Übersetzer Vincenzo Errante – der beiden Männer hergestellt worden. Befangen in den starren Formen der literarischen Hochsprache ihrer Zeit, gelang es indes weder Benrath noch Junker den besonderen, zwischen Tradition und Moderne, zwischen der Beschwörungsformel und dem sicheren Wissen um ihre verlöschende Kraft oszillierenden Ton der Gedichte Antonia Pozzis zu treffen. Der schmale Band blieb ohne Resonanz – die Dichterin im deutschsprachigen Raum eine Unbekannte.

ANTONIA POZZI

# An der Schwelle zum Herbst

*Gedichte*

## *Sera d'aprile*

Batte la luna soavemente
di là dai vetri
sul mio vaso di primule:
senza vederla la penso
come una grande primula anch'essa,
stupita,
sola,
nel prato azzurro del cielo.

MILANO, 1° APRILE 1931

## *Grido*

Non avere un Dio
non avere una tomba
non avere nulla di fermo
ma solo cose vive che sfuggono –
essere senza ieri
essere senza domani
ed acciecarsi nel nulla –
– aiuto –
per la miseria
che non ha fine –

10 FEBBRAIO 1932

### *Aprilabend*

Leicht fällt der Mond
hinter den Fensterscheiben
auf meine Schale Schlüsselblumen:
ich seh ihn nicht,
kann ihn nur denken
als eine große Schlüsselblume auch er
verwundert,
allein,
auf der blauen Wiese des Himmels.

Mailand, 1. April 1931

### *Schrei*

Keinen Gott haben
kein Grab haben
nichts Beständiges
nur lebendige Dinge, die fliehen –
ohne Gestern sein
ohne Morgen
und erblinden im Nichts
– Hilfe –
in der Not
die kein Ende hat –

10. Februar 1932

## *Crepuscolo*

Le crode non hanno più rose:
il sole le ha tutte portate
con sé
nel suo morire.

Anima, del tuo sfiorire
perché ti duole?

Lo stesso tuo pallore
è sulla fronte
d'ogni montagna,
lo stesso tuo desio
d'assopimento.

Vedi le grandi cime
come si sbiancano:
gli immensi volti
come distendono
sul dolore degli occhi
le palpebre
e giacciono puri,
protesi
a una carezza stellare.

O non attendi anche tu
per la tua vita
che si scolora
il bagliore supremo?

S. Martino di Castrozza, gennaio 1933

### *Dämmerung*

Auf den Hängen gibt es keine Rosen mehr:
die Sonne hat sie alle
mit sich
genommen in ihr Sterben.

Seele, warum schmerzt Dich
Dein Verblühn?

Deine Blässe
liegt auf der Stirn
eines jeden Berges,
Dein Verlangen
nach Schlaf.

Siehst Du die Gipfel,
wie sie weiß werden:
die gewaltigen Gesichter –
wie sie
über dem Schmerz der Augen,
die Lider senken
wie sie einfach daliegen,
bereit
für das zärtliche Anrühren der Sterne.

O wartest nicht auch Du
für Dein Leben,
dass der letzte Schimmer
sich entfärbte?

S. Martino di Castrozza, Januar 1933

## *Il cane sordo*

Sordo per il gran vento
che nel castello vola e grida
è divenuto il cane.

Sopra gli spalti – in lago
protesi – corre,
senza sussulti:
né il muschio sulle pietre
a grande altezza lo insidia,
né un tegolo rimosso.

Tanto chiusa e intera
è in lui la forza
da chi non ha nome
più per nessuno
e va per una sua segreta linea
libero.

25 SETTEMBRE 1933

## *Der taube Hund*

Taub vom Wind
der in der Burg weht und schreit
ist der Hund geworden.

Auf den Wällen zum See
läuft er
unbeirrt:
nicht das Moos auf den Steinen
in der Höhe bedroht ihn
und nicht ein loser Dachziegel.

So geschlossen und ganz
ist in ihm die Kraft dessen
der keinen Namen mehr hat
für niemanden
und seine eigenen Kreise zieht
frei.

25. September 1933

## *Nàufraghi*

Nàufraghi sugli scogli
ognuno narra
a sé solo – la storia di una dolce casa
perduta,
sé solo ascolta
parlare forte
sul deserto pianto
del mare –

Triste orto abbandonato l'anima
si cinge di selvagge siepi
di amori:
morire è questo
ricoprirsi di rovi
nati in noi.

19 DICEMBRE 1933

## *Pensiero*

Avere due lunghe ali
d'ombra
e piegarle su questo tuo male;
*essere* ombra, pace
serale
intorno al tuo spento
sorriso.

MAGGIO 1934

## *Schiffbrüchige*

Schiffbrüchige auf Klippen
ein jeder erzählt
nur sich allein – die Geschichte eines
verlorenen Zuhauses
nur sich allein hört er
laut reden
im verlassenen Weinen
des Meeres –

Trauriger verlassener Garten, die Seele
umgibt sich mit wilden Hecken
der Lieben:
dies ist Sterben
sich mit Dornen bedecken
die in uns selbst gewachsen sind.

19. Dezember 1933

## *Gedanke*

Zwei lange Flügel haben
aus Schatten
und sie über Deinem Schmerz ausbreiten;
Schatten *sein*, Friede,
abendlicher
um Dein erloschenes
Lächeln.

Mai 1934

*Il sentiero*

Sperare
mentre il domani intatto sconfina
e tosto
dimenticare il volto
delle speranze, nel tempo vero.

Viali sognavi per la vita
e un esile
sentiero ti rimane.

Una sera
la tua montagna si ricorderà
di averti avuta
bambina
sul suo grembo d'erba;
e lontana vedendoti
a cercare
su perse rive le ombre
delle tue cose sepolte,
ti chiamerà coi cenni
antichi – delle campane.

Il tuo sentiero ti ricondurrà
lungo la valle,
per la conca prativa – al muro candido,
al cancello socchiuso.

Lassù, nel breve orto disteso
ai ritorni delle stagioni, ai cieli
della neve e dei venti
primaverili,
verranno bocche
di bambini sconosciuti
a cantare
sulla tua solitudine.

30 GENNAIO 1935

### *Der Weg*

Hoffen
während das unversehrte Morgen verschwimmt
und bald
das Gesicht
der Hoffnungen vergessen, in der wirklichen Zeit.

Alleen träumtest Du für Dein Leben
und ein schmaler
Pfad bleibt Dir.

Eines Abends
wird Dein Berg sich erinnern
Dich als Kind
auf seinem Grasschoß
gehabt zu haben;
von weitem sieht er Dich
an verlorenen Ufern die Schatten
Deiner begrabenen Dinge
suchen
er wird Dich rufen
mit uraltem Wink – den Glocken.

Dein Weg wird Dich zurückführen
durch das ganze Tal,
durch die Wiesenmuschel – zur weißen Mauer,
zum angelehnten Tor.

Dort oben, in dem kleinen Garten,
der Wiederkehr der Jahreszeiten,
dem Schneehimmel und den
Frühlingswinden hingegeben,
werden die Münder
unbekannter Kinder
über Deine Einsamkeit
singen.

30. Januar 1935

## *Stanchezza*

Svenata di sogni
ti desti:
ti è pallida coltre
il cielo mattinale.

Come a un mortale
pericolo scampata
con un gesto umile – i gridi
delle campane scosti:

debolmente,
preghi nel poco sole
un silenzio.

17 FEBBRAIO 1935

## *La vita*

Alle soglie d'autunno
in un tramonto
muto

scopri l'onda del tempo
e a tua resa
segreta

come di ramo in ramo
leggero
un cadere d'uccelli
cui le ali non reggono più.

18 AGOSTO 1935

## *Müdigkeit*

Erschöpft von Träumen
wachst Du auf:
fahle Decke
ist Dir der Morgenhimmel.

Als seist Du
einer tödlichen Gefahr entronnen
stößt Du
die Schreie der Glocken von Dir:

kraftlos
betest Du im schwachen Schein
ein Schweigen.

17. Februar 1935

## *Das Leben*

An der Schwelle zum Herbst
in einem stummen
Sonnenuntergang

erkennst Du die Welle der Zeit
und Dein inneres
Aufgeben

wie von Ast zu Ast
ganz leicht
ein Vögelfallen
mit zerbrechenden Flügeln.

18. August 1935

*Tempo*

Mentre tu dormi
le stagioni passano
sulla montagna.

La neve in alto
struggendosi dà vita
al vento:
dietro la casa il prato parla,
la luce
beve orme di pioggia sui sentieri.

Mentre tu dormi
anni di sole passano
fra le cime dei làrici
e le nubi.

28 MAGGIO 1935

II

Io posso cogliere i mughetti
mentre tu dormi
perché so dove crescono.
E la mia vera casa
con le sue porte e le sue pietre
sia lontana,
né io più la ritrovi,
ma vada errando
pei boschi
eternamente –
mentre tu dormi
ed i mughetti crescono
senza tregua.

28 MAGGIO 1935

*Zeit*

Während Du schläfst
ziehen die Jahreszeiten
über das Gebirge.

Der Schnee in der Höhe
lässt schmelzend
den Wind frei:
hinter dem Haus spricht die Wiese,
das Licht
trinkt die Regenspur auf den Wegen.

Während Du schläfst
ziehen Sonnenjahre
zwischen den Wipfeln der Lärchen
und den Wolken.

28. Mai 1935

II

Ich kann Maiglöckchen pflücken
während Du schläfst
denn ich weiß, wo sie wachsen.
Und mein wahres Zuhause
mit seinen Türen und Steinen
bleibe fern,
dass ich es nicht mehr wiederfände,
und durch die Wälder
irrte
in alle Ewigkeit –
während Du schläfst
und die Maiglöckchen wachsen
ohne Unterlaß.

28. Mai 1935

[Übersetzungen aus dem Italienischen von Stefanie Golisch]

HEINRICH DETERING

# Drei Gedichte

## *Annuntiatio*

*24. Mai 2001*

aus heiterem Himmel englische Stimmen
leicht wie ein Rauch, *out of the blue*

morgens die Mailbox und abends die Apokalypse
aber der Mittag der Mittag von nichts überschattet

nichts verdunkelt den Himmel
bloß dieser flüchtige Schwarm

englischer Stimmen
wie Rauch, *out of the blue*

## *Prometheus*

Aufwärtsbewegung
Firmament
nach der Erregung
Abwärtstrend

mein irdener Körper
keusch philobat
ängstlicher Spürhund
wittert Verrat

himmelhochjauchzend
und felsenfest
selige Sehnsucht
gibt mir den Rest

Heliumhirn und
bleierner Bauch
es ginge auch anders
so gehts auch

*Ganymed*

wer wenn ich schliefe störte mich denn? aber nähme
mich der Himmel ans Herz ich verginge

in schöner Unordnung

wie ein Engel

ALEŠ ŠTEGER

# Da geschah es

*Vier Gedichte*

## MIRNJAK

Die Gischt vom Himmel war ganz nah.
Als zufälliger Beobachter des langsamen Dahinwelkens
Der Ringelblumen in der Hotelvase, der Wolkendeportationen,
Sah ich mich an der Schwelle eines Geheimnisses.
Das Wasser schoss mit großer Gewalt vom Himmel,
Zersprang dröhnend auf einem Felsen, fügte sich
Nach einigen Metern, einigen Augenblicken, wieder zusammen
Und floss weiter: klar, selig, heil.

Jedenfalls war es vollkommen anders als alle Abstürze,
Die ich durchgemacht habe.
Als gäbe es hier, trotz der unerbittlichen Gesetze der Gravitation, noch
Eine andere Kraft, die, still und im Verborgenen,
Stärker wirkt als die zerstörenden Kräfte der Zeit und des Unheils.
Als würde uns etwas beschützen vor der völligen Vernichtung,
Uns weiterflüstern und weiterpflanzen und unsere Namen fortsetzen
Mit dem Atem von Mündern, die morgen schon Niemandsmünder sind.

Auf dem Rückweg, am Fuße des Mirnjak-Berges,
Hinter den splitternden Sonnenkristallen zwischen den Kiefern,
Hinter den tanzenden Mückenschwärmen,
Standen zwei rostige Granaten Wache vor dem Eingang
Eines Soldatenfriedhofs für Gefallene aus dem Ersten Weltkrieg.
Inmitten dieses Labyrinths des Widersinns eine Kapelle.
Die Tür von einem Eisengitter überwuchert, dahinter eine offene Luke.
Zwischen Schatten von Heiligenfiguren hing ein taubes Seil.

Da geschah es.
Meine Hände, um jene Welt gewachsen, die ihnen immer durch die Finger glitt,
Begannen zu schrumpfen.

Sie wurden immer kleiner,
Sie sprachen mit den Fingern eines Knaben.
In aller Unschuld konnte ich durch die engen Gitterstäbe greifen,
Das Seil erreichen und ziehen.
Über den Windungen des Flusses schallte durchs Tal ein Glockenschlag.

Ringelblume, senke deine Blüte auf den zernarbten Tisch.
Stürze, Wasser, damit der Wasserfall stillsteht.

## ENTROPIE

Es war der Tag, an dem die Logik
Des Sandkorns die Oberhand über dich gewonnen hatte.
Du fingst an zu versinken.

Manche nennen es Entropie,
Du aber wolltest lediglich dorthin, wo es
Am engsten in dir ist, in die Enge,
Durch die kein anderer kann.
Du wolltest nur du sein.

Es vergingen Minuten.
Vielleicht Jahre, wer weiß.
Im Sog
Zwischen den anderen verhassten Körnchen
Konntest du nichts erkennen.

Nichts anderes gab es.
Nur Körnerkörner ohne Zwischenraum
Und dieses kleine schwarze Loch
In der Sohle deines schwarzen Schuhs.

Es begann zu wachsen.
Es wuchs immer schneller.
Sein Sog schlang die Bahnen hinunter und von den Seiten die Leute,
Bald absorbierte es die letzten Ränder des Horizonts,

Mein Gott, dachtest du,
Ich wollte mein eigener Kristall sein, ein Granit-Ich,
Nicht aber Chaos und Verschwinden.
Worauf will ich denn ohne und ohne jeden Grund stehen?

Von dort, wo es nur noch nichts und nirgends
Und ein nirgendwohin gibt,
Stürzt es dich kopfüber nach unten
Auf die andere Seite.

Minuten? Jahre? Vielleicht ein leeres Nichts?
Manche nennen es Entropie,
Du aber wolltest nur du sein.

Obwohl das Gleiche, ist es jetzt ein anderes,
Dieses Körnchen am Boden der Sanduhr.
Immer wieder rieselt es seiner Enge entgegen,
Immer wieder sinkt es, wartet auf seinen Fall
Und fällt erneut.

Du kannst es durch die Glaswände
Seiner Welt beobachten, du kannst ihm folgen.
Aber das Sandkorn kann auch dich
Auf der anderen Seite dieser Wände beobachten,
Es bemerkt die ersten deutlichen Falten um deine Augen,
Die Zahnfüllungen, den Bart,
Der dichter geworden ist um ein paar weiße Jahre.
Es sieht dein Handgelenk,
Es fühlt, wie du von neuem das hölzerne Gehäuse
Seiner kleinen Welt mit all deiner Ungewissheit
In die Höhe nimmst,
Wie du es umdrehst.
Es ahnt deine Absicht.
Es weiß, was die Stunde geschlagen hat.

## ZWISCHEN BROT UND SALZ

Ich beobachte dich.
In der Küche, als stündest du inmitten einer großen Träne,
Zerlegst du ihre Schichten, legst sie flach aufs Holz,
Schneidest und hackst sie, lässt sie behutsam ins Öl gleiten.

Draußen endet das Dröhnen des Regens, genau wie damals in der Nacht in Trujillo.
Die Sturzflut riss die Hälfte vom Friedhof am Strand unten mit.
Als das Wasser am Morgen zurückwich,
Ragten die Särge wie abgebrochene Baumstümpfe aus dem Schlamm.
Die Toten konnten endlich aufrecht und ruhig dem Himmel entgegenblicken.

Sosehr ich mich auch bemühte, in die Knie zu gehen,
Die Muskeln anzuspannen, wegzuhechten, aus mir heraus:
Die Erde hielt mich fester als ich,
Einen roten Kaschmirschal um den Hals,
Das Küchenmesser mit der Aufschrift Made in Vienna.

Ich beobachte dich.
Soeben hast du seine breite Schneide an deiner Schürze abgewischt.
Es auf den Tisch gelegt. Dich weggedreht.

Was auch passiert:
Es gibt auf der ganzen Welt kein Messer, das ich nicht eines Tages aus der Hand legen müsste.
Und die Welt ist nun mal eine Zwiebel.
Betrübt trennst du ihre erbärmlichen, gewölbten Sphären,
Schneidest sie aufs Brot und salzt.

Mit voll gestopftem Mund eröffnet sich dir die Wirklichkeit eines andern:
Verkneif dir jetzt die Worte, verharre da mit leeren Händen,
Stehe in reiner Distanz, stehe und stehe,
Und wiederhole den Namen eines Mittelpunkts, den es nicht gibt,
Wiederhole den Namen der Leere,
Von der nichts übrig bleibt.

## 36 SEKUNDEN

Ich werde über Insekten reden,
Die unter der trunkenen Sonne sirrten, auf uns landeten, uns das Blut aussaugten.
Bis zu den Knöcheln in der weichen Erde,
Hast du mir beigebracht, wie man Fallen unter Salatköpfen aufstellt,
Wie man ein Messer hält. Einen Apfel in zwei Hälften schneidet.
Die eine Hälfte bekam ich,
Die zweite, todbringende, legtest du unter den Bügel.
Damit sie nicht anfressen, wofür du geschuftet hast, sagtest du,
Zu blauäugig und naiv, um zu kapieren, wo wirklich und für wen du sie aufstelltest.
Versteckt in meinem Kopf schnappte sie noch jahrelang zu und erwischte mich
Jedes Mal, wenn ich dachte, ich würde endlich lieben und geliebt werden.
Deine Schwester brachte mir in der ersten Klasse die Namen der Blumen bei
Und die Linien von Buchstaben
In so schwierigen und unbegreiflichen Wörtern wie Technologie, Geschichte, Gott.
Zu dieser Zeit bauten sie in unserer Nähe einen Schlachthof.
In sensationellen 36 Sekunden wurde eine Kuh
Maschinell getötet, aufgehängt, enthäutet und in größere Teile zersägt.
Mutter, ich weiß nicht, was in letzter Zeit mit mir los ist.
Ich gehe früh zu Bett, aber wenn ich einschlafe, geht das Laufen weiter, ohne Ende,
Ich weiß nicht wo, wem entgegen, ich weiß nicht wohin, aber ich
Mache beharrlich weiter, ich gehe und gehe,
Bis mich das Sirren der morgendlichen Stechmücken aufweckt und ich weiß,
Dass ich sie töten muss, töten, alle töten.

[In Zusammenarbeit mit dem Autor übertragen von Gerhard Falkner]

# Einsprüche und Nachreden

Sebastian Kiefer
*Zwischen Mythos und »Mache«*

Wolfgang Matz
*Jenseits der Geschichte*

Wolfgang Ullrich
*Historische Zeitschriftenschau (8)*

SEBASTIAN KIEFER

# Zwischen Mythos und »Mache«

*Notizen zum Handwerk Paul Celans*

»Das Gedicht will, wie gesagt, verstanden sein, es bietet sich zur Interlinearversion dar, fordert dazu auf.«[1] Lesen und Verstehen als Herstellen von »Interlinearversionen«, damit ist der Inbegriff der Banausie für Mallarmé mitsamt seiner Nachfolger bezeichnet. Auf einem der unzähligen Notizzettel, die den Wegesrand zur »Meridian«-Rede säumen, dem hochgespannten Versuch zu einer kultischen Überhöhung des Gedichtes, stehen die Werte einen Augenblick lang Kopf. In der Endfassung wird der Ausspruch getilgt, doch stellt er keine Abirrung von Celans verschlungenem poetologischen Pfad dar. Celans Polemik gegen die »Musikalität« des Gedichtes, gegen Wohlklang und Klangfarbenspiel,[2] liegt in der Linie solcher Imperative: Wo Lesen bedeutet, das Gedicht in einen Sub- oder Epitext rekreierend zu übertragen, wiegt die sinnliche Gestalt etwa so viel wie Mayas Schleier. Das ist eine Kampfansage gegen die Hochschätzung bildlicher Plastizität in der Goethe-Tradition; eine Predigt contra Weimar mit seinem, wie Celans Idol Jean Paul verächtlich sagte, »bilderdienerischen« Ideal.[3] Die Austreibung des Bildes und Wohlklanges wäre für sich genommen ein klares poetologisches Programm zugunsten der semantischen Konstruktion – denn eine sinnliche Wortmorphologie, die nicht bloßes Vehikel der Botschaft, des dichterischen Zeigens und Meinens wäre, ist ohne Bezug auf »wohlklingende« Rhythmisierung, Klangfarbendramaturgie, kulinarische Note nicht vorstellbar. Wie aber lässt sich etwas Derartiges vereinbaren mit Celans Insistenz auf der »Unübertragbarkeit des Gedichts«, so, als gelte es, das Gedicht gegen die eigene Forderung nach Herstellung von »Interlinearversionen«, nach Lesen hinter und zwischen den Zeilen, in Schutz zu nehmen? Und verlangen die sein Werk durchziehenden Allusionen, Zitate, Paraphrasen, Parodien von sich aus etwa nicht nach Entschlüsselung? (Und beschäftigen dementsprechend einen ganzen Philologenzweig.) Ist also das So-Sein der Worte nur eine zarte Hülle, die der Leser durchstoßen muss, um den ästhetischen Sinn freizusetzen, oder spielen verschlüsselte Bedeutungen jenseits der nackten Worte nur am Rande hinein, sind sie bloßes Beiwerk des Eigentlichen, der rhythmisierten Gestalt? Und warum sind »Schönheit«, »Wohlklang« und »Ausdruck« Unterarten der Blasphemie?

»Lesen Sie! Immerzu nur lesen, das Verständnis kommt von selbst.« Der viel zitierte Rat an Chalfen ist eindeutig. Gleichwohl gab Celan immer wieder, wenn auch nur unter der Hand, Hinweise auf in die Verse hineingeheimnisste Bildungsspuren, auf eigentlich Gemeintes, von dem er wusste, man werde es durch sekundärmittelfreies Lesen nicht entdecken. Folglich mündet H. P. Neumanns Frage: »Was muß ich wissen, um zu verstehen?«[4] rasch in dem resignierenden Verweis auf textexterne Kenntnisse. (In diesem Fall, dem Gedicht »Die Schleuse«, den bloß in den Entwürfen zu findenden Wohnort von Nelly Sachs.) Klingen die allbekannten Formeln »Unübertragbarkeit« und »Buchstäblichkeit« nicht hohl, wenn sich die Lektüre erst unter Rückgriff auf ein Wissen vervollständigt, das etwa biographischer oder gar regelrecht privater Natur ist? Und was soll »Buchstäblichkeit« noch meinen, wenn Lesen als die Erzeugung von »Interlinearversionen« dem etymologierfreudigen Celan zufolge auch buchstäblich als ›Zwischen-den-Zeilen-Lesen‹ zu begreifen ist? Geht es um das, was im Buchstaben ein für alle Mal festgeschrieben ist, oder um das, was die Imagination des Lesers daraus macht? Wenn Letzteres, was soll dann Celans Verbot eines »Mit- und Nachvollzug[s]« durch den Leser, und was jenes Einklagen von »einmalige[r] Mitwisserschaft« an dessen Stelle?

Worauf anderes verweist »Hermetik«, wenn nicht auf diesen Habitus des Geheimwissens, das vor den unkeuschen Blicken Nichteingeweihter geschützt werden soll? Celan selbst tut »Hermetik« ab, bejaht aber »Dunkelheit«. Er redet das Sprachspiel klein, kritisiert jedes Verlangen nach »Ausdruck« und beansprucht zugleich sinnliche Unmittelbarkeit. Dass die Faktizität der Worte nach Durchlauf von allerlei detektivischen Entschlüsselungsprozeduren immer das Maß der ästhetischen Dinge sei, ist keine Lösung – vielmehr ein Lippenbekenntnis, dem alle und für jede Art der Dichtung kostenfrei beipflichten werden. Doch von jeder Art geläufiger Poesie will Celan sich ja in einem ontologischen Qualitätssprung absetzen.

Wie immer eine von der Philologie rekonstruierte Synthese der poetologischen Grundsätze Celans dereinst ausfallen mag, sicher ist: Die Ambiguität der Grundbegriffe ist keine Beiläufigkeit der »Meridian«-Rede, keiner Sprachnot im eigentlichen Sinne geschuldet. Es ist eine in mehreren Arbeitsphasen sorgsam hergestellte Uneindeutigkeit. Celan hat in monatelanger Arbeit seine Grundeinfälle, die nicht selten Bekenntnischarakter besaßen und von seinem eminenten Verlangen nach subjektivem, ja privatem »Ausdruck« zeugten,[5] Schritt für Schritt durch Einmontagen von Interjektionen, Leerstellen, Zitatmaterial, Partizipialsätzen, Satzklammern und elliptischen Konstruktionen dem argumentierenden Zugriff, also der Möglichkeit, ihre Legitimität zu befragen, entzogen. Das war wohl, glaubt man einem gewogenen Zeugen, keine ästhetische Entscheidung, sondern ein existenzieller Schutzreflex: »Prosa mutete ihn von vornherein eingrenzend an, erhob Anspruch auf Verbindlichkeit, auf Verständnis – Ansprüche, von denen er sich unter allen Umständen fernzuhalten suchte.«[6] Nur muss man hinzufügen: Celan wich diskursiver oder gar definitorischer Verbindlichkeit aus, erhob im selben Atemzug aber ästhetischen »Totalitätsanspruch«.[7] Er vermied das Definite, Normierte und Fixierte, brachte jedoch zwingende ästhetische Positionen jenseits des Arguments absolut und in epochalem Zuschnitt zur Geltung. Ambiguität diente ihm als Mittel der Wahl dabei. Unten werden wir sehen, dass Celan seine poetologischen Primäreinfälle in der Prosa Verfahren unterworfen hat, die er sich bei der Entwicklung seiner reifen dichterischen Sprache angeeignet hat: Plane, anschauliche, bekenntnishafte, private, ausdrucksgesättigte Grundelemente werden zielgerichtet verfremdet durch Überlagerungen, Montagen und sinnentlegene Epitheta, bis die anfangs deutlichen Referenzobjekte und performativen Gehalte zersplittert und fragmentiert, ins Zweideutige, Metaphorische, Formelhafte entrückt sind. Endergebnis ist ein Wechselbad zwischen spruchartigen Axiomen und Rückzügen in (rhetorische) Fragen. Die spürbare Amphibolie der Grundbegriffe ist, wie die Entstehungsgeschichte lehrt, kein Sekundäreffekt, sondern ein planvoll herbeigeführter, rhetorischer Grundzug des Ganzen. In ihr tritt eine Celan'sche Ambivalenz zwischen Bekenntnisdrang und Anonymisierung zu Tage, eine Ambivalenz zwischen dekretorischem »Totalitätsanspruch« im Namen eigener Erfahrungen und akribischer Verleugnung des empirischen Ichs. Im »Meridian« heißt es: »Ich suche jetzt keinen Ausweg, ich frage nur ... Ich verlasse den Selbstvergessenen ... ich suche, auch hier, in dieser Dichtung Büchners, dasselbe, ich suche Lenz selbst, ich suche ihn – als Person, ich suche seine Gestalt: um des Ortes der Dichtung, um der Freisetzung, um des Schritts willen.« Einige »Meridian«-Minuten später fällt die berühmte Formel vom »20. Jänner«, der »jedem« Gedicht – als ob ein Eliot, ein Pound, ein Benn, ein W. C. Williams Luft wären – eingeschrieben sein soll, und darin verpackt liegt die Behauptung einer Unmittelbarkeit der celanschen Biographie zur Weltgeschichte. Jetzt heißt es nicht mehr: »Ich suche ...«; jetzt heißt es nur noch »das« Gedicht, verstanden als Kondensat der Weltläufte, präsentiert als eine Entität eigenen Willens, die losgelöst vom Sprechenden existiert: »Aber das Gedicht spricht ja! ... Das Gedicht verweilt oder verhofft ... Gewiß, das Gedicht – das Gedicht heute – zeigt, und das hat, glaube ich denn doch nur mittelbar mit den – nicht zu unterschätzenden – Schwierigkeiten der Wortwahl, [...] zu tun, – das Gedicht zeigt, das ist unverkennbar, eine starke Neigung zum Verstummen.« Die Rhetorik des Ringens um Worte am Rande des Sprachmöglichen, wohl inszeniert durch eine Flut von Nebensatzklauseln, hat sich gewissermaßen selbst eingeholt. Die Dichte der Einschübe und Parenthesen erreicht ihr Maximum und jegliche Differenz zwischen Metapher und Dekret hat sich aufgelöst: »Das« Gedicht »behauptet sich am Rande seiner selbst; ... Das Gedicht ist einsam ... Das Gedicht will zu einem Anderen, es braucht Andere ... Das Gedicht wird – unter welchen Bedingungen! – zum Gedicht eines – immer noch Wahrnehmenden, dem Erscheinenden Zugewandten.«[8] »Das« Gedicht hat den Redner am Ende gleichsam aufgesogen. Sein empirisches Ich ist verschwunden, an seine Stelle tritt »das Gedicht«, das Dichter-Ich, das vermittels des »20. Jänner« an das dunkle Weltgeschick gekettet ist, von den Erynnien der Epoche in Abgründe gestoßen, auf dass es, mit zu Tode gepresstem Atem, dem Verstummen ein noch eben mögliches, vom Leid ausgezehrtes Wort abringe, also Zeugnis für das Gewissen des Jahrhunderts ablege – das Ungeheuerliche sagbar mache, sibylli nisch und wahrer als alle sonstigen Stimmen in einer vergessensfreudigen Welt. Doch ebenso wie die Ambiguität der poetologischen Grundbegriffe keiner Wortnot geschuldet ist, sondern rhetorischem Instinkt, so ist dieses Dichter-Ich natürlich ein dank zielgerichteter Arbeit am Wortmaterial Hergestelltes. Und diese Manipulationsarbeit ist Teil der Ambition, ein anderer zu werden, ein anderer als der zu Ruhm gekommene, preisgekrönte Schöpfer hochmusikalischer, metaphernprunkender Gebilde.

Was für das Ganze gilt, das Spiel mit dem Paradox, mit Gegensinn und schillernder Formel, kehrt auch in den Teilen, im Besonderen wieder – etwa in der Thematisierung der Metapher. In die Geschichte moderner Literatur ist Celan als Begründer eines neuen Dichtung-Äons jenseits (oder diesseits) der Metapher eingegangen. Von diesem Jenseits kündete er allerdings in Metaphern: Die so oft zitierte Rede vom »Neigungswinkel« der Dichterexistenz, »dem Neigungswinkel seiner Kreatürlichkeit«, ist eine metaphorische, nämlich eine Übertragung aus der Visualsprache der Geometrie in die Binnensphäre unsichtbarer Selbstverhältnisse einer Person – und es handelt sich um die schlichtestmögliche Art einer metaphorischen Übertragung, nämlich die genitivische. Auch die quasi-animistische Stilisierung eines Gedichtes zum für sich lebendigen Ding – »Das Gedicht ist einsam. Es ist einsam und unterwegs« – verdankt sich einer metaphorischen Verschiebung: Einem Artefakt werden – Pygmalion (auf den Celan anspielt) hin, Kabbala her – Eigenschaften attestiert, die nach alltäglichem Sprachgebrauch nur dem Menschen zugeschrieben werden können. »Schwarze Milch der Frühe: Das ist keine jener Genitivmetaphern, [wie wir sie von] unseren sogenannten Kritikern vorgesetzt bekommen, damit wir nicht mehr zum Gedicht gehen; das ist keine Redefigur und kein Oxymoron mehr, das ist Wirklichkeit.« Nicht in dem etwas schlichten Sinne, hier sei palpable Lagerrealität Wort geworden, wie Felstiner meinte, sondern in diesem: »Genitivmetapher = Nein, ein unter Herzensnot Zueinander-Geboren-Werden der Worte«.[9] Hier ersetzt Celan ein (im Sinne Wittgensteins) »grammatisches« Kriterium durch eine bildhafte Analogie – Ersetzung, also Metapher im guten alten rhetorischen Sinn.

Solcherart Abwehr gebräuchlicher Kategorien durch stillschweigenden Ebenenwechsel findet sich häufig bei Celan, zumal bei so zentralen Fragestellungen wie der nach der Metapher: »›Danton, deine Lippen haben Augen‹: das ist keine ›moderne Metapher‹, das ist Wissen, von weither, um das Wissen [Seherische] eines Munds –«.[10] Seit wann stehen sich »Wissen« und »Metapher« denn als Gegensätze gegenüber? In der Metapherntheorie des 20. Jahrhunderts jedenfalls nicht mehr. (Eine gewisse synästhetische Veranlagung mag in Celans Behauptung hineinspielen: Für ihn bedeutete Sprechen Sehen, wie G. Baumann erinnert.[11]) Das eingeklammerte »Seherische« mag im Übrigen ein Fingerzeig dafür sein, in welchen Kategorien Celan eigentlich beobachtete: Bildliche Ausdrücke sind keine schönen Stellvertreter der eigentlichen, die Wirklichkeit bezeichnenden Worte. Nicht ausgeschlossen, dass Celan an Gestalten wie Herders Erzväter oder Klopstocks Messias dachte, die aus religiös-poetischer Verzückung im erhabenen Bilderflug die wörtliche Rede übersteigen. Deswegen sind es dennoch Metaphern. Warum also Celans Tabuisierung des Begriffs und des Phänomens, das er bezeichnet? Was fürchtet er – und seine Getreuen wie Jean Bollack mit ihm –, wenn seine Metaphern beim Namen gerufen werden?

### *Die »Goll-Affäre« und Celans Versuch, kein Künstler mehr zu sein*

Bemerkenswerterweise ist es eine der getreuesten Celanistinnen, die uns (unbeabsichtigt) gelehrt hat, was Celan so ängstigte, dass er alles daransetzte, ein anderer zu werden. Es waren ganz wesentlich außerdichterische Gründe, die Celan zur ebenso erbitterten wie zweideutigen Ablehnung von poetischem Bild und »Kunst« trieben – lebensgeschichtlich wahrscheinlich sogar vorgängige Motive, denen die Poetologie als nachträgliche Legitimation diente. Weit stärker noch als das Trauma, mit der »Todesfuge« als der Dichter in die Geschichte einzugehen, der das Grauen ästhetisiert, ausgebeutet und kulinarisch apperzeptabel gemacht habe, ist es offenbar die »Goll-Affäre« gewesen, die Celan in seine aggressive Defensive trieb. Frau Wiedemanns minutiöse Philologie hat zum historischen gesicherten Tatbestand gemacht, was zuvor eher Ahnung war – die Affäre ist nichts Geringeres als der Nervenpunkt, aus dem heraus wir Celans Reifezeit zu begreifen haben;[12] im Privaten wie Sozialen, aber auch und nicht zuletzt im Poetischen. Wer sich zuvor etwa über die eigenartige, von dringendem Abwehrreflex zeugende Wortwahl im Fragment »Wer das

Gedicht aufsucht, um nach Metaphern zu schnüffeln, wird immer nur – Metaphern finden«[13] wunderte – jetzt, nach Wiedemanns großer Bestandsaufnahme, wird er derlei Äußerungen den Irritationen im Gefolge jener »Affäre« zuschreiben müssen, die Celan als Vernichtungskampagne empfand. Denn die Kombattanten der Claire Goll – übrigens nicht mehr als eine Hand voll – suchten ja ad oculos einiger willkürlich herausgegriffener Einzelmetaphern die ›Abhängigkeit‹ Celans von Yvan Goll zu belegen. (Wobei sie nicht wissen konnten, dass besagte Ähnlichkeiten auf Manipulationen Claire Golls in den Handschriften ihres verstorbenen Mannes zurückgingen.) Eine noch seltsamere Wendung wie: »Metapher, d.i. mitunter nur ein (Hilfs)wort, eine (Not)lüge im Munde derer, die über das Gedicht hinweg und in den Spiegel gucken. Es steht für Überheblichkeit, Selbstübertragung, Selbsttransport, Selbstbeförderung«,[14] muss als Symptom der Affektbasis gedeutet werden, die Celans »Theorien« zur notwendigen Überwindung der Metapher fundiert. Oder folgende Notiz, durch die Heftigkeit des Affektes syntaktisch beinahe entgleist: »Und ich spreche auch nicht von jenen Dunkelheiten, die eine unter dem Beifall der Dilettanten triumphierende ›Philologie‹ [...] über das Gedicht breitet; eine Philologie, die z.B. von [Genitiv] Metaphern schwätzt, ohne sich jemals darüber Gedanken zu machen, was eine M. denn sei, wo sie im Text stehe, und wieviel Genitive es gibt. Von solchen, die Traktate und Traktätchen der philologisch akkreditierten Kulturattachés wird hier nicht die Rede sein. Es gibt ⌊solche⌋ hochgebildeten Dunkelmänner, ~~gewiß, auch unter den Lyrikern.~~«[15]

Steht Celans Absage an die Metapher zur Diskussion, muss auch von all den anderen Dingen die Rede sein, die für ihn im falschen Herzen der herkömmlichen Poesie schlugen. Herkömmlich, damit war die Welt seiner Feinde gemeint, wobei sich nach Celans Vorstellung ein zunehmender Teil der Menschheit aus solchen Feinden rekrutierte – selbst Poe und Valéry wären ihnen zuzurechnen, überhaupt alle nämlich, die das Kunstwerk von der Seite der poesis, des Gemachtseins, des »Handwerks« reflektierten; jene überdies, denen es in der Dichtung vordringlich um das »Schöne«, Ausdruckshafte und Wohlklingende ging. Kurz: Feind war, wer (noch) an die »Kunst« glaubte. Und diese »Kunst« figuriert in den »Meridian«-Notizen als Emblem für die Verschwörung gegen sein Gedicht, mithin gegen ihn selbst. »Kunst« ist »das Künstliche, Erkünstelte, Synthetische, Hergestellte: es ist das menschen- und kreaturferne Knarren der Automaten«.[16] Das (metaphorische) Pathos, mit dem sich Celans Existenz vor den Augen der Öffentlichkeit dem Gedicht anheim gibt – »das Gedicht ist Lebensschrift«[17] –, ist die Kehrseite jener Generalverdammung einer automatenhaft, schlechterdings entmenschten »Kunst«. (Und steht in Spannung zu einer anderen, von Celan gehegten Vorstellung, der vom »Tode her bestimmten« Dichtung: »Das Winterliche, das Kristallnahe, Anorganische als Bereich der eigentlichsten Zuwendung des im Gedicht Sprechenden«.[18]) Ihr einhergeht, als ob das nie ein Teil der »Kunst« gewesen wäre, eine emphatische Renaissance der Organizismusmetaphern in der Ästhetik: Die folgenreiche Vergegenwärtigung eines Gedichtes als durchatmeter Körper wird nun entwickelt in Abwehr des heillos ›mechanischen‹ »Kunst«- Betriebes. »Gedichte sind nicht herstellbar; sie haben die Lebendigkeit sterblicher Seelenwesen«.[19] Das ist der Ausweg aus den Anfeindungen: Anima, das Mysterium, zu zart für alle Deduktionen dieser Welt, zu singulär für alle Vergleiche. Hier treten die Gründe, warum »Metapher« nicht sein darf, was doch Metapher ist, einmal ans Licht. Ein Mysterium hat keine Vorgeschichte, es wird nicht »hergestellt«, vielmehr ereignet es sich und man empfängt es. »Seele« kann man nicht aus einer Verkettung von Kausaloperationen »machen«. Sie wird einem geschenkt. Wie aber »macht« der Dichter Celan ein solches Mysterium, das sich doch eigentlich nicht herstellen lässt? Ist auch für solche, gegen die »Kunst«-Welt errichtete Magie, die Beobachtung zutreffend: »Zeichnete er einmal eine Spur, so war er bald darauf bemüht, diese wieder zu verwischen«?[20]

Celans Tabuisierung ist jedoch anderes als die Verwischung von Spuren. In ihr operiert ein geradezu existenzieller Abwehrreflex. »!! Nirgends von der Entstehung des Gedichts sprechen; sondern immer nur vom entstandenen Gedicht!!«[21] Wer sich dem Mysterium von der »Mache« her näherte, beging ein Sakrileg. Das Handwerkliche assoziierte Celan umstandslos mit der Welt der Verblendung, der Rankünе, der »Kunst«-Welt, die nach nichts anderem trachtete als seiner Vernichtung: »Ich habe es vor Jahren eine Zeitlang beobachten können, wie das ›Machen‹ über die Mache allmählich zur Machenschaft wird. Ja, es gibt auch *das*, Sie wissen es vielleicht. – Es kommt nicht von ungefähr. Wir leben unter finsteren Himmeln, und – es gibt wenige Menschen. Darum gibt es wohl auch so wenig Gedichte.«[22] So rasch, indem er sich ein paar Briefzeilen an Hans Bender lang seiner Etymologisierpassion überlässt, kommt Celan von der »Mache«, der Poesis, auf den – natürlich verheerenden – Zustand des Gedichtes und also des Menschen. Auratisierung des Dichters ist die reflexhafte Gegenbewegung, der korrespondierende Akt der Selbstbehauptung: »Celan verweigerte sich nicht nur allen Fragen, er war bestrebt, selbst alle Wegspuren zu verwischen, die sein Gedicht im Schöpfungsvorgang zurückgelegt hatte.«[23] Aber ist diese Selbstmythisierung Ausfluss dichterischer Praxis? Sollen die Spuren im Dienste einer strategischen Selbsterhöhung verwischt werden oder sind sie zu tilgen, um das Gedicht ins »Unergründliche« zu retten, in einen, wie Celan mit Böhme und Schelling sagte, »Ungrund« zu bergen, wohin ihm, der sich einem mystisch Schauenden gleichstellt, niemand folgen kann?[24] Es ist eine wehrhafte Defensive durch kultische Aufladung, kraft deren die Singularität seines Gedichtes und also seiner selbst gegen eine – vermeintliche – Öffentlichkeit in Schutz genommen wird, die es zudringlich wagt, Celan in ein Beziehungsnetz der »Kunst«-Schaffenden einzubinden: »Celan widersetzte sich jedem Versuch eines Vergleichs und beharrte auf dem Unvergleichbaren. Selbst eine ›Abgrenzung‹ bedeutete für ihn eine unerwünschte Beziehung.«[25] Das, die panische oder, um es medizinisch korrekter auszudrücken: hysterische Verteidigung uneingeschränkter Größe und Individualität, ist der psychologische Triebkern, der in der »Goll«-Affäre in die Katastrophe führte – und den Versuch provoziert, sich unangreifbar zu machen kraft einer Selbsterhöhung, die alle »Verbindlichkeit« zu unterwandern sucht.

Wie immer man den Seelenhumus, der in dieser erbitterten Fehde wirksam war, genauer interpretieren mag – sicher ist: Celans »Meridian«-Maximen zeigen alle Male eines Abwehrkampfes. Die Rhetorik mirakulösen Dekretierens, das der Dichtung Gesetze vorschreiben und zugleich diskursiv unerreichbar sein will, zielt darauf ab, ein anderer als der zu werden, der er bislang gewesen war, ein Dichter mit häufig gepriesenem Sinn für Melodik und rauschhaften Wohlklang, ein Dichter, der sein Bestes gab, um seine Gedichte »schön« vorzutragen,[26] ein unermüdlicher Schöpfer der Genitivmetapher mit Neigung zu romantisch aufgeladenen Reizvokabeln. Was aber ist Wunsch, ein anderer zu sein, beim Autor der »Meridian«-Rede, und was ist Realität eines neuen Dichter-Ich? Was ist mythologisierende Selbstüberhöhung und was dichterische Praxis?

Der Band *Atemwende* bietet sich zur Überprüfung an: Hier hat Celan seine ausgereifte Technik noch nicht so weit verinnerlicht, dass er, wie im jüngst erschienenen TCA-Band *Fadensonnen*, nur noch wenig schriftlich fixierte Zwischenstufen benötigt, bis sein Material ausdekliniert ist. Das Außerordentliche der *Atemwende* besteht, anders gesagt, auch darin, dass wir mitverfolgen können, wie sich Celan seine reife Technik erwirbt, jene Verfahren, mit denen das im »Meridian« Propagierte kompromisslos umgesetzt werden soll – weit über die *Niemandsrose* hinaus. Die surrealistische Methode, entlegene Bildbereiche in betonter Gegenläufigkeit zur gewohnten Vorstellungswelt assoziativ zu verbinden, ist als Schulung poetischer Kombinatorik Voraussetzung, doch werden wir sehen, dass Celans avanciertester Bildfindungsprozess ganz im Gegensatz zum surrealistischen keineswegs traumartig oder regellos und halluzinatorisch verfährt.

### *Erste Schritte zum Gedicht: Sammeln von Wortmaterial, Durchhören*

Celans singuläre Anstrengung, das seltene, unverbrauchte, unwiederholbare Wort zu finden, die ihn mit den Jahren in zunehmendem Maße dazu brachte, das Werk aus lexikalischen Notizen heraus Stück für Stück aufzuschichten, lädt schlechterdings dazu ein, die Deutung seiner Arbeiten als Stellenkommentar zu betreiben – also eine »Interlinearversion« anzulegen. Ein kleines Beispiel dafür, eher eine Andeutung des Verfahrens, per Wort- und Zitatlisten zum Gedicht zu kommen, liefert ein Text der *Atemwende* (S. 82)[27]: Zum Gedicht »Hafen«, entstanden in der Hafenstadt Hamburg, hat sich Celan kolonnenweise entlegene oder ihm zuvor unbekannte Nautika notiert. Ganz offenbar stand am Anfang des Gedichtes nicht mehr als die Ahnung, dass sich in Funktionalworten, durchweg Komposita, wie sich beim späten Celan fast von selbst versteht, mehr als die Bezeichnung von Funktionen und Dingen verbirgt – und dass dieses Mehr mitunter in reizvoller Korrespondenz zur klanglichen Hülle der ausgewählten Wörter steht:

»Portalkähne
Heckschlepper
Schwimmdocks
ausbaggern
Eintauchtiefe
Tieflademarke

Hebefähigkeit
Trampfahrer
Schleppkähne aus Prag
Reguliermaschine
Leuchtfeuerschiffe
Trajektfähren

Uhrturm
Laufkatze
Schwerlastbaum [...]«.

Solche Vokabeln, erspürt Celan, haben eine Karriere hinter sich, die sie gezeichnet hat, ihnen ist eine Verwendungsgeschichte eingelagert, die den Assoziationshof der Wörter hat wachsen lassen.

Auch Medizinalien finden dutzendweise Eingang in seine Gedichte, ebenfalls durchweg Komposita, teilweise neologisch erzeugt oder einfach Abhandlungen entnommen: »Schläfenzange«, »Hirnstamm«, »Schläfenlappen«, »Gehörgang«

usf. Im Band *Atemwende* wandern vermehrt geologische und geographische Komposita aus Handbüchern in seine Verse: »Gletscherstuben«, »Büßerschnee«, aber auch, durch schlichte Permutation entstanden, »Wabeneis«. Analog die Lexik im Fall des Hamburger Hafen-Gedichtes. Die unerhörte Assonanzdichte in »Leuchtfeuerschiffe« transformiert, möchte man sagen, den Reichtum der deutschen Sprache an Dental- und Zischlauten durch Kompression in eine kleine, elektrisierte Choreographie, bringt diesen Reichtum zu einer chemischen Reaktion, derjenigen verwandt, die auf solchen Schiffen das Magnesium oder Neon zum Leuchten bringt. »Heckschlepper«, »ausbaggern«, »Eintauchtiefe« – Celan, der hartnäckige Semantiker, geht in solchen Notizen in erstaunlichem Grad vom Klangreiz der Worte aus, zuallererst der Assonanz. Der hörbare Reiz verbindet sich jedoch weit mehr als in den surrealistischen Wort- und Silbenspielen, die er seit der Bukarester Zeit liebte und pflegte, mit visuellen Faktoren und der Potenz zum Gleichnis. Man wittert förmlich die metaphorische Anwendbarkeit des scheinbar so technokratischen Spezialausdrucks »Eintauchtiefe« auf Phänomene der Verbalsprache und des Erkenntnisprozesses: Etwas im Schlepptau haben, auf Grund gehen, einen Tatbestand klären, heben, in Untiefen einer Sache verschwinden, derlei liegt im idiomatischen Umkreis.

Im Falle von »Uhrturm« mag sich zum Reiz der Assonanz vielleicht eine unbestimmte Ahnung über die Funktion des »dunkelsten« unserer Vokale eingestellt haben. »Portal« bietet sich wegen des hindurchscheinenden architektonischen Wortursprungs und der Evokation aller möglicher Ritualien an, »Trajekte« mit seinen Anklängen an verschiedenerlei »Überfahrten«, nicht zuletzt denen zur Unterwelt, ebenso. Letzteres mögen Fälle von Mehrdeutigkeit sein, Ersteres ist sicherlich eine versteckte Metapher. In »Laufkatze« ist die Metapher handgreiflich. Sie befindet sich in einem reizvollen Schwebezustand zwischen Leben und Tod: Obwohl im Alltagswortschatz eine ›gestorbene‹ Metapher, eine bloß noch wörtliche Bezeichnung, ist der organische Ursprungskontext erhalten. Die Kraft der Binnenassonanz macht ihn plastisch. Sie verknüpft das »Laufen«, diese auch schon nicht mehr metaphorische Bezeichnung technischer Bewegungsarten – dass ein Motor ›läuft‹, ist beispielsweise keine Metapher mehr – mit dem unzweifelhaft lebendigen Ding »Katze«. Es überrascht also nicht, wenn wir im fertigen Gedicht »die / Laufkatze Leben« finden und auch nicht, dass es dort heißt, es »baggern die sinn- / gierigen Sätze nach Mitternacht aus«. Hat man sich nur ein wenig in den Assoziationshorizont des Ausgangsmaterials eingehört, sind solche Entfaltungen des Primärstoffes immerhin nahe liegend. Auch die Formulierung, wonach »Leuchtfeuerschiffe getanzt« kommen, schöpft die assoziativen Echos des Ausgangsmaterials in nachvollziehbarer Weise aus, ebenso wie der Einfall, dass »die Tieflastmarke, / die mit uns sinkt, unsrer Last treu« bleibt.

Celans erster Schritt ins Gedicht ist also einer in die Wechselwirkung zwischen tradiertem Assoziationshof, musikalischer Gestalt und bildevozierender Potenz.

### *Das Handwerkszeug: Semantische Manipulation musikalischer »Ausdrucks«-kerne*

Mit dem Ausloten der akustischen und imaginativen Möglichkeiten schon bei der Archivierung von Basismaterial beginnt die poetische Arbeit.[28] Darin unterscheidet sich Celan kaum von irgendeinem anderen Dichter der (»Kunst«-)Welt. Allenfalls eine gewisse Konzentration auf das Einzelwort statt auf den rhythmischen oder syntaktischen Fluss lässt etwas von ihm erkennen – nur ist er auch hier in guter Gesellschaft mit tausend anderen zwischen Quirinus Kuhlamm und Wulf Kirsten oder Oswald Egger. Es überrascht nicht, wie speziell Celan auf dem Weg zu einer neuen Epochensprache zu arbeiten beginnt, sondern wie konventionell. Zumal sich das auf der nächsthöheren Komplexitätsstufe, dem Schaffen von Wortfolgen und Phrasen, dem eigentlichen Beginn der dichterischen Komposition, fortsetzt. Zu Anfang stellen sich bei Celan Wortfügungen ein, die sich keineswegs außerhalb gebräuchlicher Vorstellungsmuster bewegen. Sie sind zumeist eng an den natürlichen Sprachfluss angelehnt und durchsättigt mit alltäglicher Anschauung. Solche Ausgangsformulierungen kommen, anders gesagt, dem häufig nahe, was für den sich öffentlich äußernden Poetologen Celan Signatur einer die Höhe der Zeit verfehlenden Poesie war: Das, wie es in den Notizen zum »Meridian« heißt, sich »als ›Wortmusik‹ begreifende Gedicht«, die »aus ›Klangfarben‹ zusammengewobene Stimmungspoesie«, aber auch das Gedicht als »Resultat von Wortschöpfungen, Wortballungen, Wortzertrümmerungen, Wortspielen«, wie überhaupt jede Form der »Ausdruckskunst« und jede allegorisierende Tendenz, die das Gedicht gleichnishaft für eine »das Wirkliche sinnbildlich überhöhende ›zweite‹ Wirklichkeit« stehen läßt«.[29] Genetische Ursubstanz eines Celan-Gedichtes ist genau dieser Impuls zur ›wohlklingenden‹ Phrase, zum ›poetischen‹ Epitheton, und »Wortballungen, Wortzertrümmerungen, Wortspiele« sind exakt jene Inspirationen, mit denen Celan vom phrasischen oder bildhaften Erfindungskern zu komplexeren Gestalten findet. Celans Affekt gegen den Wohlklang ist, wie ein Blick in seine Werkstatt enthüllt, also nicht zuletzt ein Affekt gegen sich selbst. Erst diese Einsicht, so möchte ich behaupten, erlaubt es, die »Meridian«-Rede entmythologisiert mit dem reifen Werk Celans in Beziehung zu setzen. Celans entfaltete Technik entspringt der Absicht, den Dichter »Celan«, den Autor der »Todesfuge« zuallererst, den Schöpfer schwärmerischen Wohllautes und das hoch begabte Kind der Surrealisten, aus dem Gedächtnis zu tilgen. Und durch einen Dichter »Celan« zu ersetzen, den das Leid des Jahrhunderts – getreu der äonenalten Propheten- und Sehertopik – mit dem tiefsten Schmerz ausgezeichnet hat, einen Schmerz, der ihn zum Stammeln zwingt und zugleich mit einer neuen Sprache beschenkt. Celans poetische Technik ist das Medium dieser Umdeutung. Wer über sein »Handwerk« sprach, drohte diesen Versuch zu einer seelischen Selbsterrettung in die Mythisierung aufzudecken und mithin zu gefährden. Daher hat Celan alle, die dem Handwerk allzu viel Gewicht beimaßen, umstandslos mit einer Weltverschwörung in Verbindung gebracht, in deren Zentrum Claire Goll stand.

Celans dichterisches Bemühen ist nicht einfach ein Versuch, eine neue poetisch-handwerkliche Stufe zu erreichen. Es ist der Versuch, den Worten um jeden Preis ihre Anschaulichkeit und ihren Wohllaut zu nehmen, in dem abgeschatteten Wissen, sein elementarer dichterischer Impuls werde beides immerfort und gegen seinen expliziten Willen fortzeugen. Tilgungen, Zerklüftungen, Härtungen des im ersten Ausdrucksimpuls Entstandenen sind das Ergebnis wie die Mittel zu dessen Erzeugung. Deshalb müssen Keile in das allzu Schöne, in die bildhaften und rhythmischen fließenden Kernimaginationen getrieben werden. Nebensatzeinschübe, Interjektionen, Aufbauschen zu Komposita, Anhäufungen und hartes Einmontieren neuer Adjektive und Attribute, handstreichartiges Substituieren von Subjektiven durch Begriffe aus fern liegenden Gegenstandsbereichen, alles Maßnahmen in der Destruktion von »Kunst«: »der Himmelsmünze im Türspalt« kann durch »der Himmelssäure im Türspalt« ersetzt werden [S. 10 f.], »das Gesprochene, meergrün, / grüßt aus den Buchten« durch »brennt in den Buchten« [122], »Rotgeröll« durch »Gramgeröll« [S. 132] usf. Celans Verlangen nach verfremdender Massierung – um nicht zu sagen: »Ballung« – der Epitheta ist nachgerade obsessiv und bewegt sich stets an der Grenze zur Manier.

Einige Beispiele, wie sehr sich Celans initiale poetische Ideen dem Trieb zum malerischen, bildsatten Wohllaut verdanken: »Osterqualm. Und wir trinken / Übergangsfroh. Die Liebe ein Tanz« (S. 142). Nicht selten stehen am Anfang, bei Mäßigung im Gebrauch von Komposita, sogar Ansätze zu musikalischer Hymnik: »Eine in der endlosen, schmalen/Tagesschlucht schwimmende« (S. 32) – Celan bricht mitten im Satz ab. Nicht einmal flüchtig zu Ende notieren mochte er, was sich derart erhaben und kulinarisch in ihm bildete. Das Wort »Fähre« hätte folgen sollen, wie dem Neuansatz auf demselben Blatt zu entnehmen ist. Dort heißt es schon: »[Deine] in der senkrechten / [endlosen, schmalen ] / Tagschlucht nach oben / schwimmende Fähre / setzt Wundgelesenes über.« Je erhabener, ungebrochener, das Ausdrucksbestreben zu Anfang, desto massiver das Verlangen nach Konterkarierung, Einschub und Verfremdung.

Im zweiten Stadium von »CELLO-EINSATZ« finden wir (S. 124 f.):

eine Wolke Gefühls
rollt neben euch über den Boden,
blättert
In der russischen Bibel, du,
Jeremias pflügst
den erflüsterten Abend

(Begonnen hatte es mit einem von Celan in der »Meridian«-Rede so argwöhnisch behandelten Silbenspiel, das sogar in der Endfassung sichtbar bleibt: »die *Gewalten* *gestaffelt* / nach *Gegen*himmeln.«) In Stadium drei sind die ›Gefühlswolken‹ verändert zu:

zwei
Brandwolken Gefühl [Atem]
graben im Buch,
das der Schläfenlärm aufschlug.

Subjekt und Objekt stellen sich anfangs in klarer syntaktischer Ordnung ein und sind noch deutlich am Naturphänomen orientiert, am die Seiten ›umblätternden‹ Lufthauch. Die Ersetzung des sinnfälligen, wenn auch auf der Grenze zur Metapher stehenden Verbs »blättern«, durch ein Verb, das nur in der Tier- und Menschenwelt zu Hause ist – dass eine Sache sich ins Gedächtnis »eingräbt«, ist eine idiomatisch gewordene Metapher –, verdrängt in Verbindung mit der Tilgung der konkreten Attribute des Objektes (»im Buch«) den sinnlichen Kern. Das Verb »graben« selbst entstammt natürlich dem zweiten Teilsatz der ursprünglichen Strophe. Es wurde aus dem semantischen Hof des Wortes »pflügst« geschöpft, das seinerseits sicherlich in reiner Klangassoziation zu »erflüstert« und dem sentimentschwangeren Genitiv »Wolke Gefühls« gefunden wurde – in zwei Stufen, wie zu vermuten ist: In dem nahe liegenden Ausdruck der Art »flüsternder Abend« schwingen so massiv romantische Topoi, dass Celan sie sogleich mit einem neuen

Präfix verfremdete. Eine aerobe Grundierung der Vorstellungswelt ist der Bildspender der Metaphorik (Wolke, flüstern); die Anschaulichkeit wird jedoch zerrissen durch das hineinassoziierte »pflügen«.

Die entscheidende Stufe der Verfremdung erreicht Celan, indem er die beiden Teilsätze, die im ersten Entwurf beziehungsarm nebeneinander geordnet waren, durch einen semantischen Handstreich miteinander verzahnt: So wie er das Verbsubstitut des *ersten* neu gewonnenen Teilsatzes aus dem Verb des ursprünglich *zweiten* ableitete (»graben« – »pflügst«), so substituiert er das Verb des zu gewinnenden *zweiten* durch eines, das dem ursprünglichen Verb des *ersten* Teilsatzes sehr verwandt war (»aufschlug« – »blättern in«). Und wie er dem »Buch« alle Konkretionen nahm, so streicht er die konkrete Person »Jeremias« und ersetzt sie in einer Art Metonymie, dieser Schwester der Metapher: Die (jüdischen) Schläfenlocken verdrängen Jeremias, wobei zugleich das zweite Glied des Kompositums (»-locken«) im nun schon geläufigen Verfahren der semantischen Kontrastierung bei gleichzeitiger Assonanzverkettung (»-locken«, »-lärm«) ersetzt wird. Sogar dieses Ersatzwort geht vermittels der Technik einer Kombination von semantischer Negation und Klangassoziation aus dem ursprünglichen Einfall hervor: »-lärm« ist die Negation vom ursprünglichen »entflüstert« und zugleich klangassoziativ mit »Schläfen-« (und mit »-locken«) verbunden. Durch diese mehrfach, beinahe mechanisch angewandten Techniken von Negation, Kompositaeinschub, Klangassoziation und metaphorischer Ersetzung des Verbs wird aus dem ersten Erfindungskomplex ein befremdendes Wortkonglomerat, dessen suggestive Reize sich aber der Herkunft aus dem anschaulichen Kern verdanken. Wir erspüren darin anschauliche, affektive, dingliche Restsubstrate, obwohl sie nicht manifest da sind, sondern nur in verstellter, entstellter, kategorial verschobener Gestalt wie Wasserzeichen, auf die man hindurchsieht. Dass sie das tun, hängt mit einem anderen, technischen Kniff Celans zusammen: Er legt alles daran, die Worte Schritt für Schritt aus ihrem gewohnten Anschauungshof herauszudrehen, und glättet wie in obigem Beispiel im Gegenzug die Syntax. Es entsteht ein einziger, schlichter Aussagesatz mit angehängtem simplen Relativsatz. Celan kultiviert sorgsam eine konventionelle syntaktische Struktur, weil schon die Form des Aussagesatzes uns unwillkürlich auf die Suche nach einem Sachverhalt schickt, auf den er verweist. Wir können einen Aussagesatz eben nicht lesen, ohne reflexartig ein Referenzobjekt zu unterstellen, einen Sachverhalt, den er in der Wirklichkeit bezeichnet. Und diese in der grammatischen Form des Satzes verankerte Erwartung, es müsse ein Objekt geben, auf das der Satz verweist, braucht Celan. Er will, dass der Leser eine innere Reise zum Objekt antritt, das *nicht* identifizieren zu können Celans semantische Manipulationstechnik gewährleisten soll. Die Suggestion, ein Objekt sei gegeben, nur könne es kein nach gewöhnlichen Identifikationskriterien erreichbares sein, ist die zwingende Folge dieser Manier, Syntax und Semantik gegenläufig zu konstruieren. Solche in die Formulierung hinein konstruierte Gegenstrebigkeit ist das technische Verfahren, um, wie es in der poetischen Selbstüberhöhung lautet, den Text »auf ein Anderes zu« streben zu lassen. Es ist das Instrument, um im Gedicht »Ungrund« zu evozieren. Dass im dunklen Irgendwo ein »Grund«, ein Festes sei, das die Wörter auf verzwickte Art bezeichnen, spricht das Wort in eins mit der Negation seiner selbst aus. Es führt eine Unterscheidung ein, die es zugleich sabotiert.

Dank eines Ensembles kühl kalkulierter Eingriffe werden aus ›poetischen‹ Initialintuitionen Rätselgebilde, die sich für die einen, die Pathetiker und Gemeindemitglieder, ›am Rande des Lallens‹ bewegen und ins »Unsagbare« vorstoßen, für die anderen hingegen gefährliche Manier sind – womöglich, weil geahnt wird, welche Manipulationsstrategien am Werk waren. Celans geradezu panische Anstrengung, die Entstehung seiner Gedichte zu verbergen, fände eine Erklärung, nähme man an, ihm sei klar gewesen, wie genau seine manipulierenden Bearbeitungen des Materials rekonstruiert werden können. »Das Entstehen eines Gedichts lag für ihn sowieso jenseits der bewußten Produktion«[30] – so klingt es in der hagiographischen Sprache der Gemeinde. Doch nichts dürfte Celans in der *TCA* zu Tage tretendem poetischem Kalkül ferner stehen als diese Wiederbelebung des uralten Inspirationsmythos. Sie hat ihren Platz im Nimbus, nicht aber in der Werkästhetik.

Wortaufschüttungen, unter
dem Grundwasserspiegel,
den der unzählbare Mob
der Gegenkönige ver-
seucht mit Abbild und Nachbild.
(S. 42)

Der Initialeinfall, typisch für viele, ist von relativ starker Anschaulichkeit, der rhythmische Zug einheitlich und ganz einem gehobenen, um Klangopulenz bemühten, metrisch gebundenen Rezitieren entspringend. Nur ein inflationär gebrauchtes Technikum Celans, das Abtrennen der Vorsilben von Adjektiven und Adverbien durch Enjambement, ist gleich zu Anfang sichtbar – als wäre es tatsächlich schon eine motorisch reflexhafte Manier gegen das unmanipulierte Sosein der Worte geworden. Im anfänglichen Vorstellungskern ist auch die Bildwerdung des ›ausgedrückten‹ Affektes, die Geste der Rettung des zu Bewahrenden noch erkennbar. Ein Zug zum Pathos ist unübersehbar und noch deutlich privat getönter Natur – die degoutante Emphase im Epitheton »unzählbar« ist verräterisch genug. Hand in Hand mit dem »Ausdruck« geht die Tendenz zum »Bild«: Die angerissene aquatische Szenerie ist ein ausmalendes Verbildlichen dessen, was die Sprache heute erleiden muss.

Die zweite Fassung des Gedichtes, nur in der Zeilenfassung noch nicht endgültig, zwingt zusätzliche Epitetha in dieses Grundgerüst und bremst gewaltsam den rhythmischen Zug, zerbricht den durchlaufenden Satz in Trümmer. Der fließende Atem wird plötzlich zum gepressten:

Wortaufschüttung, vulkanisch,
meerüberrauscht.
Oben der flutende Mob
der Gegenkönige: er
flaggte – Abbild und Nachbild
kreuzen zeithin.

Der Anfang ist noch immer deutlich eine Erweiterung der initialen Idee. Das zu Rettende, der Quell der Hoffnung in der Sprache, wird mit einem Wort aus dem Anschauungshorizont des Wortes »Aufschüttung« zum ›Vulkan‹. Das ist eine bloße Dramatisierung durch Naturphänomenanalogie, wobei man sich fragen darf, ob »Aufschüttungen« »vulkanisch« sein können. Aus dem Grundwasserspiegel wird das Meer. Der Grund dürfte zunächst einer der »Wortmusik« sein. Celan findet den zum Eingangswort imponierend assonanzreichen Ausdruck »meerüberrauscht« und in die rauschenden Ballungen der »u-«s und »a-«s sowie der Zisch- und Reibelaute, die einen erheblichen koloristischen Sog entwickeln, setzt er, halb in Klangassoziation, halb in steigernder Verbildlichung dieser Dynamik, das Wort »vulkanisch« hinein.

Als ob das in der Erweiterung hindurchgebrochene, hymnisch Schöne einer bannenden Gegenkraft bedürfte, verfremdet Celan dann den zweiten Satz gleich in mehreren Dimensionen. Der »Mob«, zuvor getrennter Gegenspieler des zu Bewahrenden, im Wasser versunkenen – und dadurch auch unangreifbaren? – Wortes, wird in die Vorstellungssphäre »Meer« hineinkatapultiert kraft des eingefügten Wortes »flutend«. Vor allem aber wird mit der Einfügung des Doppelpunktes und dem nachfolgenden Verbeinschub der (relativ) anschauliche, verbildlichte Vorgang des Verunreinigens der (wahren, verschütteten) Sprache mit bloßen Nachbildern entzweigebrochen: Der ›*flutende* Mob *flaggte*‹ ist der entscheidende Einschub. Ob er glücklich oder unglücklich, viel sagend oder einfach nur beliebig ist, mag dahingestellt sein. Die Verfremdungsabsicht Celans ist deutlich genug und das technische Instrument das angestammte. Um ein (leicht) nachvollziehbares Raum-Zeit-Kontinuum auszumerzen, ersetzt er einen Anschauungsbegriff durch ein einfaches Durchspielen alliterativ verwandter, jedoch sinnferner Wörter. Durch den Einschub »flaggte« werden zugleich »Abbild und Nachbild«, ursprünglich in umstandslos nachvollziehbarem Handlungszusammenhang erfunden, vom Handlungssubjekt getrennt. Sie werden abgelöst und mit einer neuen Konstruktion an den zerstückelten, in die Latenz verbannten, basalen Assoziationsraum angebunden: »kreuzen« ist sicherlich vom neu hereingekommenen Vorstellungsraum »Meer« her assoziiert und auf die »Abbilder«, die durch die geringfügige Zerklüftung der Syntax nicht mehr als Abbilder der Sprache zu erkennen sind, übertragen. Auch »zeithin« ist offenbar eine Negativwahl, hervorgegangen aus dem Willen zur Vermeidung des Erwarteten, nämlich des Allerweltswortes »dahin«. Ein zielloses ›Dahin‹-Kreuzen der von der wahren Sprache in der Tiefe abgetrennten Nachbilder wäre eine sich jetzt neu aufdrängende, freilich ziemlich plane Vorstellungssphäre, die destruiert werden muss. Daher die Substitution von »dahin« durch »zeithin«. Wie im Vorbeigehen tut sich eine metaphysische, geradezu platonische Dimension auf: Die »Nachbilder« tummeln sich ziellos in der Zeit, unwissend um die Dinge außerhalb der Zeit, die ihre Präfigurationen, Vor-Bilder sind.

Mit der Aufschichtung einer Vielzahl solcher kleinen Manipulationen versucht Celan fast unausgesetzt und auf kleinstem Raum, die großen Dimensionen in die Epitheta zu drängen. Die *TCA* lehrt, dass es sich um eine in den Grundoperationen eher unkomplizierte Technik handelt. Zusätzliche Verben und Attribute werden in ein anfänglich widerhakenfreies, traditionelles prosodisches »Kunst«-Gebilde einmontiert, um das womöglich Anschauliche dieses ersten Entwurfes zu durchbrechen, um das bloß ausschmückende, prächtige, kolorierende Beiwort auszumerzen oder zu verfremden, um Subjekt und seine Attribute einander zu entfremden – und oft via negationis den abgewehrten Anschauungskern doch noch durchscheinen zu lassen.

Ein weiteres, letztes Beispiel für diese Art »Handwerk«, die fünf Stadien des Gedichtes »DU, DAS« (S. 174 f.). Die Anfangszeilen lauteten zunächst: »Das von den Lippen / genommene Haar.« Plastischer geht es kaum und daher droht die Gefahr von »Ausdrucks-« und »Stimmungspoesie«. Zweites Stadium: »Du, das/ von den Lippen genommene [Goldhaar].« Die Einführung des Personalpronomens ist ein einfaches Spiel mit der Metonymie, doch auch ein Exempel dafür, wie Celan zur »Mehrdeutigkeit ohne Maske« kommt, die er Hugo Huppert gegenüber einmal als das Ziel seines Dichtens formuliert hatte. Das Haar wird zum Angesprochenen, zugleich wird ein menschliches »Du«, jedenfalls ein Gegenüber, ins Spiel gebracht, dem etwas über sein / ihr oder irgendein »Goldhaar« mitgeteilt wird. Drittes Stadium: »Du, das / mit der Stunde von / den Lippen genommene Haar.« Die Einführung der »Stunde« macht einen ähnlichen Effekt wie das »zeithin« im obigen Fall. Es ist die Einfügung einer scheinbar funktionslosen, ins Leere weisenden Kennzeichnung, durch die hindurch vielleicht noch die negierte Alltagswendung »mit der Zeit« oder auch: »zu jener Stunde« spürbar bleibt. Funktionslos wird sie durch ein Standardmittel der modernen Dichtung, von Hugo Friedrich »Unbestimmtheitsfunktion der Determinanten« getauft. »Der bestimmte Artikel drückt hierbei nicht eine sachliche Bestimmtheit des Nomens aus, das zu ihm gehört. Er führt es nur ein, um es zum Klangzeichen einer absoluten Bewegung zu machen [...] Das vom Nomen Bezeichnete [...] wirkt, eben weil der bestimmte Artikel mit dieser Unbekanntheit zusammentrifft, unbestimmt und geheimnisvoll.«

Das vierte Stadium ist ein Musterbeispiel für Celans Vorgehen. Eine Gedichtkonstruktion Celans, das lernen wir hier, gründet tatsächlich nicht in einer vorausschauenden Intuition oder zugrunde liegenden Aussage, Erfahrung oder Botschaft. Der Hauptimpuls ist jener exzessive Trieb zur Zertrümmerung per Beiwort, gerichtet gegen den inneren Drang zum strömenden Puls, zum Anschaulichen, zum »Ausdruck«. Sogar die Zeitbestimmung »mit der Stunde« fällt diesem Impuls Celans jetzt zum Opfer. Er bewahrt zwar den syntaktischen Umriss, substituiert das Attribut jedoch kurzerhand durch Entlegenes: »mit dem Silbenschaum«. Gefunden ist das offenbar durch Assoziation der Redewendung »mit Schaum auf den Lippen« (respektive: »vor dem Mund«), die dann verfremdet wird mit dem zweiten Hauptkonstruktionsmittel Celans – dem Kompositum. Ob auch das noch zu plan war, zu wenig in das dunkle Mysterium hinabzureichen schien? Celan jedenfalls streicht auch den »Silbenschaum« wieder aus und spinnt womöglich die erotischen Konnotationen aus, die das »Haar« seit alters mit sich führt. Jetzt versucht es Celan mit dem neuen Wort »Schlaf« als Attribut – seiner Technik getreu, Sprache durch diametrale Negation und Neologismus dem Gebrauchskontext zu entreißen, um geheimen Sinn zu beschwören, nicht mit dem Wort »Tiefschlaf«, sondern mit »Hochschlaf«. Und noch einmal treibt es Celan zu weiterem Experimentieren mit verfremdenden Attributen. ›Reif‹, ›hell‹, ›erstarrend‹ spielt er durch, bevor er bei »hellsehend« ins Ziel trifft. In der endgültigen Fassung – »DU, Das mit dem hell- / sehenden Hochschlaf von / der Lippe genommene Haar« – ergibt sich, durch das Binnenwortenjambement hervorgehoben, eine reizvolle Korrespondenz von »hell« und »Hoch«. Als Ganzes ein unverkennbarer Celan-Vers-Satz, den man dicht und vertrackt, aber zweifelsohne wohl auch bemüht finden kann. Die Negationsoperationen im Vorfeld sind einem Endprodukt wie »hellsehenden Hochschlaf« noch deutlich eingeschrieben, aber auch die Mühe, die manipulationsspielerisch gewonnene Fügung mit dem Satzsubjekt zwingend zu verknüpfen.

### *Ein entmythologisierter Celan für die Gegenwart*

Das »Gemachte« solcher Verse wie der eben besprochenen, das Angestrengte, das einst der Kritik auffiel, ist jedenfalls unübersehbar. Zertrümmerung und Montage der primären poetischen Entwürfe sind die poetischen Schubkräfte – womit noch nichts darüber gesagt ist, ob sie nicht doch in ein »Anderes« zu weisen vermögen. Celans berühmte Formel vom Gedicht, das »auf das Andere zuhält«,[32] ist auf ihre Weise sehr präzise: Sie lässt offen, ob das Gedicht nicht doch *nur* »zuhält« auf das Andere, ohne in Kommunikation mit ihm zu treten. Der alles dominierende Zug zur Negation und Verfremdung konventioneller »Kunst«-Intuition mit Hilfe eines kleinen Ensembles von Manipulationsstrategien auf der einen Seite, die panische Angst vor Einblicken in ebendieses »Handwerk« auf der anderen Seite[33] lassen jedoch, vorsichtig gesagt, den Verdacht aufkommen, Celan selbst habe nur zu gut darum gewusst, dass hier ein hochgespannter Wille zum Mysterium am Werk war, nicht etwa, weil das »Andere« nach Ausdruck verlangte, sondern weil es stumm blieb; weil es kein »Anderes« zu unserem gewöhnlichen Sein mehr gibt, sondern nur mehr opakes Dunkel jenseits des Allzubekannten.

»Wo keine Götter sind, walten Gespenster.«[34] Die Goll-Affäre wurde in Celans dämonischer Weltauffassung zu einer kollektiven Verschwörung. (In Wahrheit war es eine abgründige, dabei jedoch letztlich private Infamie, die in der Öffentlichkeit mit dem Schiedsspruch der Darmstädter Akademie, so mangelhaft er im Einzelnen auch ausfiel, ein für alle Mal beendet war – was nachtröpfelte, sind einige ungeprüfte, dennoch nicht aus der Luft gegriffene Behauptungen über stilistische Abhängigkeiten Celans vom Surrealismus gewesen.) Der vermeintlichen Verschwörung setzte er in einem groß angelegten, exorzistischen Akt ein sublimes und zugleich epochales, mythisch stilisiertes und unantastbares Dichter-Ich entgegen. Ein Ich, das nur mehr Gedicht und ohne festen Ort für all jene sein will, die Normen, Argumente, stilistische Definitionen, fixierte Bedeutung an es/ihn herantragen. Das Gedicht, also der sublimierte Dichter, auf kosmischer Irrfahrt, ruhelos unterwegs zum »Anderen«, dessen Nicht-Existenz er ahnt und freilich nicht wahrhaben möchte – manch verschämte Parenthese im »Meridian« klingt, als sei Celan bewusst gewesen, dass das alles nur ein Wunschtraum vom reinen, großen, unangreifbaren Anderen seiner selbst war: Dort zum Beispiel, wo er tagträumte von einer »Dichtung um einer Begegnung willen aus einer – *vielleicht selbstentworfenen* – Ferne oder Fremde zugeordnete[n] Dunkelheit«.[35] Er wollte nicht sein, wozu ihn die poetische Intuition bestimmte. Er konnte es nicht und schuf sich ein Vehikel an Manipulationsinstrumenten, um sein Gedicht, also sich selbst zu transformieren. Zugespitzt gesagt: In die reife Sprache, die so sehr von Deformation, Vermeidung und Negationen lebt, hat ihn weniger ästhetische Begierde getrieben als der Traum von einem anderen Ich. So ließe sich jedenfalls eine Erklärung für die Doppeldeutigkeiten seiner Poetologie gewinnen: Die dichterische Imagination treibt in Bekenntnis, Ausdruck und hochfliegende Metapher, was vom Selbsterhaltungstrieb noch im selben Augenblick mit Bann belegt wird; doch auch der inquisitorische Zugriff ist eine Sache des unwillkürlichen Affektes, entlädt sich daher wiederum in Metaphern, womit der Kreis sich schließt.

So, vom Nervenpunkt des dichterischen »Handwerks« her aufgeschlüsselt, wird man die kultische Selbststilisierung Celans weniger als letzte Nachwehe antiker Mythen sehen, denn als deren tragisch gebrochenen Nachhall. Leid und Wille und Zorn sind von alttestamentarischer Dimension, die Frage, ob der Abstoß von allem »Kunst«-vollen gelingt, tatsächlich eine auf Leben und Tod. Das »Andere« indes, dem er sich mit seiner neuen »Lebensschrift« verschreibt, ist keines mehr, sondern verlängerte Lebensangst. Um von sich los- und damit bei sich anzukommen, schafft er sich Manipulationstechniken in der Absicht, Transzendenz zu erzwingen. Die Konturen von Pathologie und Metaphysik verfließen, die Restauration mythischer Topoi kann die Spuren des Lebensschlamms, aus dem sie das Ich hinauskatapultieren sollte, nicht abschütteln. Celan ist kein Ziehkind jener hehren abendländischen Mystik des Leidens mehr, die noch einem Pestalozzi Gewissheit schenkte: »Das Auge des Leidenden ist für die Wahrheit immer am meisten offen.«[35] Er ist ein Nachgeborener, dem die Schmerzensbrücke zu Gott weggebrochen ist. Er nennt den Bezugspunkt am anderen, uferlosen Ende mit einem großen Wort der Mystik »Anderes« und ahnt, dass es leer oder ein Gaukelspiel des Ich oder beides ist, weshalb er auf halber Strecke Halt macht: Sein transzendenzloser Dämonismus in der »Goll-Affäre« ist eine List (oder eine Rache) des Unbewussten, das sich der Levitation verweigert.

Celans innere Not trieb ihn in den Kampf gegen die »Kunst« in sich; er stieß sich ab von der Konvention und blieb ihr insgeheim, ex negativo verhaftet. »Der Akt des Ausfällens von Sprache aus der Sprache ist ein Akt der Willkür«, hat sich Celan zum »Meridian« notiert und, weil zu viel Bekenntnis über die Natur seiner Verfahren dem folgte, sogleich schrägbalkig durchgestrichen: »an der einmaligen Richtung dieser Willkür – sie ist an der [unmerklichen, aber folge strengen] Abweichung von den morphologischen, syntaktischen, semantischen Kategorien zu erkennen«.[37] Ist es nicht so gewesen, dass man an solcher »Abweichung« zwei Jahrtausende lang die »Figuren« dichterischer Rede erkennen konnte? Was allein in der Abweichung von der Norm zu erkennen ist, bleibt freilich Teil des (grammatischen) Systems. Daher der Tilgungsstrich.

Celan reißt den Blick vom gewöhnlichen Sagen in Stratosphären und Unergründlichkeiten, übt sich in der Entrückungspose – das Firmament aber ist leer. Celan ›hält auf es zu‹, es antwortet indes nicht. Was er findet, ist nur immer er selbst und sein Wille zu einer unvordenklichen Semantik, die noch einmal über sich hinaustrüge. Er beschwört das Gedicht, darin »alle Tropen und Metaphern ad absurdum geführt werden wollen«,[38] und wird immer wieder vom Lebenstrieb zum Bild eingeholt. Tot ist Celans Spätwerk deshalb keineswegs. Und das, paradoxerweise, gerade, weil das dichterische Tun so quer steht zur öffentlichen Selbstüberhöhung und Selbstmystifikation. Denn wir sehen nun, dass die ästhetisch suggestiven Momente sich oft keinem – mystischen – Sprechen vom Fremden und Andersartigen her oder auf es hin verdanken, sondern der Ambivalenz und der misslingenden Transzendierung. Zwar wird hier mit Gewalt die gewohnte Alltagsassoziation hinwegmanipuliert, doch ein Hintergrund an geläufiger Gestik, Eingeschliffenem, Topischem, also Affekt- und Anschauungsgesättigtem schimmert hindurch: Gerade weil wir sehen, was Celan unbedingt verborgen wissen wollte, das »Gemachte«, den erbitterten Willen zu Zertrümmerung und Montage, das idiosynkratische Vermeiden und Sichlosreißen, gerade deshalb kommt seiner Kunst womöglich ganz neue Aktualität zu. Es steckt gegen die pathetisch auffahrende (Selbst-) Mythisierung der »Meridian«-Rede und gegen die Reanimation hehrer abendländischer Topik etwas in dieser Kunst, das in die Nähe der Übermalungen, Montagen, Überklebungen, Zertrümmerungen eines Vostell, eines Arnulf Rainer gehört. Dass im Teilsatz »von / der Lippe genommene[s] Haar« eine sprechende Geste, die selbst von der Werbeindustrie ausgeschlachtet wird, distanzlos im Affekt fortgeschrieben wird, gehört ebenso unabdingbar zu dieser Kunst wie die konstruktiv verfremdenden Überschichtungen und »Wortballungen« des zugehörigen Satzanfangs: Diese Kunst lebt fort, gerade weil die Nahtstelle, die Unvereinbarkeit der Tonlagen und der harte Schnitt zwischen strategischer Konstruktion und »Ausdruck« so sichtbar bleibt. So betrachtet ist der geschichtsmythische Impetus, den eine Gemeinde kultiviert, das Uninteressanteste, schnell Verblasste an Celan. Viril an seiner Kunst ist, dass wir sie losgelöst von den aufgehäuften Stellenkommentaren und den Nachinszenierungen zur Epochalfigur neu lesen können – gerade, weil er uns nicht mehr der ist, den die Erynnien der Völkermörder zeichneten, auf dass er ins mystisch Andere hineinreiche. Gerade weil er es *nicht* vermochte, seiner Dichtung den poetischen Impuls zum Schönen, zu Ausdruck, Bild und Musik auszutreiben; gerade weil sie tatsächlich, wie seine Kritiker von je her monierten, so sehr den Abgrenzungs*willen* vom Gewachsenen, Plastischen, Wohlklingenden, Sinnfälligen in der Sprache offenbart, anstatt das poetisch Approbierte zu transzendieren; gerade weil sie aus dem Herzenstrieb zum Poetisieren, metaphorischen Überhöhen, sonorem Schwelgen in den Fährten der Pathosformeln hervorging und sich mit dem Willen zur Manipulation, zu Konstruktion und Montage als Mittel zur Erzeugung unvordenklicher Semantik *nicht* versöhnen konnte, wird aus Celan etwas anderes als ein literaturhistorischer oder idolatrischer Faktor. Er ist dann in der Tat, wenn auch in vollkommen anderer Weise, als seine Gemeinde es möchte, ein Produkt und Signum seiner Epoche: Er hängt *beiden* Extremen, zwischen denen sich die moderne Dichtung auffächert, an – dem Fortschreiben der abgegriffenen ›lyrischen‹ Topoi und Idiome und der materialästhetisch wie geschichtstheoretisch motivierten konstruktiven Abkehr von der überkommenen semantischen und sprachbildnerischen Gewohnheit. Er zerbricht beim Versuch, sie zu versöhnen. Seine (späten) Gedichte überdauern nicht eines beanspruchten Überschreitens allen dagewesenen Sprachausdrucks wegen, sondern als Protokolle einer obsessiven, immer aufs Neue verfehlten Vermittlung. Daher polarisiert Celan die Leserschaft wie kein zweiter: Man zieh ihn zu gleicher Zeit der schlecht verhohlenen Aufbereitung überlieferter Topoi, Affektgesten, romantischer Sentimentalitäten, wie man ihn andererseits als Demiurgen einer nie da gewesenen Epochensprache pries.

Das Zugleich von syntaktischer Konventionalität, semantischer Manipulation und in die Latenz verbannter hymnischer Emphase ist ein Abbild dieser Ambivalenz: Celan bewahrt das grammatische Gefüge, als wollte er die Formen, nach denen es seinen Primärtrieb zum Schönen und Bildhaften verlangt, bewahren, um die semantische, konstruktive Manipulation nur umso härter dagegensetzen zu können – daher die Leseerfahrung, hier werde in einer Dimension etwas ausgemerzt, unterdrückt, verstellt, was sich in einer anderen allzu gerne schwärmerisch verbreiten würde. Hier wolle sich unentwegt etwas mitteilen, über das der

Schleier des Geheimnisses oder Verbots gehängt ist. Hier werde unaufhörlich «uneigentlich« gesprochen, ohne dass die Metapher ganz zum Vorschein käme. Hier strömten Bilder, deren Spender totgeschwiegen werden.

*Diesen* der kultischen Aufladung entledigten Celan kann auch das einst in Aufsätzen von Weinrich und anderen geäußerte Unbehagen an der kombinatorischen Willkür nur mehr wenig anhaben: Natürlich ist da, wo sich ein der Selbststilisierung verdankender, äußerlich moralisch oder geschichtsphilosophisch legitimierter Willensentschluss zum Entlegenen und sich Entziehenden den Ausdruckstrieb gewaltsam zum Verstummen bringt, Beliebigkeit eine kaum ausbleibende Folge. Doch handelt es sich um die Willkür dessen, der zu gleicher Zeit die affektive, gestische, technische Substanz der Epoche, in der Dichtung noch »lyrisch« war und sein durfte, als Lebenselixier braucht – »Das Gedicht: o diese Unendlichsprechung von lauter Sterblichkeit und Umsonst!«[39] – und weiß, es darf nicht mehr sein. Und keinen Mittelweg findet. Und genau das, gegen seinen Willen, Gedicht werden lässt.

1 Der Meridian. Endfassungen – Entwürfe – Materialien, hg. von B. Böschenstein und Heino Schmull unter Mitarbeit von M. Schwarzkopf und Christiane Wittkop (= TCA, hg. von J. Wertheimer), Frankfurt 1999, S. 140, Nr. 484.
2 Vgl. z. B. ebd., S. 55, S. 69 u. ö.
3 Bernhard Böschenstein: Leuchttürme. Von Hölderlin zu Celan. Wirkung und Vergleich. Studien, Frankfurt a. M. 1977, S. 174.
4 Peter Horst Neumann: »Was muß ich wissen, um zu verstehen?«, in: Celan-Jahrbuch 4, S. 27–38.
5 Die Notizen zur »Meridian«-Rede sind ein Panoptikum der affektiven Basis, auf dem Celan seine antidiskursive Gedicht-Mystik errichtete. So ließ er in den ersten Fassungen der Büchnerpreisrede seiner berüchtigten Verbitterung am literarischen Betrieb freien Lauf. Vom »Gesindel« im Betrieb war da die Rede, vom »Gelichter«, vom »Rot- und Braunwelsch« der Kritik. All dies verschwand aus dem endgültigen Manuskript mit allen möglichen zeitkritischen Ausfällen, mit sehnsüchtigen Erinnerungen an die Mutter, mit verzweifelt ambivalenten Schimpfreden auf das »Verjuden«, das man gerade »auf deutsch [d. h. als Deutschsprechender] heute wohl am besten« könne. (Der Meridian, a. a. O., S. 130).
6 Baumann, Erinnerungen an Paul Celan. Suhrkamp Verlag Frankfurt 1986, S. 46.
7 Vgl. Der Meridian, a.a.O., S. 125, Nr. 385/505. Noch frappierender ambivalent ist die fertige »Meridian«-Rede: »Aber es gibt wohl [...], mit dem anspruchslosesten Gedicht, diese unabweisbare Frage, diesen unerhörten Anspruch«. (Ebd., S. 10)
8 Alle Zitate aus der Endfassung; vgl. Der Meridian, a. a. O., S. 8f.
9 Ebd., S. 158, Nr. 588.
10 Ebd., S. 159, Nr. 593.
11 Gerhart Baumann, a. a. O., S. 141. In den »Meridian«-Notizen ist einmal vom »Ethos des Auges« die Rede (Der Meridian, a. a. O., S. 138, Nr. 467).
12 Paul Celan – Die Goll-Affäre. Dokumente zu einer ›Infamie‹. Zusammengestellt, herausgegeben und kommentiert von Barbara Wiedemann. Suhrkamp Verlag Frankfurt 2000, S. 839.
13 Der Meridian, a. a. O., Nr. 584.
14 Ebd., Nr. 585.
15 Grammatik nach Celans Notiz, abgedruckt ebd., S. 72 bzw. 157, Nr. 582/60.
16 Ebd., S. 124, Nr. 376/350.
17 Ebd., S. 113, Nr. 305.
18 Ebd., S. 99, Nr. 203.
19 Ebd., Nr. 302.
20 Baumann, a. a. O., S. 112.
21 Der Meridian, a. a. O., S. 94, Nr. 165.
22 Celan, Gesammelte Werke, hg. von B. Allemann und Stefan Reichert, Frankfurt 1983, S.178.
23 Baumann, a. a. O., S. 116. Vgl. ebd., S. 31.
24 Vgl. ebd., S. 89.
25 Baumann, a. a. O., S. 84, vgl. 85f. Einen ihn bewundernden Germanisten ließ Celan einmal aus dem Publikum entfernen, weil der es gewagt hatte, Celan in einem Aufsatz kontrastierend anderen zeitgenössischen Dichtern gegenüberzustellen.

26 Vgl. z. B. die Briefe an Margul-Sperber aus dem Jahr 1948, zit. in Wolfgang Emmerich: Paul Celan, Reinbek 1999, S. 173 (Fußnote 134).
27 In Klammern gesetzte Seitenzahlen im Text verweisen prinzipiell auf den Band Paul Celan, *Atemwende*. Vorstufen – Textgenese – Endfassung, bearbeitet von Heino Schmull und Christiane Wittkop (= Werke. Tübinger Ausgabe, hg. von Jürgen Wertheimer), Frankfurt 2000.
28 Ausnahmen sind kurze Gedichte, die aus einer einzigen Bildidee hervorgingen und also in einem einzigen, ohne Notationen auskommenden Zug entworfen wurden. Es sind Texte wie »Fadensonnen«, »Im Schlangenwagen«, »Mit liedwärts gesungenen Masten«, »Vor Dein spätes Gesicht«, »Dröhnen«.
29 Der Meridian (Anm. 2), S. 55.
30 Pöggeler, Der Stein hinterm Aug. Studien zu Celans Gedichten. Fink Verlag München, S. 142.
31 Der Meridian, a.a.O., S. 9, Abb. 35b.
32 Es ist kein Widerspruch, dass Celan als einziger Dichter nahezu alle Notizzettel und Entstehungsstufen sammelte und aufbewahrte. Er tat das in größerem Umfang erst, als die »Goll-Affäre« ins Laufen kam – so wie er fortan meist Entstehungsdaten auch auf Entwürfe notierte: als Beweisstücke gegen neuerliche Plagiatsvorwürfe.
33 Novalis, Schriften, hg. von Paul Kluckhohn und Richard Samuel, Stuttgart 1969ff., Band III, S. 520.
34 Ebd., S. 7 (Abschnitt 27). Kursiv nicht im Original.
35 Vgl. W. Muschg, Tragische Literaturgeschichte, Bern 1957 (3. veränderte Auflage), S. 427.
36 Der Meridian, a.a.O., S. 107 (Satz Nr. 258).
37 Ebd., S. 10.
38 Der Meridian, a.a.O., Nr. 90, C41.

WOLFGANG MATZ

# Jenseits der Geschichte

*Der Roman der französischen Provinz*

## I.

Poitiers ist eine mittlere, verschlafene Départementshauptstadt im Südwesten Frankreichs, auf der Bahnlinie, die Paris mit Bordeaux verbindet. Einige der meerblau-silbergrauen TGV-Atlantique fahren mit kaum verminderter Geschwindigkeit durch, andere machen einen zweiminütigen Halt. Beim Spazierengehen in den engen, mittelalterlichen Gassen wird einem sofort klar, dass die Vergangenheit dieser Stadt bedeutender ist als ihre Gegenwart: Die Reste des gräflichen Schlosses, die zahlreichen romanischen Kirchen, die gotische Kathedrale sprechen von den glorreichen Zeiten, als von hier aus das Aquitanische Königreich regiert wurde. Fährt man fünfzehn, zwanzig Kilometer nordwärts in die ländliche Umgebung, so erhebt sich zwischen Klöstern, Kirchen und ein paar kleinen, wie vergessen wirkenden Dörfern plötzlich aus den Sonnenblumenfeldern eine Festung ganz eigener Art: das Futuroscope, wie die Wegweiser verraten. Auf einem riesigen Areal stehen und liegen bizarre Bauwerke, Türme, gigantische Kristalle, Kuben und Sphären aus Glas, Metall und Beton, deren Zweck man nicht so ohne weiteres zu erraten vermag. Doch jeder Franzose weiß, was hier seit bald zwanzig Jahren ausgestellt wird: *Die Zukunft.*

Dort liegt ein Mineralbrocken, wie man ihn auf einem Almpfad in den höchsten Höhen Savoyens aus den Felsen bricht, nur ragt er selber schon vierzig Meter in die Luft; hier eine Art Tortenstück, auf das irgendein Spaßvogel einen weißen Golfball geklebt hat, und das ganze misst mindestens achtzig Meter im Quadrat. Kann sich jemand vorstellen, dass so die Häuser der Zukunft aussehen? Das Publikum offenbar schon; die Familien mit Eis und Popcorn, die durch den Vergnügungspark zwischen Planetarium und Ausstellungshallen schlendern, und auch die seriöseren Wissenschaftler, die das angeschlossene Kongresszentrum frequentieren. Die Zukunft, wie sie im Futuroscope gegenwärtig ist, das ist eine Mischung aus Disneyland und Elitehochschule, aus populärwissenschaftlicher Geisterbahn und gestyltem Atomreaktor. Man steigt ins Auto und rollt ostwärts, man reibt sich die Augen. Felder über Felder, Mais, Tabak, Wein, Sonnenblumen, ab und zu ein Wäldchen, ein Fluss, ein Schloss, immer wieder Schafherden, in einem Kloster wird Ziegenkäse verkauft, beim Bauer nebenan Honig. Die Dörfer oder kleinen Städtchen wirken leer, umso leerer, je weiter man nach Südosten kommt, nach Chauvigny, Montmorillon, Limoges, immer weiter in Richtung der Corrèze und des Plateau de Millevaches, und manchmal ist ein Haus, manchmal bereits ein ganzer Weiler vollkommen verlassen. Man macht Halt, trinkt ein Glas. Tische und Stühle vor einem lange nicht gestrichenen, grauen Haus, und über der Tür steht in verblichenem Rot tatsächlich geschrieben: Café du Progrès. Auch dieser Fortschritt ist schon lange vergangen, und erst jetzt fällt einem noch einmal kurz die *Zukunft* ein, die erst drei, vier Stunden zurückliegt.

Das Frankreich, von dem hier die Rede ist, gibt es nicht. Bekanntlich unterscheidet der Franzose nur zwischen Paris und dem Rest: der Provinz. Innerhalb dieser Provinz nimmt er nur wenige Regionen besonders wahr, vorwiegend aus touristischem Interesse: die Provence, die Atlantikküste, die Alpen und vielleicht, der Originalität halber, noch das Elsass. Die große Mitte, die von diesen Landschaften umgeben wird, ist unbekannt, den Franzosen ebenso wie den Ausländern, sie ist der Gegenwart genauso entzogen wie der Erinnerung; sie hat nie eine Rolle gespielt für das Bild, welches das geeinte, neuzeitliche Frankreich sich von sich selber gemacht hat, weder in der Geschichtsschreibung noch in der Literatur. Die Provinz ist das, was jeder zu verlassen sucht, sei's das Rouen in Flauberts *Madame Bovary*, sei's das Verrières in Stendhals *Rot und Schwarz*. Die Revolution von 1789 hat, wo nötig mit Gewalt, alle regionalen Eigenheiten in Sprache und Kultur dem Zentralismus des Pariser Staates unterworfen, und was davon in den zwei Jahrhunderten seither noch übrig geblieben ist, glitt tiefer und tiefer in einen bewegungslosen Raum jenseits von Geschichte, Fortschritt und Zukunft. Frankreich, das war Paris und die Hochsprache, dazu einige wenige wirtschaftliche und touristische Zentren. Den Rest, das Land der Dörfer und des Patois, gab es nicht.

Die Gegenwart hat viel, aber nichts Grundsätzliches daran geändert. Im Gegenteil, in kaum einem Land Europas liegen kultische Verehrung von Technologie, Elektronik, Medien und archaische Existenzformen so nah beieinander. Und je mehr die modernen Verkehrsmittel den gesamten Staat erschlossen haben, umso fester verschließen sie jene Landstriche, die weitab von allen Wegen liegen. Spinnenförmig strecken sich Autobahnen und Bahnlinien von Paris in die Provinz. Der Hochgeschwindigkeitszug TGV erreicht Bordeaux in dreieinhalb, Lyon in zweieinhalb Stunden, und er hat die Provence und das Mittelmeer ebenso zum Pariser Ausflugsort gemacht wie die Atlantikinseln vor La Rochelle. Die Teilung des Landes zwischen Paris und Provinz hat sich verwandelt in eine zwischen Provinz mit und eine ohne TGV. Wo der TGV Halt macht, klettern Mieten und Grundstückspreise auf Pariser Gipfelhöhen; wo er, fern oder nah, vorüberrauscht, verfallen Haus und Dorf. Zwei Länder, zwei Epochen und zwei Völker scheinen im heutigen Frankreich nebeneinander zu existieren; trinkt man in Brive sein Glas Wein neben Bauern und Handwerkern, so trifft man im provenzalischen Roussillon höchstwahrscheinlich nur auf den eigenen Nachbarn vom Boulevard Saint-Germain.

Zwei Länder, zwei Epochen und zwei Völker, davon spricht Pierre Bergounioux in seiner Erzählung *Le Premier mot* (Das erste Wort), in jenem Traum von der anderen Welt, von Schulen, Universitäten, Büchern und Wissen, den ein Junge in seiner heimatlichen Corrèze träumt: »All das gab es in Paris, wo man Dinge lernen konnte, die nicht bis hierher kamen, als ob manche Gedanken, so unvorstellbar sie auch waren, teilhatten an der Fülle, an der Dichte jener Materien, die man am schwersten forttragen konnte, Felsblöcke, Torfgruben, Nebel, ganze Bäume mit ihren Ästen und ihren Wurzeln, und als ob einer, wenn er sie mit eigenen Augen sehen, sie berühren wollte, selber dorthin gehen musste, wo sie sich befanden.«

## II

Die Neue Französische Literatur ist Pariser Literatur. Stärker, als es für die deutschsprachigen Länder je vorstellbar gewesen wäre, hat der Zentralismus auch die gesamte Kultur dirigiert. Nicht nur haben Institutionen, Verlage, Zeitschriften ihren Ort in Paris, auch die Schriftsteller selber pflegen nicht weit außerhalb des mythischen Bezirks zwischen Saint-Germain und Montparnasse zu logieren, und es gab im zwanzigsten Jahrhundert nur wenige, die in der Provinz mehr als ein Landhaus für den Sommer ihr eigen nannten. Vor allem aber ist Paris der Ort und das eigentliche Sujet des französischen Gegenwartsromans. Der Berlinroman, wie Döblins *Berlin Alexanderplatz*, ist eine eigene, nicht allzu weit verbreitete Spezies in der deutschen Literatur; ein »Parisroman« wäre für die französische der pure Pleonasmus.

Doch umgekehrt entstand im zwanzigsten Jahrhundert eine Literatur, die sich gerade mit dem beschäftigte, was jenseits der Ränder lag. Auch zuvor war die *France profonde* natürlich vorgekommen in der Literatur, doch ein berühmtes Beispiel, die Landwirtschaftsausstellung in *Madame Bovary*, zeigt, in welchem Sinne das häufig geschah: Ein borniertes Landvolk, Honoratioren, die aufgeblasene, hohle Reden schwingen, bilden den lächerlichen Hintergrund für die nicht weniger lächerlichen Verführungsversuche eines fadenscheinigen Provinz-Don Juan. Von solcher Ironie bleibt im zwanzigsten Jahrhundert nicht viel. Wohl sind es die großen Modernisierungsschübe der Jahrhundertwende, die raschen Veränderungen in Wirtschaft, Verkehr und Industrie, was einen neuen Blick erzwingt, und zum ersten Mal erscheint die ländliche Welt nicht nur als zurückgeblieben, sondern wird ihre Rückständigkeit durchaus als Vorzug, als urfranzösische Tradition gedeutet. Das Potenzial an Ideologie, das in dieser Idee schlummert, beweist 1897 als ein frühes Beispiel Maurice Barrès' Roman *Les déracinés* (Die Entwurzelten), als ein spätes der anarchistisch-christliche Fundamentalismus der Simone Weil, die ein halbes Jahrhundert danach in *L'enracinement* (Die Einwurzelung) die gleiche Metaphorik positiv umdeutet.

Die eigentliche Stärke der Provinzliteratur lag aber nicht in der ideologischen Entgegensetzung von Stadt und Land; sie lag einerseits im gleichsam archäologischen Bestreben, einer vergessenen Welt zu ihrem Recht zu verhelfen, andererseits in der Fähigkeit von so unterschiedlichen Schriftstellern wie Jean Giono und Marcel Jouhandeau, Marcel Pagnol und Marcel Aymé, diese Welt zu einem eigenen künstlerischen Kosmos zu gestalten, also eine literarische Welt zu erschaffen, die dem Paris von Proust oder Colette unabhängig und gleichwertig gegenüberstehen konnte. Selbst das Schaffen eines späten Modernen, das unvergleichliche und einsam dastehende Romanwerk von Claude Simon, lebt zu einem wesentlichen Teil von der verbissenen Suche nach den Spuren einer verlorenen Zeit im ländlichen Frankreich, zwischen dem gebirgigen Jura und dem südlichen Perpignan, in den Schützengräben und auf den Feldern des Ersten und Zweiten Weltkriegs, und die Vollkommenheit der Verbindung des Archäologischen mit der künstlerischen, sprachlichen Gestalt macht den eigentlichen Rang von Claude Simons Prosa aus.

Von Anfang an waren es zwei Pole, die diese Literatur bestimmten: die Mythisierung und der Realismus, und beides in der steten Gefahr ideologischer Versuchung. Fast nie jedoch tritt eines dieser Elemente rein auf; gerade die gelungensten Beispiele überzeugen durch ihre häufig rätselhafte Mischung von realistischen und ganz und gar künstlichen Zügen. So hat man lange die frühen Romane von Julien Green dem Genre der Provinzliteratur zurechnen wollen, doch bei näherem Augenschein stellt sich heraus, dass es dem Pariser Green, der die französische Provinz gerade von Urlaubsreisen kannte, gelungen war, hinter dem Anschein von minuziösem Realismus eine ganz der Eigenwirklichkeit des Traums verpflichtete Welt zu zeichnen. Mit einer realen französischen Provinz haben Julien Greens gespenstische Kleinstädte nur auf eine vermittelte, fast halluzinatorische Weise zu tun.

Es sind zwei Dichter, die jene beiden Pole von Realismus und Mythisierung vielleicht am besten repräsentieren: Marcel Jouhandeau und Jean Giono. Jouhandeau, auch in Frankreich nicht gerade populär, ist in Deutschland vollkommen unbekannt geblieben, obwohl ihn Walter Benjamin früh rühmte und noch heute bei Rowohlt eine wunderbare fünfbändige Auswahl auf ihre Leser wartet. Kein Epiker oder Romancier im engen Sinne ist er, der von 1888 bis 1979 lebte, ein Schriftsteller, der aus unendlich vielen Fäden ein Werk gesponnen hat, das sich nicht in großen Hauptwerken, in repräsentativen Romanen ausspricht, sondern in vielfältigen, miteinander verbundenen Erzählungen. Auch für ihn gilt jenes Wort, das sein Zeitgenosse Emmanuel Bove für das eigene Schaffen prägte: »Ein Roman darf nicht etwas Abgeschlossenes, in sich Vollendetes sein: das heißt, man sollte einen Roman nicht vom Gesamtwerk seines Autors trennen können, genausowenig, wie man einen schönen Vers aus einem Gedicht herauslösen kann.«

Jouhandeau stammte aus dem tiefsten Frankreich, aus Guéret, dem Hauptstädtchen des der Corrèze benachbarten Départements Creuse. Guéret taufte er um in »Chaminadour«, und der Band, der unter diesem Titel vierundzwanzig Erzählungen vereinigt, ist nicht weniger als die Chronik eines der großen mythischen Orte der französischen Literatur. Denn auch wenn die empörten Bewohner von Guéret sich um jeden Preis in diesen Charakterköpfen, Sonderlingen und Besessenen wieder erkennen wollten, hat Jouhandeau doch alles andere geschrieben als das bloße Abbild einer französischen Kleinstadt um die Jahrhundertwende. Nein, seine große Kunst besteht gerade in der Fähigkeit, durch Übertreibung und

Überhöhung, durch den ebenso scharfen wie bösen Blick des Beobachters und Fabulierers die realistischen Züge seiner Erzählungen ins Mythische hinaufzutreiben. Aus der geizigen Besitzerin des örtlichen Konfektionsgeschäfts machte er Prudence Hautechaume, die unvergessliche Verkörperung des Geizes schlechthin, und in ihrem unvermeidlichen Sturz enthüllt der Chronist die Wahrheit einer ganzen Gemeinde: »Die ganze aufgewühlte Stadt, trunken vor Erregung und wie außer sich vor Lust, weil ihr da endlich von dem Braten der Rentnerin der eigene schlechte Geruch in die Nase stieg, stand draußen und wartete.« Und in einem seiner größten Stücke, in *Fräulein Zéline oder Gottes Glück zum Gebrauch eines alten Fräuleins*, steigert Jouhandeau die Egozentrik einer gealterten Jungfer zu einer paradoxen Größe, sodass sogar diese selbst ihr Leiden nur noch in religiösen Dimensionen und damit als die Erlösung zu fassen vermag: »Mir hat geträumt, ich wäre der gekreuzigte Herr Jesus Christus selber.«

Ganz ähnlich und doch ganz anders Jean Giono. Wo Jouhandeau die detailgenaue Topographie seines Chaminadour, die sogar die elterliche Schlachterei wieder zu erkennen erlaubt, immer wieder durch die Überzeichnung von Charakteren sprengt, da scheint Giono viel näher an der ländlichen Provence zu bleiben. Zugleich beharrte er, der in Manosque 1895 geboren wurde und dort 1970 starb, darauf, sein Süden sei ein erfundener Süden, ganz so wie William Faulkners amerikanische Südstaaten. Doch sein essayistisches Werk, Aufsätze und Reportagen zu Tradition und aktueller Wirklichkeit der Provence, erweist das Selbstzeugnis des Dichters als halbe Wahrheit. Viel mehr als Jouhandeau war er auch an der archäologischen Seite seines Schreibens interessiert, näherte er sich den sozialen, geschichtlichen und sprachlichen Eigentümlichkeiten seiner Landschaft. Ein berühmt gewordenes Beispiel für seine politischen, fast ethnologischen Reportagen sind die *Notes sur l'affaire Dominici* aus den fünfziger Jahren. Giono hatte den Prozess gegen einen Bauern seiner Gegend verfolgt, der angeklagt war, englische Touristen ermordet zu haben. Auch Giono kann die Wahrheit nicht herausfinden, in seinen Aufzeichnungen entdeckt der Leser jedoch eine ganz andere Wahrheit, nämlich die Existenz jenes anderen, geschichtslosen und sprachlosen Landes, das das offizielle Frankreich verleugnete. Der Bauer aus der Gegend von Manosque und das Gericht der République Française sprachen nicht nur verschiedene Sprachen, Provenzalisch und Französisch, sie kamen auch aus zwei verschiedenen Welten und begriffen nicht einmal, warum sie einander nicht verstanden.

## III.

Die siebziger Jahre brachten den wohl größten Modernisierungsschub, den Frankreich je erfahren hat. Autobahnen und Eisenbahn banden immer mehr Regionen an die Hauptstadt, die Wirtschaft des traditionell ländlichen Staates war kaum noch konkurrenzfähig in einem industrialisierten Europa, die Landflucht entvölkerte ganze Regionen und der sich ausbreitende Tourismus mit der Provence-Mode zerstörte innerhalb weniger Jahre die überlieferten Verhältnisse, die Giono noch in den Fünfzigern und Sechzigern beschrieben hatte. Eine historische Zäsur, die nicht nur jahrhundertealte Siedlungen dem Verfall auslieferte und andere in potemkinsche Dörfer aus Sommerresidenzen verwandelte, sondern die auch jede Erinnerung an eine erst kurz zurückliegende Epoche aufzulösen begann.

Richard Millet wurde 1953 in Viam geboren, einem kleinen Ort in der Corrèze, dort, wo die France profonde am tiefsten ist. Er debütierte 1983 mit dem Roman *L'Invention du corps de Saint Marc* (Die Erfindung des Körpers des heiligen Markus), doch erst mit seinen beiden letzten Büchern, *Der Stolz der Familie Pythre* (1995) und *Die drei Schwestern Piale* (1997), gelang es ihm, ein größeres Publikum zu gewinnen, und vielleicht nicht zufällig mit zwei Romanen, die, in der zweiten Hälfte der neunziger Jahre, ins Land seiner Herkunft zurückkehren. Richard Millet ist neben Michel Houellebecq wahrscheinlich der wichtigste Vertreter des jüngeren französischen Romans, der auch in die deutsche Sprache übersetzt worden ist. Keiner von beiden, weder der Prophet einer schmerzlosen Zukunftswelt noch der Epiker des Alten und Immergleichen, ist denkbar ohne jene zerstörerische Kraft der Modernisierung am Ende des zweiten Jahrtausends; beide schreiben sie an der Chronik eines ungeheuren Verlusts. Sie unterscheiden sich in fast allem: in Sprache, Form, historischer Blickrichtung und ganz gewiss auch im künstlerischen und intellektuellen Rang; gemeinsam ist ihnen bei all dem das Bewusstsein von der geschichtlichen und anthropologischen Situation, mit der ihr Erzählen beginnt.

Für den Houellebecq der *Elementarteilchen* ist die Vergangenheit immer gegenwärtig, als Erinnerung, als Verklärung, als Gegenbild, also als Projektion der Romanfiguren selbst. Ganz anders Millet: Er nähert sich seinem Stoff mit dem großen epischen Atem, greift zu der Konstellation des klassischen Romans. Voraussetzungslos, ohne jede Verankerung in der Gegenwart, hebt *Der Stolz der Familie Pythre* an: »Im März begannen sie merklich zu stinken. Ein bisschen roch man es immer, je nach Wetterlage, sobald der Winter zu weichen schien und es sich wieder regte, sich uns, zunächst ohne dass man es wahrhaben wollte, in Erinnerung rief, alt und arglistig wie ein Schmerz, den man überwunden geglaubt hatte und gern vergessen hätte, der sich aber in Schüben zurückmeldete, verhasst wie die Darmwinde einer geliebten Frau; und jeden, der es roch, sollte es verfolgen – « So hartgefroren ist der Boden der Corrèze, dass die Toten der Wintermonate auf Pfählen in einem Schuppen den Frühling abwarten müssen, um ein christliches Begräbnis in geweihter Friedhofserde zu bekommen. Das archaische Motiv gibt den Grundton des ganzen Buches vor, und erst langsam erfährt der Leser, dass der Autor ihn an den Anfang des zwanzigsten Jahrhunderts zurückgeführt hat und sich dann Jahrzehnt für Jahrzehnt der Gegenwart nähert. Millet übernimmt die Struktur des Familienromans: André Pythre, 1890 geboren und schon mit zwölf Jahren Waise, übernimmt einen Hof auf dem Plateau de Millevaches, doch er bleibt in diesem rauen, verschlossenen Land ein Fremder. Millets Chronik folgt dem unerbittlichen Lauf der Zeit, der nur durch Katastrophen gegliedert wird: der Erste Weltkrieg auf den fernen Schlachtfeldern Flanderns, der Zweite Weltkrieg mit den Geiselerschießungen durch die deutschen Besatzer, der Bau eines Stausees, dem alte Siedlungen zum Opfer fallen. All das kommt von außen in diese Welt, »fern von dem, was man anderswo die Geschichte nannte«.

Der Erste Weltkrieg, *La Grande guerre*, wie die Franzosen noch heute sagen, markiert zu Recht auch bei Millet den Einbruch der Geschichte in diese archaische Welt. Der Leser Claude Simons weiß lange schon, was dieser Krieg für das tiefe Frankreich gewesen ist: Ein dauernder Verlust, das ständige Verschwinden der Männer in fremde, nördliche Regionen, das Sterben an unbekannten Orten für unbekannte Ziele. In jener Szene, da Pythres Haushälterin und Geliebte zu Grabe getragen wird, macht Millet die unbegreifliche Simultaneität von Geschichte und Geschichtslosigkeit in einer über-realistischen Überblendung sichtbar: »›Sie ist tot...‹ Das sagte er uns ins Gesicht, dabei hatten wir sie so gut wie gar nicht gekannt und fanden es geschmacklos, dass man vor uns den friedlichen Tod einer jungen Verrückten beklagte, und zwar [...] im selben Augenblick, da der Sohn des Bürgermeisters Poirier, blutüberströmt wie ein Schwein im Stacheldraht der Deutschen hängend, verendete, in einem Maße zerfetzt, erzählte der jüngste Roche, der in seiner Kompanie gewesen war, dass seine eigene Mutter ihn nicht wieder erkannt hätte, weshalb der Abbé Trouche, um die Gemüter ein wenig zu beruhigen, von der Kanzel herab verkünden musste, ihr Sohn sei zu einem Tropfen Blut auf Jesu Stirn geworden.«

Millets zentraler, großer Gedanke war es, durch seinen Roman ein Kollektiv sprechen zu lassen. Der Erzähler ist ein »Wir«, eine unbestimmte Gruppe, die Dorfbewohner oder die Menschen der ganzen Region. Doch in der Durchführung dieses Gedankens zeigt sich zugleich, was die Schwächen und Gefahren von Millets Erzählen sind. Ganz offensichtlich lag es in seiner Absicht, die archaische Gewalt einer Welt zu zeigen, in der es unter der Übermacht von innerer und äußerer Natur dem einzelnen Menschen niemals gelingen wird, zum Individuum im bürgerlichen, zivilisatorischen Sinne zu werden. So ziehen sich die Motive einer unbeherrschbaren Kraft durch das ganze Buch: der Gestank der Toten, die animalische Sexualität, der Kampf mit den Elementen der Natur, die Sorge um das nackte Überleben. Alles ist Natur, auch das erzählende Kollektiv. Um diese elementare Kraft aber zu gestalten, ist Millet gezwungen, sprachlich vom ersten bis zum letzten Satz das ganze Register einzusetzen. Seine Schwäche als Erzähler besteht darin, dass er für das Archaische und Elementare kein anderes Mittel kennt als das *fortissimo*. Aussparung, Askese sind ihm unbekannt. Sein Roman ist von einer Sprachgewalt, als wolle er den Leser förmlich zwingen, unbedingt von einem »sprachgewaltigen Roman« zu sprechen. Gewiss, immer wieder steht man vor Szenen von unleugbarer Kraft; dann aber ermüdet der Leser unter der ein ums andere Mal mit dem immergleichen größten Pedal gespielten Beschwörung von Gestank und Kopulation, Tod und Geburt – und auch der Zweifel kommt auf, ob dieses stilisierte, hochrhetorische Bild der französischen Provinz tatsächlich noch einer Wirklichkeit entspricht.

Das Kollektiv, das der höchst stilbewusste Autor sprechen lässt, bleibt ein literarischer Kunstgriff, den der »sprachgewaltige« Erzählstrom vergessen machen soll. Stilistische Entgleisungen, von denen es nicht wenige gibt, lassen die Fiktion einer kollektiven Stimme unfreiwillig in die parfümierte Platitude kippen, so etwa wenn der Erzähler zu erklären weiß, »niemand, auch keine Mutter, kann wirklich wissen, was im Herzen eines Mannes vorgeht – diese Wahrheit ist so unverrückbar wie die, dass man immer einsam stirbt –, sondern sie (zwei fast schwarze Augen wühlten ihn auf, dort, wohin nur eine Frau reichen kann, auch wenn sie erst ein junges Mädchen ist«. So etwas ist kein Urwissen einer archaischen Gemeinschaft, als das es erscheinen soll – es ist der Kitsch eines heutigen, in Cinemascope schreibenden Autors. Der zweite Roman *Die drei Schwestern Piale* (bei den ausgezeichneten deutschen Übersetzungen wurde die Reihenfolge umgekehrt) beweist einen deutlichen Fortschritt; die Verschiebung der Erzählperspektive in die neunziger Jahre und zu einer individuellen, sich erinnernden Gestalt schützt Millet vor der Versuchung, das Kollektiv unmittelbar und in einem Tonfall sprechen zu lassen, der durch bloße Lautstärke überzeugen will.

## VI.

»Gerade dadurch, dass sie eine Zukunft für sich entdeckt hatten, geschah es den Leuten meines Alters und meiner Art, dass sie sich als Hüter einer Vergangenheit zu fühlen begannen.« So sagt Pierre Bergounioux in seinem grundlegenden Essay *La Puissance du souvenir dans l'écriture* (Die Macht der Erinnerung im Schreiben), und er fährt fort: »Der Einbruch der Modernität in die Enklaven der alten Zeit hat mit einem Schlag das Universum unseres Erwachens zerstört. Wir wurden fortgerissen aus der bewegungslosen Zeit, aus der Unmittelbarkeit. Mit aller Dringlichkeit ging es darum, der Forderung der Außenwelt zu antworten, so zu werden, wie sie es verlangte. Dazu mussten wir wissen, woraus wir gemacht waren. Das gelingt einem besser, wenn man es zu Papier bringt.« Bergounioux und Millet gehören zur gleichen Generation, und gemeinsam ist ihnen auch ihre Herkunft aus der Corrèze. Wahrscheinlich würde sich Millet in Bergounioux' programmatischer Einleitung wieder erkennen, doch in der Literatur, mit der sie auf diese Forderung Antwort geben, und in ihren Wegen dahin, sind beide Autoren so verschieden wie nur möglich. Wo Millet zur sprachlichen Opulenz neigt, wirkt Bergounioux geradezu spröde, der epischen Breite steht äußerste Reduktion gegenüber, und wenn Millet am Ende zur klassischen Romanform gefunden hat, so schlägt Bergounioux den umgekehrten Weg ein: Seine letzten Bücher benötigen keine Genrebezeichnung mehr, und sie haben sich fast ganz gelöst von dem, was einen konventionellen Roman ausmacht, von Handlung, Dramaturgie und Arrangement. An dieser so viel größeren sprachlichen und formalen Komplexität liegt es wohl, dass sie den Weg zu Ausgaben hierzulande bisher noch nicht gefunden haben.

Es gibt bei Bergounioux nur ein einziges Thema, eine einzige Landschaft, und diese kreist er seit seinem Debütroman *Catherine* im Jahre 1984 in immer engeren Ringen ein. Fast Jahr für Jahr folgte ein weiterer, schmaler Roman, und die Radikalität, mit der dieser Autor seinem Programm seither treu blieb, trug ihm zwar nicht den Erfolg beim großen Publikum ein, aber die höchste Schätzung in der literarischen Kritik. Einen vorläufigen Höhepunkt bildete *Miette* im Jahre 1995. Miette ist eine Bäuerin im Limousin, und das Buch erzählt ihre Geschichte und die ihrer vier Kinder, der letzten Generation auf dem Hof. Baptiste, der Älteste, bleibt und ordnet sich wie seine Mutter der Macht der Dinge unter. Adrien, der Zweitgeborene, findet neben dem Hoferben keine Existenzmöglichkeit, arbeitet vierzig Jahre lang bei der Pariser Métro und kehrt erst für seine letzten Lebensjahre zurück ins Dorf. Dort trifft er auf den Erzähler, und mit dieser Begegnung hebt dieses Buch des Rückblicks an: »Es war zu Beginn der achtziger Jahre, dass ich Adrien näher kennen lernte. Der fast gleichzeitige Tod von Baptiste und Jeanne leerte das Haus, in dem er vor einem halben Jahrhundert gelebt hatte. Dieser Tod lockerte das besondere Tabu, welches die Erbteilung über einst gemeinschaftliche Dinge verhängt. Er machte es sich zur Gewohnheit, jeden Tag vorbeizukommen. Mit der Metallspitze seines Spazierstocks klopfte er an die Tür der Werkstatt oder ließ die Eisentrümmer erklirren, die draußen überall auf dem Boden herumstanden. Ich legte das Werkzeug beiseite, schaltete das Schweißgerät ab, zog meine Rechte aus dem dicken Lederhandschuh, und wir schüttelten uns protokollarisch die Hand. Er fragte mich, meistens auf Französisch, doch hin und wieder auch im Patois, wie es mir ging. Er lachte, wenn ich im Patois antwortete.«

Es gibt kein Buch, das dem »Romanhaften«, wie es den *Stolz der Familie Pythre* prägt, ferner stehen könnte als Miette. Es geht Bergounioux weder um psychologische Einfühlung noch um anschauliche Abschilderung eines bestimmten Milieus; es geht ihm um eine Annäherung an eine verlorene Zeit, und er ist sich bewußt, dass eine solche Annäherung, ein solches formwerdendes Erinnern, ganz allein als sprachlicher Vorgang verwirklich werden kann. Bergounioux' Schreiben ist bestimmt von einer Flaubert'schen, Simon'schen Genauigkeit bei der Wahl des einen, richtigen Wortes und von einem Faulkner'schen Insistieren auf der Dichte der Syntax. »Bei Pierre Bergounioux«, so schrieb der bedeutende Kritiker Claude Prévost, »verhindert die Proust'sche Weite nicht, nein, im Gegenteil: sie verlangt geradezu eine minuziöse Sorgfalt gegenüber dem Detail, dem Spiel der Klänge und der Verteilung der Rhythmen, kurz: gegenüber der Musik der Sprache«, doch ebenso groß ist des Autors Bewusstsein für den erzählerischen Gehalt von Form und Perspektive. Bergounioux nämlich verwirft die Fiktion des Romanautors, gleich dem Historiker schildern, *erfinden* zu können, »wie es denn gewesen ist«. Es ist alles andere als bloße Konstruktion, wenn *Miette* in der Gegenwart spielt, und es handelt sich auch nicht um eine schlichte »Rahmenhandlung« für den Rückblick in die Vergangenheit. Millet schreibt einen historischen Roman, dessen Vergangenheitsrahmen nie in Frage gestellt wird; Bergounioux dagegen beschreibt jenen Prozess, der durch Erinnerung, Sprache und Schreiben die Vergangenheit im Nachgeborenen erst erzeugt.

Der Erzähler, der nun im Haus von Adriens Kindheit lebt und dort dessen Besuche empfängt, ist ein Bildhauer, der aus Adriens altem landwirtschaftlichen Gerät abstrakte Skulpturen schmiedet, sie also verstümmelt: »Einen Großteil dessen, was ich über das unvordenkliche Zeitalter weiß, das zu Ende ging, als ich hierher kam, verdanke ich diesen Freveltaten.« Damit ist der Erzähler ein metaphorisches Bild des Autors selber. Die epische Perspektive Millets gibt vor zu zeigen, wie es einmal gewesen ist; Bergounioux erklärt etwas ganz anderes zu seinem Ziel: »Das granitene Hochplateau des Limousin war eine der letzten Zufluchten der Ewigkeit. Eine kleine Zahl von Menschen spielte dort wieder und wieder die unvordenkliche Rolle, die ihnen ihr Blut, diese Erde und der Rang diktierten. Dann hat der Atem der Zeit die Höhen berührt. Diese Bewegung hat die Menschen davongetragen und die Szenerie verwandelt. Ich habe versucht, ihre letzten Worte festzuhalten, die nun verlorenen Gebärden dieser entflohenen Zeit.« Bergounioux' Bücher sind Gegenwartsliteratur im strikten Sinne; ohne Larmoyanz, ohne Nostalgie, aber voller unsentimentaler Trauer über das Untergegangene. *Le Matin des origines* heißt eine von Bergounioux' schönsten Erzählungen, was der biblische Schöpfungsmorgen ist, im Französischen aber den Morgen auch der eigenen Ursprünge anklingen lässt. In Bergounioux' Universum ist der Mensch durch seine Ursprünge, durch Landschaft, Sprache, Natur, für sein Leben geprägt. Was aber geschieht mit den Menschen, wenn die Geschwindigkeit des Wandels so anwächst, dass innerhalb einer Generation, innerhalb eines

Menschenlebens eine ganze Welt verschwindet? Das ist, bei allem Unterschied, auch die Frage Michel Houellebecqs, und es ist alles andere als eine nostalgische Frage.

Konsequent hat dieser Weg Pierre Bergounioux in seinem letzten, gerade erschienenen Buch *Le premier mot* zu einer unverhüllt autobiographischen Erzählung geführt, ganz gleich wie Claude Simon mit seinem letzten, kurzen Roman *Le Tramway*. Zwei fast unscheinbare Meisterwerke, die zeigen, auf welche Höhe die französische Prosa auch heute noch zu kommen vermag, aber auch, dass literarische Erkenntnis unterhalb eines gewissen ästhetischen Niveaus nicht zu haben ist.

Richard Millet: *Die drei Schwestern Piale*. Roman. Übers. von Christiane Seiler. Berlin: Alexander Fest Verlag 1998, 287 Seiten.
Richard Millet: *Der Stolz der Familie Pythre*. Roman. Übers. von Christiane Seiler. Berlin: Alexander Fest Verlag 2001, 363 Seiten.
Pierre Bergounioux: *Miette*. Paris: Gallimard 1995, 167 Seiten. Unveröff. Übers. von Elisabeth Edl.
Pierre Bergounioux: *La Puissance du souvenir dans l'écriture*. Nantes: Éditions Pleins Feux 2000, 40 Seiten.
Pierre Bergounioux: *Le Premier mot*. Récit. Paris: Gallimard 2001, 95 Seiten.

WOLFGANG ULLRICH

# Historische Zeitschriftenschau (8)

*Gong 3/1975*

Eine Fernsehzeitschrift ist eigentlich ein Paradoxon. Anstatt, wie andere Zeitschriften, ihr Publikum zu fesseln und als publizistischer Kosmos eigenen Rechts aufzutreten, dient sie einem anderen Medium. Dessen Angebot derart transparent und attraktiv darzustellen, dass aus dem Leser möglichst oft ein Zuschauer wird, ist ihre Aufgabe. Im Mittelpunkt jeder Fernsehzeitschrift steht der zunehmend übermächtig gewordene Konkurrent um das kostbare Gut individueller Aufmerksamkeit, gegen den ernsthaft anzugehen die Printmedien längst aufgegeben haben. Endgültig vorbei sind also die Zeiten, in denen eine Zeitschrift dazu da war, abendfüllende Unterhaltung zu gewährleisten. Sich näherzukommen wie einst Emma Bovary und ihr Liebhaber Léon, die gemeinsam stundenlang Illustrierte anschauten, während Emmas Ehemann zusammen mit dem Apotheker Homais Domino spielte, um darüber schließlich einzuschlafen, ist heute kaum noch vorstellbar.

Doch gerade weil das Fernsehen eine überragende Medienmacht erlangt hat, löste es – nächstes Paradoxon – einen Boom an begleitenden Zeitschriften aus. Wo sonst ließe sich die gewünschte Übersicht über die verschiedenen Fernsehprogramme gewinnen? Das Fernsehen selbst bietet solche Dienstleistung nicht, denn jeder Sender bewirbt nur sich selbst. So erfüllen die Fernsehzeitschriften für die Television eine ähnlich wichtige Funktion wie unabhängige Tageszeitungen (oder öffentlich-rechtliche Rundfunkanstalten) für Parteien und Politik. Anders formuliert: Das Fernsehen gehört zu den Medien, die anderer Medien bedürfen, damit sich ihr Publikum ein Bild von ihnen verschaffen kann. Selbst im Zeitalter des Zappens kann sich der Zuschauer nur dank der synoptischen Qualitäten einer Zeitschrift hinreichend über das Fernseh-Angebot informieren. Erst eine weitergehende Verschmelzung von TV und Internet wird zukünftig wohl dafür sorgen, dass sich die jeweiligen Sendungen mit einer

Art Suchmaschine – und nach persönlichen Interessen – abfragen und programmieren lassen.

Einstweilen sind die Fernsehzeitschriften für die private Grundversorgung mit Programminformation unverzichtbar; angesichts zunehmender Sender-Vielfalt haben sie in den zurückliegenden Jahren sogar an Bedeutung gewonnen. Dafür ist nicht zuletzt der harte Kampf um Marktanteile, der zwischen alten und neu gegründeten TV-Postillen herrscht, ein sicheres Indiz. Aus heutiger Sicht stellt sich im Grunde sogar die Frage, warum Fernsehzeitschriften vor einem Vierteljahrhundert überhaupt schon nötig waren. Wie konnten sie ihre Seiten füllen, gab es doch lediglich ARD und ZDF sowie die Dritten Programme, während das Privatfernsehen noch nicht einmal diskutiert wurde? Und wovon war 1975 eigentlich zu berichten, da doch nur ungefähr acht Stunden am Tag Programme – und nicht bloß das Testbild – ausgestrahlt wurden?

*Paternalismus*

Eine Zeitschrift wie der *Gong* umfaßte 1975 rund 80 Seiten (heute sind es durchschnittlich 130), von denen ungefähr die Hälfte der Präsentation des Fernseh- und Radioprogramms gewidmet war. Selbst dem DDR-Fernsehen wurde eine kleine Spalte eingeräumt – man hatte ja Platz. Bis in die Gegenwart finden sich die eigentlichen Programmseiten in der Mitte des Hefts, schön eingebettet zwischen Hintergrundberichten und allerlei zusätzlichen Rubriken, die einem ziemlich festen Seitenschema folgen. Damit garantieren die *Gong*-Hefte ihren Lesern ein hohes Maß an Regelmäßigkeit, repetieren die Struktur allwöchentlich (und sogar über Jahrzehnte hinweg fast unverändert). Das verleiht der Fernsehzeitschrift in etwa die Rolle eines Kalenders, dessen Nachfolge sie in vielen Haushalten angetreten hat. Auf oder neben dem Fernseher liegend, zeigt die täglich umgeblätterte Programmseite, auf Datum und Stunde genau, mit was zu rechnen ist. An einen Kalender erinnerten damals auch noch zusätzliche Elemente. Zwar gibt es nach wie vor das priesterliche »Wort zum Alltag« und einen Brief an die Leser vom väterlichen Chefredakteur, der 1975 noch Helmut Markwort hieß, abgeschafft wurde mittlerweile allerdings der Haushaltstipp, den die Redaktion im täglichen Wechsel mit Geburtstagsgratulationen oder Lebensweisheiten jeweils oben rechts auf den Programm-Seiten platzierte. Gerade diese Kalendersprüche zeichneten sich durch erstaunliche Banalität aus: »Es wird nicht immer so kalt bleiben. In 60 Tagen beginnt der Frühling!«, heißt es beispielsweise am 19. Januar 1975. Und vier Tage später ereilt den Leser der wohlmeinende Rat: »Es ist Zeit, Pläne für den Sommerurlaub zu schmieden. Neue Kataloge und Prospekte besorgen!«

Diese paternalistische Appell-Sprache verrät Einiges über das Selbstverständnis des *Gong*. Offenbar erhebt die Zeitschrift den Anspruch, ihre Leser nicht nur in Sachen Fernsehen mit einem kompletten Wochenprogramm auszustatten. Kochrezepte, Rätsel, ein Fortsetzungsroman sowie eine Ratgeber- und Medizin-Seite sollen nahezu alle täglichen Bedürfnisse der Familie abdecken. Als »Fernsehzeitschrift für die schönen Stunden daheim« – so der Untertitel – ging es dem *Gong* immer darum, probate Antworten für die häuslichen Fragen und Sorgen auch jenseits des Fernsehangebots parat zu haben. Selbst an die Kleinen ist dabei gedacht, denen unter der Rubrik »Der kleine Gong« Rätsel, Spielideen und Comics geboten werden. (Ferner markierte die Redaktion 1975 noch alle für Kinder geeigneten Sendungen mit dem Symbol eines Teddybären, womit dem unalphabetisierten Nachwuchs signalisiert war, was er sich von seinen Eltern erquengeln konnte.)

Da der Fernseher seit den 1950er Jahren in immer mehr Haushalten zum zentralen Einrichtungsgegenstand des Wohnzimmers und damit oft genug auch zum familiären Mittelpunkt avancierte, bot es sich ohnehin an, eine Fernsehzeitschrift als Familien-Magazin zu gestalten. Man legte sich die Rolle eines *pater familias* zu, eines rundum kompetenten Programmmoderators. Auch war auf diese Weise der weit verbreiteten Sorge begegnet, das Fernsehen zerstöre womöglich das traditionelle Familienleben, indem es die Zuschauer zu sprachlos-passiven Monaden herabsetze. So verfolgte eine Fernsehzeitschrift vor 25 Jahren mehr noch als heute den Zweck, rund um die Präsentation des Programms Stoff für die häusliche Konversation und Anleitungen für die familiäre Lebenspraxis zu liefern.

## *Fernsehpolitik*

Der Ton, in dem 1975 über das Fernsehen gesprochen (und geschrieben) wurde, war ernst und ehrfurchtsvoll. Das belegt, wie sehr das öffentlich-rechtliche Programm seine Wirkung ehedem in gewissermaßen obrigkeitsstaatlicher Tradition freisetzte. Doch war man sich der normierenden Kraft des Fernsehens bewusst, weshalb größte Aufmerksamkeit der Frage galt, ob es seine Macht nicht missbrauche. Ausgewogenheit war das höchste Gut, und gerade großauflagige Publikumszeitschriften wie der *Gong* eigneten sich als Forum für Bürger wie Institutionen, die befürchteten, das Fernsehen könne Meinungsbilder verzerren und durch solche Verzerrungen ungut auf die Meinungsbildung zurückwirken. Dahinter stand – unausgesprochen und naiv – die Ansicht, politische Überzeugungen oder gesellschaftliche Werte sollten am besten unabhängig von den Medien entstehen und entsprächen auch nur dann der ›Wahrheit‹, wenn und solange sie sich frei von medialer Beeinflussung bildeten. ›Medien‹ war ein Synonym für ›Manipulation‹. Und gerade das Fernsehen stand in dem Ruf besonderer Gefährlichkeit, kann es doch aufgrund seiner Breitenwirkung schlagartig Stimmung für oder gegen etwas machen.

Wer sich als betont demokratischer Politiker ausweisen wollte, verzichtete unter Umständen sogar auf Fernsehauftritte – wie beispielsweise der Ministerpräsident Nordrhein-Westfalens, Heinz Kühn, der vor einer Landtagswahl auf keinen Fall »Popularitätspunkte in Unterhaltungssendungen« sammeln wollte. Freilich sorgte Kühn dafür, dass seine Abstinenzentscheidung publik wurde. So fielen ihm jene Punkte doch wieder zu, und politische Gegner wie Franz Josef Strauß oder Helmut Kohl gerieten in zweifelhaftes Licht, da sie sich des Fernsehens bedenkenloser bedienten. Eine Fernsehzeitschrift hatte also sekundär auch die Funktion, als halbwegs seriöses Printmedium über das anrüchigere Medium ›Fernsehen‹ zu berichten. Ganz auf dieser Linie lag die Nachricht des *Gong*, Landwirtschaftsminister Josef Ertl habe einem »Dalli-Dalli«-Kandidaten in einem Telegramm gedankt, nachdem dieser die FDP während der Sendung als »eine gute Partei« bezeichnet hatte.

Kritisch wurde im *Gong* ebenfalls analysiert, welche Vorteile wohl Walter Leisler Kiep daraus entstanden seien, dass er »unverhofft bei zusätzlichen Wählerkreisen bekannt wurde«, nur weil in Rudi Carrells Samstagabend-Show »Am laufenden Band« Verwirrung über seine Namens-Konstruktion entstanden und ein Kandidat, der die richtige Antwort wusste, versehentlich ausjuriert worden war. Dieser Fehler löste über Wochen hinweg Debatten aus, führte zu zahlreichen Entschuldigungen und Trostgeschenken für den Kandidaten und trug Walter Leisler Kiep selbstverständlich mehr Publicity ein. Wie in diesem Fall wurde auch sonst gerne geargwöhnt, jemand oder etwas habe eventuell zu viel (unverdiente) Aufmerksamkeit bekommen, während es umgekehrt kaum einmal eine Diskussion darüber gab, was im Fernsehen – zumal angesichts der geringen Gesamtsendezeit – möglicherweise zu kurz komme.

Ein aus heutiger Sicht geradezu grotesker Streit, der den *Gong* im Winter 1975 fast jede Woche beschäftigte, drehte sich um das Thema ›Schleichwerbung‹. Den Anlass hatten Weltcup-Skirennen geliefert, deren Übertragung zum Teil kurzfristig abgesagt worden war, weil die öffentlich-rechtlichen Sender auf den Reklametafeln am Pistenrand das tolerable Maß an Werbung für überschritten hielten. Natürlich hagelte es Proteste von Seiten skibegeisterter Zuschauer. Sie hatten sich in Leserbriefserien vor allem darüber empört, dass Skisportler als Ersatz für die ausgefallenen Übertragungen zum Interview ins Fernsehstudio gebeten wurden, wo sie dann in voller Montur, d. h. mit allen Sponsorenlogos auf dem Skianzug oder den Skiern, zu sehen waren. Warum – so die entgeisterten Fragen – dulden die Sender keine Werbung während der Skirennen, betreiben im Alternativprogramm aber nicht minder »brutale«, ja »massivste« Schleichwerbung?

Dass die damals beinahe inflationär verwendete Vokabel ›Schleichwerbung‹ inzwischen auf eine Rote Liste der vom Aussterben bedrohten Wörter gehört, beleuchtet schlaglichtartig, was sich in einem Vierteljahrhundert Fernsehen getan hat. Längst ist überall akzeptiert, was vormals als erschlichen kritisiert wurde. Dabei haben die Privatsender nicht nur ein lockereres – weniger offiziöses – Verständnis vom Medium ›TV‹ durchgesetzt, sondern durch die explosionsartige Vermehrung des Programmangebots auch dazu beigetragen, dass der gesellschaftliche Stellenwert des Fernsehens insgesamt – was nach einem erneuten Paradoxon klingen mag – zurückgegangen ist. Handgreiflich wird dieser Bedeutungsverlust bei einer anderen Thematik, die in den ersten Wochen des Jahres 1975 die Fernsehzeitschriften beherrschte und im *Gong* mit folgender Überschrift eingeleitet wurde: »Nach vier Folgen steht fest: ›Derrick‹ ist bei den TV-Zuschauern durchgefallen«. Warum? Natürlich auch damals schon, weil die Quoten nicht stimmten; sie waren nämlich von 67 auf 58 Prozent gesunken. Wurde ein solcher Einbruch bereits als Flop gedeutet, lässt sich leicht hochrechnen, welche Sehbeteiligung manch andere Serie verbucht haben dürfte. Und das wiederum heißt: Wer bestimmte Sendungen nicht anschaute, machte sich zwangsläufig zum Außenseiter, wusste nicht mitzureden, wenn es am nächsten Tag im Büro oder auf dem Pausenhof um das Programm des Vorabends ging. Mittlerweile drohen Exklusionserfahrungen dieses Typs niemandem mehr. Die Aufsplitterung in derart viele, heterogene Programme individuiert die Programmwahl radikal. Kanonische Sendungen, die Pflichtübungen für alle Zuschauer wären, existieren nicht mehr. Der Fernsehmuffel bleibt unerkannt, anders als früher lebt er inkognito.

Doch nicht nur das. Vermutlich hat das Fernsehen seine meinungsnormierende Wirkung gegenüber 1975 stark eingebüßt, obgleich heutzutage mehr Zeit vor dem TV-Gerät verbracht wird als damals. Die Pluralität der Sender lädt nämlich dazu ein, sich sein Seh-Programm ganz nach persönlichen Vorlieben zusammenzustellen: Man schaut an, was eigenen Ansichten entspricht und den persönlichen Lebensstil bestätigt. Fernsehen ist damit zur Tautologie geworden, während es in seinen Kindertagen noch stärker erzieherisch wirkte – und dies nicht nur aufgrund eines pädagogischen Selbstverständnisses, sondern vor allem, weil es die Sehwilligen vor dem Bildschirm gleichsam dazu zwang, Wirklichkeiten zur Kenntnis zu nehmen, die nicht unbedingt auf der Linie eigener Lebenswelt lagen. Die eingeschränkte Auswahl zwischen bestenfalls drei Programmen erzwang Kompromisse, häufig wurde etwas angeschaut, einfach weil man unbedingt fernsehen wollte. Der Fernseher versammelte die Familie vor dem Bildschirm, weshalb die durchaus unterschiedlichen Seherwartungen der verschiedenen Generationen und Geschlechter jeweils auf ein gemeinsam zu konsumierendes Programm abgestimmt werden mußten. Das Fernsehgerät als etwas so Persönliches und Unteilbares wie eine Zahnbürste existierte noch nicht. (Bei der heutigen Programmvielfalt wäre es im Übrigen unmöglich, mit einem Fernseher pro Familie auszukommen, da jedes Familienmitglied auf viel mehr verzichten müsste als früher, wissend, dass in zumindest einem der vielen Nachbarprogramme zeitgleich ein Angebot wartet, das eigenen Präferenzen besser entspräche.)

Weil die Alternativen überschaubar und Kompromisse an der Tagesordnung des Fernsehzuschauers waren, musste die Konkurrenz der Programme in alten Fernsehzeitschriften ein gewichtigeres Thema als heute sein. Dass der *Gong* »etwas Besonderes« ankündigte, als die Prominenz von ARD und ZDF 1975 in der (ARD-)Ratesendung »Die Montagsmaler« über acht Spielrunden hinweg gegeneinander antrat, kann vor diesem Hintergrund nicht überraschen. Dem gleichen Umstand tragen immer wieder Kommentare oder kleine redaktionelle Spitzen gegen das wechselseitige Buhlen um Zuschauer Rechnung, das ARD und ZDF betrieben. So moniert der *Gong* 3/1975, dass sich Rudi Carrells Show in der ARD mit einer Historienfilm-Serie im ZDF überschneidet und dass im Anschluss, ebenfalls parallel, ein Thriller und ein Western angeboten werden: »Der Konkurrenzkampf ARD-ZDF wird auch im neuen Jahr auf dem Rücken des Zuschauers ausgetragen« – heißt es dazu, was kurios anmutet, da implizit gefordert ist, ein Programm solle jeweils möglichst Unattraktives senden.

Dass gerade die Konkurrenz beide Anstalten dazu anhielt, sich um die Ausstrahlung interessanter Programme zu bemühen, wurde hier ebenso wenig bedacht wie die aus dem Wettstreit um möglichst hohe Zuschaueranteile folgende Benachteiligung von Minderheiten. Vielmehr stellte die Konkurrenz als solche ein Problem zumindest für diejenige Öffentlichkeit dar, die das Fernsehen noch als eine obrigkeitsähnliche Instanz wahrnahm. Sie wusste sich mit der Qual der Programmauswahl so recht nicht zu arrangieren. Das wiederum legt die Überlegung nahe, gerade der Zwang zur Entscheidung habe nach und nach demokratische Tugenden eingeübt, wenn nicht etabliert. Nicht auszuschließen, dass sich das öffentliche Bewußtsein ohne die Erfahrung der Programmvielfalt noch immer auf dem Stand der Adenauer-Ära befände. Dann gälte einer Mehrheit das Fernsehen weiterhin als Instrument eines autoritären Staatswesens, das gegenüber dem Volk mit einer Stimme spricht und die eine Wahrheit kund tut. So aber bedeutet Fernsehen, ein tägliches Wahlrecht wahrzunehmen und via Quote über die Beliebtheit von Stars und Sendungen abzustimmen.

### *Sendeformate*

Die Lektüre alter Fernsehzeitschriften ist selbstverständlich nicht nur für ein besseres Verständnis dieses merkwürdigen Printmediums von Belang, sie lässt zudem das Fernsehprogramm vergangener Tage (wieder) präsent werden. Wer nicht gerade in den Sende-Archiven der Anstalten forscht, wird nirgendwo sonst einen besseren Zugang zur Geschichte des Fernsehens finden. Allein der Blick auf die Fernsehstudios der 1970er Jahre, die immer wieder einmal abgebildet sind, oder auf die einstigen Logos der Sender lehrt, welch rasante Entwicklung in diesem Medium stattgefunden hat. Dass die Zahl der Programme und Sendestunden ungleich stärker gewachsen ist als die Masse verfügbaren Sendematerials, wird wohl an nichts so deutlich wie daran, dass sich der *Gong* im Januar 1975 bei seinen Lesern dafür entschuldigt, einen Film nochmals zu empfehlen, der »1972 schon einmal« ausgestrahlt worden war. Offenbar wurden den Zuschauern gewöhnlich, zumindest im Abendprogramm, keine so ›raschen‹ Wiederholungen zugemutet – zumal Wiederholungen bei insgesamt deutlich knapperer Gesamtsendezeit eher auffallen mussten als heute.

Dem verhältnismäßig schmalen Programmangebot ist auch geschuldet, dass die einzelnen Filme und Beiträge im *Gong* ziemlich ausführlich vorgestellt werden. Kaum eine Sendung, die nicht mit einem Bild erläutert wird (zumal sich live-Beiträge damals ohnehin nur vereinzelt im Programmangebot finden). Dazu sind lange Inhaltsangaben beigefügt, Listen der Mitwirkenden, Zitate aus der Presse; auch fehlt der Hinweis nicht, ob eine Sendung in Farbe (oder nur in Schwarz-Weiß) ausgestrahlt wird. Die Stills verraten ihrerseits viel über Eigenheiten der Fernsehwelt von damals, über die Interieurs in Vorabendserien, die 1975 »Der Bastian« oder »Männerwirtschaft« hießen, über Fernsehspiele, in denen häufig Fragen der Emanzipation behandelt wurden, oder auch über – nicht minder beliebte – sozialkritische Reportagen.

Da es eigentlich erst in den 1990er Jahren zur Hochkonjunktur der Talkshows und anderer, kandidatenintensiver Beiträge gekommen ist, erstaunt ein Artikel im *Gong* 3/1975, der den Mangel an Bewerbern für Quiz-Shows beklagt. Auf dem Cover findet sich Hans Rosenthal abgebildet und mit dem Satz zitiert »Warum so schüchtern, meine Damen?«. Der Artikel selbst trägt die Überschrift »Warum fürchten sich Frauen vorm Fernseh-Quiz?«, beantwortet die selbst gestellte Frage aber nicht, sondern berichtet ausführlich von den Nöten einzelner Quiz-Master, die sich trotz »der wiederauflebenden Quizfreudigkeit« bedauerlich selten mit weiblichen Kandidaten schmücken können. Zwei Seiten später ist von einem weiteren Notstand die Rede, fehlen doch Prominente, um die zahlreichen Talkshows zu bestücken. Immerhin seien für das Jahr 1975 – so berichtet der *Gong* – nicht weniger als sechs Sendungen geplant, in denen Prominente »ausgefragt« werden sollen. Augenscheinlich ist der Vorrat an gewünschtem Personal knapp, ist seinerzeit doch unvorstellbar, dass jemand in mehr als einer Show auftritt. Sonst drohte das problematische Zuviel an Aufmerksamkeit. Ohnehin wurde – halb warnend, halb bewundernd – darauf verwiesen, wie beispielsweise Egon Bahr durch einen Auftritt bei Dietmar Schönherr »sein Image verändert« habe. Diese Macht des Fernsehens, sein Einfluss auf die Popularität der Protagonisten, scheint so manchen wohl auch abgeschreckt zu haben: »Aus der Großindustrie wollte bisher noch niemand kommen« – bemerkte der *Gong*. Um dem akuten Mangel an Talk-Gästen abzuhelfen, wurden die Leser aufgefordert, auf einem Wunschzettel an die Redaktion die Persönlichkeit(en) zu notieren, die sie gerne »in einer Talk-Show erleben« würden.

Es war auch eine – für damalige Verhältnisse völlig ungewöhnliche – Talk-Show, die das Fernsehpublikum im Winter 1975 mehr als alles andere bewegte und die im Nachhinein als »Fernsehereignis des Jahres« gepriesen wurde. Der *Gong* widmete besagtem Ereignis gleich mehrere Artikel. Dabei trafen – die Parallelen zur heutigen Fernsehwelt sind verblüffend – Alice Schwarzer und Esther Vilar aufeinander, was mit der Überschrift »Zwei Frauen streiten sich wie nie« kommentiert wurde: Die Feministin und die Frau, die mit einem Buch gegen die Ausbeutung der Männer bekannt geworden war, debattierten für eine Dreiviertelstunde, wobei – nächster Superlativ – »so unfreundlich wie noch nie im Fernsehen diskutiert wurde«. Dieses Urteil dokumentiert einmal mehr, wie schwierig es vor fünfundzwanzig Jahren war, das Fernsehen als Medium von Kontroversen, ja von etwas anderem als gepflegten und ritualisierten – um Ausgewogenheit bemühten – Diskussionen zu akzeptieren. Auch die Leserzuschriften bezeugen, dass weniger die gegensätzlichen Positionen als vielmehr die offene Art und Weise, in der sich die beiden Debattantinnen artikulierten, verstörte.

Auch die ersten Anfänge anderer Sendeformate erregten 1975 Aufsehen.« Spätere Heirat nicht ausgeschlossen« wurde gerade gestartet, was dem *Gong* ein Bericht auf der Aufmacherseite wert war. Sich den Partner fürs Leben via Fernsehen zu suchen, schien dem Geist der Zeit frivol und verwegen. Dabei saß die heiratswillige Dame dem Moderator Reinhard Münchenhagen in einem als Wohnzimmer eingerichteten Studio ganz gesittet gegenüber und unterhielt sich eine Viertelstunde lang. Die katholische Arzthelferin offenbarte, »in den letzten Jahren drei feste Freundschaften« gehabt zu haben und wünschte sich einen Mann, der »intelligent, nicht kleiner und jünger als sie, politisch nicht links, nicht bieder und langweilig, aber sehr tierlieb« sei. Ein ernstes Gespräch über eine ernste Angelegenheit – so lässt sich die von Spiel- und Showelementen völlig freie, auch von jeglicher Big-Brother-Authentizität noch meilenweit entfernte Plauderei resümieren, die immerhin achtzig Männer zu einem Bewerberbrief inspirierte. Der *Gong* schien solchen TV-Experimenten gegenüber aufgeschlossen zu sein (vielleicht weil mit ihnen ja letztlich auch wieder familienfördernde Ambitionen verbunden waren?), denn in dem Bericht wird mehrmals angedeutet, wie seriös das Ganze und alle Beteiligten doch seien: Keiner der antwortenden Männer habe »böse oder obszöne Sätze formuliert, ein- oder zweideutige Angebote gemacht«; zudem sei ein *Gong*-Reporter dabei gewesen, als die begehrte Kandidatin den Mann, »der ihr die nettesten Zeilen sandte«, anrief, um ihm seine »eindeutige Favoritenrolle« zu bestätigen.

Die Ursprünge des Reality-TV liegen ebenfalls in den 1970er Jahren, kündigt der *Gong* doch im selben Heft unter dem Titel »Fürs Fernsehen zwei Herzen freigelegt« einen Film an, der die Operation zweier Kinder dokumentiert, die an einem Herzfehler litten. Ein solcher Film galt damals als so sensationell, dass schon im Januar groß darüber berichtet wurde, obgleich er erst im April ausgestrahlt werden sollte. Und der – sonst durchwegs brave – *Gong* musste sich hier vom Autor des Fernsehbeitrags auch unlauterer Berichterstattung bezichtigen lassen, da er mit seiner Titelgebung suggeriert habe, der Eingriff sei tatsächlich eigens für das Fernsehen vorgenommen worden.

Solche Erregtheiten vergangener Tage ließen sich noch reihenweise auflisten und referieren. Im Nachhinein wirken sie ausnahmslos amüsant und nähren den Verdacht, dass auch die Aufgeregtheiten heutiger Tage alsbald ihren komischen und zeitbedingten Kern preisgeben werden. Durch das Schrille der Jetztzeit scheint bereits das Absurde oder Skurrile hindurch, und wer die Lektüre alter derjenigen aktueller Zeitschriften vorzieht, wird die eigene Gegenwart alsbald mit dem Gefühl distanzierten Befremdens wahrnehmen. Die Ausweitung interesselosen Wohlgefallens selbst auf den eigenen Alltag ist freilich ein Akt des Hochmuts, ja eine akzentuierte Luxusattitüde, wie sie allem Ästhetisieren zugrunde liegt. Doch wird man sich dem besonderen Flair einer alten Fernsehzeitschrift – und der Neigung, das dort Gesehene auf die heutigen Verhältnisse zu übertragen – nur schwer entziehen können, da es bei diesem Zeitschriftentyp, wie nirgendwo sonst, zum Crossover, wenn nicht gar zu einem Showdown der Banalitäten gleich zweier Medien kommt.

Schon Susan Sontag hatte in einem ihrer Essays erkannt, dass Banalität eigentlich »immer eine Kategorie des Zeitgenössischen« sei. Sobald sie ihre Aktualität verloren hat und retrospektiv betrachtet wird, mutiert die Banalität oft genug ins Phantastische. Für diese Metamorphose hat Sontag den Begriff ›Camp‹ geprägt und – in dem gleichnamigen Aufsatz – all das als ›campy‹ bezeichnet, was seinen ursprünglichen Aussagegehalt und Status über die Zeit eingebüßt hat, um nun als absurd, komisch oder einfach nur unglaublich zu erscheinen. Die Erlebnisweise des ›Camp‹ ist der des Readymade verwandt, wo etwas ebenfalls allein durch seine Dekontextualiserung einen Neu- und Zugewinn an Bedeutung erfährt. Alte Zeitschriften sind ein Hort des ›Camp‹, dieser Mischung aus ästhetisierender und analytisch-investigativer Betrachtung. Sie bilden ein nahezu unerschöpfliches Reservoir an Bildern, Texten und Design, ein Archiv von Zeichen, die uns gerade infolge ihres Alterns so unverbraucht und schön entgegentreten wie kaum sonst etwas.

Für Susan Sontag gehört die Faszination an solchen alt-neuen Fundstücken zu den Charakterzügen eines modernen Dandytums, das nun nicht mehr auf Distanz zum Vulgären geht, sich nicht mehr blasiert oder gelangweilt gibt, sondern größtes Vergnügen just am Populären und (ehedem) Banalen hat. »Der Dandy hielt sich ein parfümiertes Taschentuch unter die Nase und neigte zur Ohnmacht. Der Kenner des Camp saugt den Gestank ein und rühmt sich seiner starken Nerven. Das ist natürlich ein Bravourstückchen, das letztlich durch die Drohung der Langeweile provoziert wird. Die Wechselbeziehung zwischen Langeweile und Camp kann kaum überschätzt werden. Camp-Geschmack ist seinem Wesen nach nur denkbar in reichen Gesellschaften, in Gesellschaften oder Kreisen, die in der Lage sind, die Psychopathologie des Überflusses zu erleben.« Diese Sätze aus dem Jahr 1964 haben, anders als alles, was damals in irgendwelchen Zeitschriften stand, ihre Aktualität bewahrt; sie bedürfen keiner neuen Deutung, noch ist ihnen etwas hinzuzufügen.

1 Susan Sontag, Anmerkungen zu ›Camp‹, in: Dies., Kunst und Antikunst, Frankfurt am Main 1982, S. 333, 338.

# Die Autoren

RENÉ AGUIGAH, geboren 1974, arbeitet als freier Journalist in Frankfurt am Main.

DIRK ASENDORPF, geboren 1959, wohnt in Bremen und arbeitet als freier Journalist. Von 1996 bis 1999 lebte er in Umtata, der Hauptstadt des ehemaligen Homelands Transkei in Südafrika, und promovierte von dort aus an der Universität Leipzig über den Wandel der politischen Kultur nach dem Ende der Apartheid.

MANFRED BAUSCHULTE, geboren 1956, lebt als Autor und Übersetzer in Ostwestfalen. Die von ihm übersetzten Gedichte Fortinis sind einem Band entnommen, der unter dem Titel *composita solvantur* im kommenden Frühjahr bei der edition per procura, Wien/Lana erscheinen wird. Wir danken der literarischen Agentur Antonella Antonelli, Mailand, für die freundliche Gewährung der Abdruckrechte.

OLIVER THOMAS DOMZALSKI, geboren 1960, ist promovierter Historiker und lebt seit 1993 als Verlagslektor in Frankfurt am Main.

LORENZ ENGELL, geboren 1959, war Film- und Fernsehwissenschaftler an den Universitäten Köln und Bochum. Seit 1993 lehrt er als Professor für Wahrnehmungslehre an der Bauhaus-Universität Weimar. Zuletzt erschien *Ausfahrt nach Babylon* (Weimar, 2000). Er ist Mitherausgeber des seit 2001 in Weimar erscheinenden *Archiv für Mediengeschichte*.

STEFANIE GOLISCH, geboren 1961, Literaturwissenschaftlerin und Autorin, arbeitet als Lehrbeauftragte für deutsche Literatur an der Universität Bergamo (Italien). Die Rechte für die Gedichte von Antonia Pozzi liegen bei © Garzanti. Wir danken für die freundliche Gewährung der Abdruckgenehmigung.

THOMAS HAUSCHILD, geboren 1955, in Berlin, ist nach ethnologischen Feldforschungen in Süditalien, Gastprofessuren in Neapel, Hannover und anderen Universitäten, seit 1992 Professor für Ethnologie in Tübingen. Im nächsten Jahr wird sein Buch *Magie und Macht in Italien* erscheinen.

SEBASTIAN KIEFER, geboren 1964, lebt als Musik- und Literaturwissenschaftler in Berlin. Zuletzt erschien *Braver Junge – erfüllt mir Gift. Ambivalenz bei Joseph Roth* (Stuttgart, 2001).

WOLFGANG MATZ, geboren 1955, lebte von 1987 bis 1995 zunächst als Universitätslektor, dann als freier Autor und Übersetzer in Poitiers. Seitdem arbeitet er als Lektor, Übersetzer und Autor in München.

ULRICH RAULFF, geboren 1950, ist Leitender Redakteur der Süddeutschen Zeitung. Zuletzt erschien *Der unsichtbare Augenblick. Zeitkonzepte in der Geschichte* (Göttingen, 2000).

KATHRIN RÖGGLA, geboren 1971, lebt seit 1992 in Berlin. Schreibt Prosa und Hörspiele. Zuletzt erschienen *Irres Wetter* (Salzburg, 2000) und *Abrauschen* (Frankfurt a. M., 2001). Gegenwärtig hält sie sich in New York auf, wo ihr nächstes Buch entsteht.

BERNHARD SIEGERT, geboren 1959 in Bremen, war zuletzt wissenschaftlicher Mitarbeiter am Zentrum für Literaturforschung, Berlin. Als Professor für die »Geschichte und Theorie der Kulturtechniken« wird er zukünftig an der Bauhaus-Universität Weimar tätig sein. Der hier abgedruckte Text ist der von Matías Martínez herausgegebenen Aufsatzsammlung *Warum Fußball? Kulturwissenschaftliche Analysen eines Sports* entnommen, die im kommenden Frühjahr erscheinen wird.

BURKHARD SPINNEN, geboren 1956, ist Schriftsteller und Literaturwissenschaftler. Er lebt in Münster. Zuletzt erschienen sein Familienroman *Belgische Riesen* und die Essaysammlung *Bewegliche Feiertage* (beide Frankfurt am Main, 2000).

WOLFGANG HAGEN, geboren 1950, arbeitet bei Radio Bremen und lehrt an der Universität Basel Mediengeschichte und Medientheorie. Er hat Arbeiten veröffentlicht über die Geschichte der Elektrizität, des Radios und des Computers. Zuletzt erschien *Radio Schreber. Der ›moderne Spiritismus‹ und die elektrischen Medien* (Weimar, 2001).

WOLFGANG ULLRICH, geboren 1967, ist Dozent an der Akademie der bildenden Künste in München und Mitbetreiber der Internetplattform http://www. ideenfreiheit.de. Zuletzt erschien sein Buch *Mit dem Rücken zur Kunst* (Berlin, 2000).

# Register 2000

*(In der Reihenfolge: Autor, Titel, Übersetzer (= Ü).
Jahrgang, Heft-Nr., Seite)*

# Register 2001

*(In der Reihenfolge: Autor, Titel, Übersetzer (= Ü). Jahrgang, Heft-Nr., Seite)*

S. Fischer Verlag
Neue Rundschau
Postfach 700 355

60553 Frankfurt/Main

Absender: ______________________

Straße: ______________________

PLZ/Ort: ______________________

Für jedes neue Abonnement der *Neuen Rundschau* gibt es jetzt eine Buchprämie. Wenn Sie ein Abonnement für sich oder als Geschenk bestellen, kreuzen Sie auf der Postkarte eine der zwei genannten Buchprämien an. Sie wird Ihnen mit dem ersten Heft des Abonnements geliefert. Solange Vorrat reicht.

❒ Alain Corbin, *Die Sprache der Glocken. Ländliche Gefühlskultur und symbolische Ordnung im Frankreich des 19. Jahrhunderts.* Aus dem Französischen von Holger Fliessbach.

❒ Isaiah Berlin, *Freiheit. Vier Versuche.* Aus dem Englischen von Reinhard Kaiser.

❒ Ich abonniere die *Neue Rundschau* zum nächstmöglichen Zeitpunkt. Zum Vorzugspreis von 56,– DM pro Jahr (inkl. Porto) erhalte ich vierteljährlich die *Neue Rundschau* frei Haus geliefert. Für das europäische Ausland kostet das Abonnement 64,– DM (inkl. Porto). Ich kann ohne Kündigungsfrist abbestellen und erhalte bereits gezahlte Beträge für noch nicht gelieferte Hefte zurück. (Keine Vorauszahlung, Rechnung abwarten.)

______________________________________
Datum / Unterschrift

❒ Ich bestelle die *Neue Rundschau* als Geschenkabonnement. Bitte liefern Sie an:

Name, Vorname ______________________
Straße ______________________
PLZ, Ort ______________________

Bitte liefern Sie die Buchprämie an den oben genannten Absender. Mir ist bekannt, dass ich diese Vereinbarung innerhalb von 10 Tagen widerrufen kann (Poststempel), und bestätige dies mit meiner zweiten Unterschrift:

______________________________________
Datum / Unterschrift

❒ Ich bestelle folgende Einzelhefte der *Neuen Rundschau* à 16,– DM

____ 4/1999 ____ 4/2000
____ 1/2000 ____ 1/2001
____ 2/2000 ____ 2/2001
____ 3/2000 ____ 3/2001

**Bitte kopieren und faxen:** 069/60 62 214